글로벌무역실무

구 현 서 저

형지사

이 책을 내면서

국제무역이라는 것은 참으로 광범위하고 어려운 말이다. 현대사회는 다양하고 급속도로 변화, 발전하고 있다. 잘 아는 바와 같이 우리나라는 대외 수출에 절대적으로 의존하고 있는 입장에서 국제무역의 중요성은 매우 크다. 이에 대학에서 무역을 처음 접하는 학생들이 보다 쉽고 효율적인 국제간의 무역 개념을 이해하는 데 도움을 주고자 이 책을 펴내게 되었다.

아무리 훌륭한 내용으로 구성된 책이라도 많은 사람들이 그 의미를 쉽게 이해할 수 없다면 그 책은 책의 의미를 상실한 것이다.

그러기에 무역의 기본개념에 충실하면서 현장감을 익힐 수 있는 내용이 되도록 최선의 노력을 하였다.

이 책의 특성을 알아보면 다음과 같다.

본문의 내용을 총 8장으로 구성하였고, 무역실무 사례를 각 장마다 3편 이상씩 구성하여 실무에 대한 이해를 돕도록 배려하였다.

제1장 : 무역에서 가장기본이 되는 "**수출 절차의 이해**"를 다루어서 무역의 필요성, 종류, 단계별 수출 절차 등을 실었다.

제2장 : 무역계약에 관련된 단원으로써 "**무역계약서의 이해**"를 다루었고 계약서 작성에 있어서 기본이 되는 사항과 계약의 기본조건 및 INCOTERMS의 개요에 대한 설명을 하였다.

제3장 : "**신용장**"에 대한 총괄적인 개념을 다루었다.

제4장 : "Nego"에 대한 기본 개념에서부터 신용장을 매입하기까지의 이론을 집중적으로 다루었다.

제5장 : "**적하보험**"의 중요성과 필요성을 강조하였다. 보험체결과 클레임에 관련

된 것들을 구체적으로 설명하였다.

제6장 : "**수출신고 및 무역운송의 이해**"에 대한 단원이다. 수출신고, 관세환급, 해상운송, 항공 및 복합운송에 대한 내용을 상세히 다루고 있다.

제7장 : "**클레임**"에서는 클레임처리, 클레임의 해결방법, 예방방법에 대한 것들을 다루었다.

제8장 : 마지막으로 "**인터넷 무역**"을 추가하여 무역실무현장에서 인터넷을 통한 업 무처리가 점차 확대되어 진행됨에 따라 개념을 이해하는데 도움을 주고자 하였다.

이상으로 무역현장에서 필수적으로 알아야 하는 무역실무에 관한 내용을 알기 쉽게 설명하였다. 특히, 무역실무사례를 통하여 현장 감각을 익힘으로써 학습으로 끝나는 공부가 아니라, 이 책을 통해 실무에 임할 수 있는 체험학습이 되도록 하는데 역점을 두었다.

연지골에서

저자 씀

차 례

제 1 장

수출과정의 이해

1
chapter

수출과정의 이해

제1절 무역이란

무역의 정의

• 국가 간의 상거래(International Commercial Transaction)이며, 국제거래(Foreign Trade)이다.

한마디로,

"서로 이익추구가 수반되는 물건(상품), 용역, 자본, 기술, 서비스 등 경제적 가치가 있는 모든 대상의 국가 간 거래"라 한다.

제2절 무역의 6대 필요성

1. 새로운 시장의 개척
2. 새로운 재화(원자재)의 공급
3. 생산 주문 증가에 따른 새로운 노동시장의 창출

4. 국민생활 수준의 향상
5. 국가 경쟁력 향상
6. 무역 역조 현상 방지를 위한 국제수지 균형유지

제 3 절 무역의 종류

1. 거래방향 및 방법에 따른 분류

(1) 중개무역과 삼각무역(Merchandising Trade & Triangular Trade)

중개무역(Merchandising Trade)은 수출국과 수입국 사이에 제3국의 중개인이 개입하여 거래를 성사시키는 무역을 말하는 것으로, 예를 들면 A국과 B국 사이에 제3국인 C국의 중개인이 개입하여 무역을 중개하는 경우, C국의 입장에서 본 무역을 중개무역이라 한다. 이 때 C국의 중개인은 A, 양국들로부터 중개수수료를 받는다.

삼각무역(Triangular Trade)은 두 나라 사이에 수출 또는 수입에 불균형이 이루어져 편무역이 되었을 경우 양국 간의 무역을 그 이상 진전시키지 않고 제3국을 개입시켜 제3국간의 협정에 의하여 이루어지는 무역을 말하는 것으로, A국과 B국이 상호 편무역 상태에 있을 때 C국을 개입시켜 A국은 B국에 수출하고 B국은 C국에, C국은 A국에 같은 금액을 각각 수출하면 무역불균형이 해소된다.

(2) 중계무역(Intermediary Trade)

수출할 것을 목적으로 물품을 수입하여 이를 제3국으로 수출하는 수출입을 말하며(대외무역관리규정 제1-0-2조 제10호), 수입한 물품을 가공하지 않고 원형 그대로 수출하여 지급액과의 차액, 곧 일정한 중계수수료를 수취하는 거래이다. 중계무역은 통과무역(Transit Trade)이라고도 하며, 이 때 상품을 통과하물 또는 통과품이라고 한다. 중계무역을 위해서는 관세의 면제, 보세창고의 활용, 금융의 편의, 또는 편리한 운송시설이 필요하다. 중계무역은 최초의 수출국이 지역적인 수입제한이나 차등관세의 장벽을 피해, 당해 수입국으로 수출하려는 목적이 일반적이다.

중계무역의 장점으로는 운송서류만으로 거래가 가능하므로 중계인은 일반 수출입 절차보다 시간, 인력 및 경비를 절감하면서 중계수수료를 취득할 수 있다는 것이다. 또한 자사제품의 공급능력에 한계가 있을 때 제3국 상품을 수입해서 다시 수출하면 수출시장을 보다 더 확대할 수 있다.

단점으로는 최종 수입국이 최초 수출국 상품에 수입제한이나 금지 또는 차등관세를 적용할 때, 중계국이 중계행위로 최종 수입국에 무역정책의 혼란을 초래한다는 것을 들 수 있다. 최종 수입국은 중계국에 대해 수입제한 또는 금지조치 등 보복조치를 취할 수 있다(중계무역에서 원산지 변경은 안 되므로 최종 수입국은 당해상품이 최초 수출국 제품임을 식별할 수 있다). 또한 특정물품을 수입 후 다시 동일국에 재수출하는 동일국 내의 중계무역으로 인해 물품이동의 불명확에 의한 외환도피와 최초 수출국의 소비정체 혼란, 국세, 관세 차이를 악용할 수 있다. 우리나라는 동일국내의 중계무역을 일체 인정하지 않고 있다.

(3) 연계무역(Compensation Trade – 구상무역)

연계무역이란 수출과 수입이 연계된 무역거래로서, 물물교환(Barter Trade), 구상무역(Compensation Trade), 대응구매(Counter Purchase) 또는 산업협력(Industrial Cooperation)의 형태로 이뤄지는 수출입을 말한다.

***구상무역**: 환거래가 발생하고 하나의 계약서로 거래가 성립하며, Back to Back L/C, Escrow L/C 또는 Tomas L/C 등 특수한 신용장이 사용된다.

환거래가 발생하며 대응수입 이행 기간은 통상 3년 이내이고 대응수입비율은 20~100%이며 대응수입의무를 제3국으로 전가할 수 있는 삼각구상무역도 발생할 수 있다.

2. 거래주체에 따른 분류

(1) 내국무역과 국제무역

재화와 용역이 국경을 통과하느냐 또는 일국 내에서 이동하느냐에 따라 내국무역과 국제무역으로 구분되는데, 내국무역(Domestic Trade)은 일국을 중심으로 볼 때 국경을 통과하지 않는 무역을 말한다. 그러나 일국 내에서 재화와 용역이 이동하더라도 외국인에게 관리하여 그 대가로 외화를 받으면 내국무역이 되고 그 대가를 자국화로 받으면 국내 상업이 된다.

국제무역(International Trade)은 재화와 용역이 국경을 넘어 이동하는 경우의 무역을 말하는 것으로 일반적으로 무역이라 하면 이 국제무역을 말한다.

(2) 수출 · 수입 · 통과무역

물품의 이동방향에 따라 수출무역 · 수입무역 · 통과무역으로 구분된다.

수출무역은 물품이 자국의 영역을 통과하여 타국으로 이동하는 것이고, 수입무역은 물품이 타국으로부터 자국으로 유입되는 경우를 말한다. 그리고 통과무역(Transit Trade)은 물품이 수출국으로부터 제3국을 경유하여 수입국으로 이동하는 경우 제3국의 입장에서 볼 때의 무역형태를 말한다.

(3) 민간무역과 국영무역

무역을 경영하는 주체가 누구냐에 따라 민간무역, 공무역, 국영무역, 정부 무역으로 구분할 수 있다.

민간무역(Private Trade)은 기업을 중심으로 한 민간이 주체가 되어 이루어지는 거래로서 자본주의 경제체제하에서 가장 대표적인 거래형태이다. 공무역(Public Trade)은 공공기관이 주체가 되어 이루어지는 거래형태이다. 국영무역(State Trade)은 국가가 주체가 되어 이루어지는 거래로서 가의 계획과 협정에 의해 무역이 수행되는 거래형태이다. 정부무역(Government Trade)은 정부가 주체가 되어 이루어지는 거래로서 비영리적으로 수행되며 실제로는 대부분 민간업자를 개입시키고 있다.

(4) 관리무역과 협정무역

관리무역과 협정무역은 모두 국가의 간섭을 받는 무역이다. 관리무역(Controlled Trade)은 수출입거래의 행정적 수단을 통하여 국가의 직접적인 통제 하에 운용되는 무역으로 국가가 무역의 전체 또는 일부에 대하여 그 총액이나 내용, 상대국, 결제방법 등을 구제하는 무역이다. 협정무역(Trade by Agreement)은 두 국가 간 또는 다수국간의 무역거래에 관한 조약이나 협정을 체결하여 무역량을 조절하거나 국제수지를 조정하는 무역이다.

(5) 자유무역과 보호무역

자유무역(Free Trade)은 한 나라의 무역정책상 어떠한 통제나 간섭을 하지 않고 무역 및 외환면에서 재화와 용역의 자유로운 수출입을 보장하는 것을 말한다. 보호무역(Protective Trade)은 국가가 자국의 산업을 보호하기 위하여 전통적인 관세정책을 중심으로 한 수입억제정책에 의하여 대외무역에 적극적으로 개입하는 것을 말한다.

(6) 스위치무역과 우회무역

스위치무역(Switch Trade)은 무역계약이나 상품수송은 수출입 업지 긴에 직집 이루어지지만 수출입대금의 결제는 제3국의 업자를 개입시켜 간접적으로 결제하는 경우의 무역을 말하는 것으로, 편무역(수출초과 또는 수입초과)을 해소할 목적으로 많이 이용되고 있다.

우회무역(Round-About Trade)은 수출국과 수입국 사이에 외교관계가 없거나 수입규제 혹은 외환통제로 인하여 직접 거래가 될 수 없는 경우 이와 같은 제한을 받지 않는 제3국을 통하여 이루어지는 무역이다.

(7) 링크제무역

링크제무역(Link System)은 수출입 링크제(Export-import Link System)라고도 하며, 수출입을 수량이나 금액으로 연결시키는 무역거래를 말하는 것으로서, 한국에서 자동차를 수출한 회사에게만 일정한 양의 자동차부품 수입을 허용하는 것과 같이 수출과 수입을 연결시켜 출입을 규제하는 무역이다.

(8) 주문자 상표부착(OEM)방식 무역

주문자 상표부착(OEM: Original Equipment Manufacturing) 방식의 무역은 수입업자로부터 제품 생산을 의뢰 받아 주문 상품에 상대방의 상표를 부착하여 수출하는 경우로써, 수출업자의 입장에서는 수출 확대와 기술축적이라는 이점이 있지만 수출상품의 이미지 제고나 독자적인 수출시장 개척이 곤란하다는 단점도 있다.

(9) 제조자 개발 생산방식(ODM-Original Development Manufacturing)무역

OEM방식을 보충하여 등장된 새로운 방식의 수출 전략에 하나다. 즉, 주문자 요구에 의해 제조는 하되 '연구개발, 설계 및 디자인 등을 제조업자의 주도하에 생산하여 수출하는 방식'이다. 개발비 등을 추가해서 받을 수 있고 제품이 자체연구개발에 의하므로 부품가격하락이 가능해 원가 절감을 기대할 수도 있어 OEM보다는 부가가치가 높다.

그러므로, 이 방식은 주로 상당한 기술력을 가지고 있으면서도 유명 브랜드(상표)를 가지고 있지 못하는 중소업체들에게 바람직한 수출방식이라 할 수 있겠다. 아직은 적용분야가 한정되어 있어 현재 우리가 상대적으로 경쟁력을 가지고 있는 이동전화 단말기 시장에서 특히 이러한 수출방식이 두각을 나타내고 있다.

(10) 중장기 연 지급 방식의 무역

중장기 연 지급 방식의 무역은 수출입대금의 전부 또는 일부를 일정한 기간에 걸쳐 분할하여 영수 또는 지급하는 조건부계약의 무역이다. 이러한 무역방식은 대형기계류, 선박, 철도, 차량, 발전설비, 탄광기계설비 또는 중화학공업의 공장설비 등에 이용되며 또한 개발도상국들의 경제개발계획을 추진 과정에서 많이 이용된다.

(11) 팩토링 방식에 의한 무역

팩토링(Factoring) 방식에 의한 무역은 팩토링 회사가 수출업자와 수입업자에 대하여 금융서비스를 제공하는 무역방식인데, 수출업자가 수입업자에게 상품을 외상으로 수출한 후 발생되는 외상 매출권을 팩토링 회사에게 일괄 양도함으로써 수입업자에 관한 신용조사, 지급보증, 채권의 관리 및 대금회수, 매출 채권관리 및 금융제공 등의 혜택을 부여받는 무역이다.

(12) 현지조립 방식의 수출

현지조립(Knock-Down) 방식의 수출은 완제품을 수출하는 것이 아니라 조립할 수 있는 설비와 능력을 가지고 있는 거래처에 대하여 부품이나 반제품을 수출하고 실수요지에서 제품으로 완성토록 하는 방식의 수출이다.

(13) 보세창고 반입인도조건의 무역(BWT)

BWT는 'Bonded Warehouse Transaction'의 약어로써 보세창고라는 거래를 말한다. 이 방식은 수출업자가, 판매가 확실한 상대방 수입국의 보세창고에 물품을 입고시켜 놓고 원매자를 물색하여 현지에서 판매하는 위탁판매방식의 변형이라고 볼 수 있다. 이러한 보세창고 거래의 특징은 수입업자와 사전계약이 체결되지 않고도, 수출업자의 책임하에 현지에서 상품의 매매계약이 성립하기까지 수입업자가 미확정상태에서 거래가 행해질 수 있는 것이다.

BWT는 수출/입 업자에게 다음과 같은 장점이 있다.

- 수출업자는 판매기회를 적기에 포착해서 유리한 가격으로 판매할 수 있다.
- 수출업자는, 수입업자 또는 수요자가 현품을 직접 보고 선택하므로 클레임을 받을 염려가 거의 없다.
- 수입업자는 매매계약 성립 시까지 L/C 개설이 불필요하므로 자금부담이 경감된다.
- 수입업자 또는 수요자는 수입절차가 간단하므로 수입절차에 따른 경비, 시간, 노력을 절약할 수 있다.
- 수입업자 또는 수요자는 필요한 물품을 신속하게 확보할 수 있다.

그러나, BWT는 수출업자에게 다음과 같은 단점이 있다.

- 거래상대국이 보세창고에 입고 후 매매계약이 이뤄지므로 수출대금의 회수가 늦다.
- 판매잔품이 반송되는 경우 변질, 반송에 따른 운송비 부담, 또는 판매잔 품의 수출가격 이하로의 판매에 따른 손실이 발생할 수 있다.

수출승인 시에 승인서상에 BWT 조건임을 명시해야 하고 수출승인 절차는 일반 수출절차에 준하면 된다. BWT 수출시에는 L/C 개설 이전에 B/L이 발행되기 때문에 B/L Date로부터 21일을 경과해서 Nego가 될 수도 있다. 따라서 L/C상에 「Stable B/L Acceptable」문언을 삽입하는 것이 좋다.

또한 BWT 수입시에는 수출입공고 등 일반수입절차에 준해서 수입하되 L/C상에 「Stable B/L Acceptable」을 명시해 주어야 한다.

3. 거래대상에 따른 분류

(1) 유형무역

유형무역(Visible Trade)은 우리의 눈으로 볼 수 있는 구체적인 형태의 상품이 거래 되는 것으로서 반드시 세관통관을 거치게 되며 무역통계와 국제수지표상에 표시된다.

(2) 무형무역

무형무역(Invisible Trade)은 구체적인 형태를 갖지 않고 우리 눈으로 볼 수 없는 생산요소나 용역이 거래되는 것으로서 세관의 통관절차를 거치지 않으므로 무역통계에는 기록되지 않고, 국제수지표상에는 무역외 수지로 표시된다.

제4절 무역업 신고

〈무역업의 신고〉

대외무역법 초기에는 무역업을 갑류 무역업과 을류 무역업으로 구분하였으며, 또한 무역대리업을 갑류와 을류로 구분하여 허가제로 운영하다가 등록제로 변경하였으며, 1997년 3월 1일부터 신고제로 운영 하였으나, 2000년 1월 1일부터는 대외무역관리규정의 개정으로 완전 자유화되었다.

1. 무역업 등의 신고 폐지

(1) 개요

무역업과 무역대리업을 영위하고자 하는 자는 각각 한국무역협회, 한국무역대리점협회 및 한국외국기업협회에 신고토록 하였으나 규제완화차원과 무역활성화를 촉진하기 위해서 이러한 신고제를 폐지하여 완전자유화가 되었다.

(2) 무역업 고유번호부여의 목적

무역업신고제가 폐지되면 지금까지 무역업신고번호를 기초로 한 각종 무역통계의 작성이 곤란하여 기존 통계와 연속성이 없어지게 되며 쿼터관리, 수출실적 확인 등과 같은 업체별 통계관리가 불가능하게 되며 업종별·산업별 무역통계의 작성곤란으로 무역업신고제는 폐지하되 통계목적을 위한 무역업 고유번호를 부여한다.

(3) 내용

1) 무역거래자는 관세법에 의한 수출(입)신고 시 무역업고유번호를 수출(입)자 상호명과 함께 기재하여야 한다.

2) 무역을 업으로 하고자 하는 자는 무역업고유번호를 한국무역협회장에 신청하

여야 하며, 한국무역협회장은 접수 즉시 신청자에게 고유번호를 부여하여야 한다.

3) 고유번호의 신청 및 부여는 우편 · 팩시밀리 · 전자메일 · 전자문서교환체제(EDI) 등의 방법으로 할 수도 있다.

4) 고유번호를 부여받은 무역업자는 상호 · 대표자 · 주소 · 전화번호 등의 변동이 있는 경우에는 변동사실을 신속히 한국무역협회장에게 통보하여야 한다.

5) 한국무역협회장은 고유번호를 부여한 경우 또는 변동사실을 통보받은 경우에는 무역업 고유번호 관리대장에 이를 기록하고 계속 관리하여야 한다.

(4) 기타

1) 무역업신고번호에 대한 경과조치

2000.1.1 이전에 대외무역법에 의하여 부여받은 무역업신고필증상의 무역업 신고번호는 무역업고유 번호로 본다. 즉, 무역거래자는 수출(입)신고 시 종전 무역업신고번호를 기재하던 것과 같이 무역업 고유번호를 필히 기재하는데 기존 업체는 무역업신고번호를 그대로 쓰고, 신규업체만 무역업 고유번호 신청함.

2) 무역협회는 무역업고유번호를 관리하며, 회원가입은 강제되지 않음.

2. 무역업 고유번호 부여절차

▷ 신청자격 : 무역을 업으로 하고자 하는 자

▷ 구비서류 : 무역업고유번호신청서(소정양식), 사업자등록증 사본 1부

▷ 신청방법 : 한국무역협회장에게 신청

▷ 의무사항

- 무역거래자는 관세법 제137조 규정에 의한 수출(입)신고 시 무역업고유번호를 수출(입)자 상호명과 함께 기재하여야 함.
  (대외무역관리규정 제3-5-1조 제2항)
- 무역업고유번호를 부여받은 무역업자는 상호, 대표자, 주소, 전화번호 등의 변동이 있는 경우 그 사실을 신속히 한국무역협회장에게 통보하여야 함.
  (동 규정 제 3-5-1조 제4항)

무역업 고유번호 신청서

APPLICATION OF TRADE BUSINESS CODE

처리기간(Handling Time)
즉 시(Immediate)

① 상 호 (Name of Firm)		② 무역업고유번호 (Trade Business Code)		
③ 주 소 (Address)			④ 업 종 (Business Type)	
⑤ 전화번호 (Phone Number)		⑥ 이메일주소 (E-mail Address)		
⑤ 팩스번호 (Fax Number)		⑦ 사업자등록번호 (Business Restry Number)		
⑧ 대표자 성명 (Name of Rep.)		⑨ 주민등록번호 (Passport Number)		

대외무역법 제18조 및 동법 시행령 제30조 및 제31조, 대외무역관리규정 제3-5-1조의 규정에 의하여 무역업고유번호를 위와 같이 신청합니다.
I hereby apply for the above-mentioned trade business code in accordance with Article 3-5-1 of the Foreign Trade Management Regulation.

신청일 : 년 월 일
Date of Application Year Month Day

신청인 : (서명)
Applicant Signature

사단법인 **한국무역협회장**
Chairman of Korea International Trade Association

제 5 절 수출 8단계별 절차

〈수출 8단계별 절차〉

한 회사에서 상품을 수출하고자 할 때 처음부터 거래의 마무리까지 처리해야 하는 실무적인 절차로는 아래의 표에서 보는 바와 같이 8단계 절차를 거치게 됨을 알 수 있다.

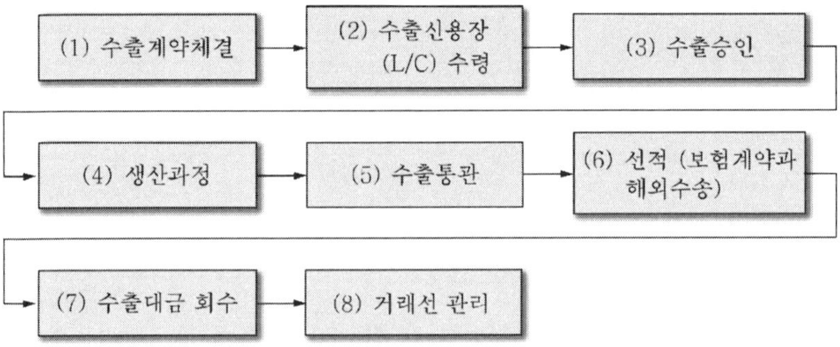

※수입절차 : ① 물품매도 확약서 ② 수입승인 ③ 수입결제 진행
④ 수입신용장 개설 ⑤ 대금결제 및 운송서류 수취 ⑥ 수입통관

1. 수출계약체결

(1) 거래국가선정

수출계약을 시도하기 전에 우선적으로 고려해야 할 것은 어떠한 나라와 거래를 해야 할 것인가를 결정하는 것이다. 정치, 경제, 사회적으로 안정된 국가를 택해야 하는 가장 큰 이유는 국제거래라는 것이 단기간에 종료가 되는 것이 아니고, 수년에 걸쳐 반복되는 거래이기 때문에 장시간을 필요로 하기 때문이다. 이에 따라 철저한 준비과정이 필요하며 그 첫 번째로 시장조사(Market Survey)를 들 수 있다.

선행 조사항목으로는 다음의 6가지를 예로 들 수 있다.

1) 수출 대상국에서 수출대상 품목의 정보를 수집분석
2) 수출 대상국의 Country Risk조사
3) 경쟁상품에 대해 조사
4) 수출대상 품목에 관계하는 업자가 어느 정도 영향력 있는지 조사
5) 수출대상 품목을 가장 신속하게 Low 코스트로 수송하는 물류채널 조사
6) 주요 고객층이 누구인가 조사

※3C's : 해당회사를 신용조회할 때 Capital(재정상태), Capacity(운영능력) 및 Character(상도덕)에 대해 필히 조회를 하는 것이 중요한데 이를 3C's라고 한다.

(2) 거래처 선정

수출시장조사를 한 후 적당한 국가와 지역을 선정하여, 가장 믿을 수 있는 거래처후보자를 결정한다. 좋은 거래처를 선정하여 이 거래처와 거래관계를 맺을 수 있다면 절반은 성공한 것이다.

1) 거래처의 신청방법

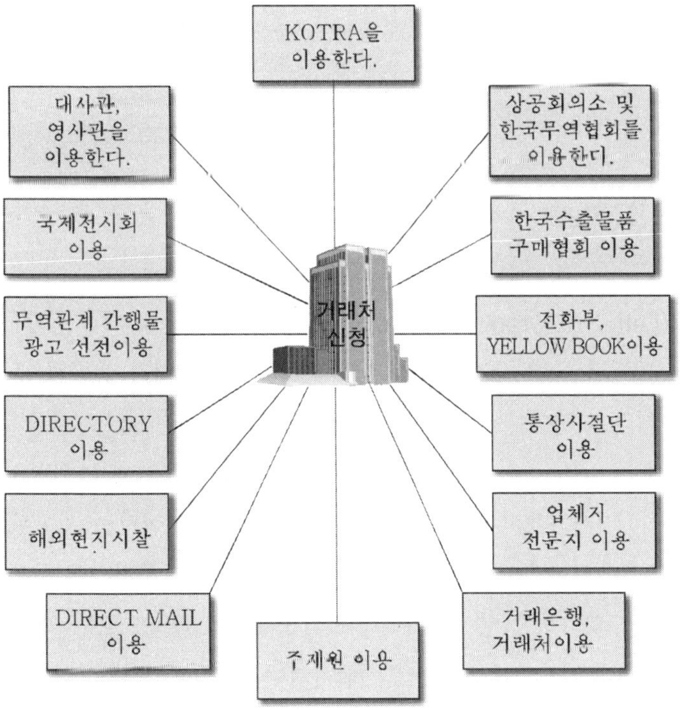

2) 무역계약의 흐름

다음은 거래 제안에서부터 수출계약을 하기까지의 무역계약의 업무흐름을 나타낸 것이다.

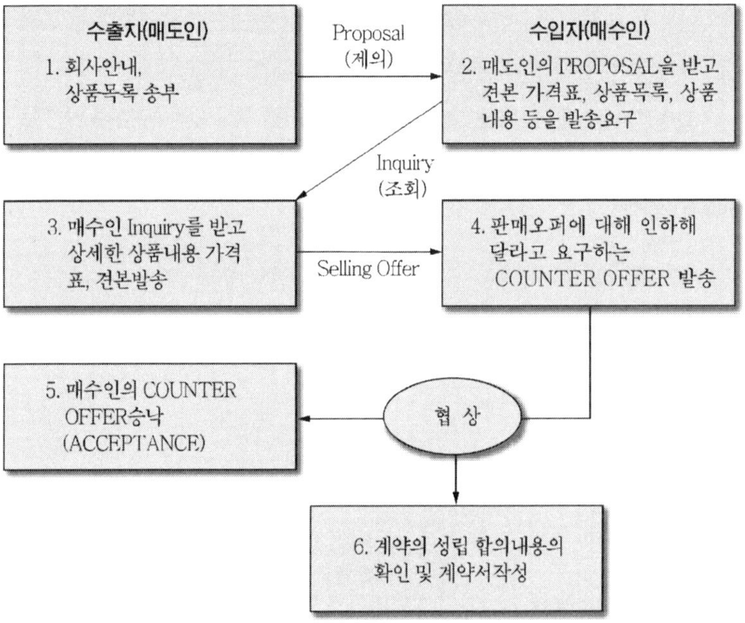

2. 수출신용장(L/C) 수령

■신용장(Letter of Credit)이란?

신용장은 19세기 중엽 국가간의 상거래가 활발해짐에 따라 급속히 보급된 것으로 보통 신용장이라고 하면 무역거래의 결제에 이용되고 있는 화환신용장을 말한다.

신용장(L/C ; letter of credit)이란 무역거래에서 대금결제를 원활하게 하기 위하여 수입상의 거래은행이 수입상의 거래요청에 따라 개설하는 것으로, 신용장 상에 명시된 조건과 수출상이 제시하는 서류가 일치하기만 하면 개설은행은 인수, 지급 또는 매입을 확약하는 증서이다. 확약의 구체적이 내용으로는 개설은행이 수익자 또는 그 지시인에게 지급 또는 연지급하거나 또는 수익자가 발행하는 환어음을 인수할 수 있고, 또한 개설은행은 이를 다른 은행으로 하여금 지급, 인수, 매입토록 수권할 수도 있다. 결국 신용장은 은행이 수입상을 위하여 자기의 신용을 제공하는 행위로 불확실한 수입상의 신용을 확실한 은행의 신용으로 대체한 증서이다. 따라서 신용장 조건에 맞도록 발행된 화환어음은 비록 수입업자가 대금결제를 못하더라도 개설은행이 어음의 지급인이 되든지 또는 지급에 대한 최종적인 책임을 지게 되므로 수출상과 수출상의 환어음을 매입한 매입은행은 안심하고 거래할 수 있다.

즉, 국제 경제거래에서 수입자의 신용과 상관없이 신용과 자산이 충실한 은행이 대금을 지급하겠다는 보증서이다.

3. 수출승인

우리나라에는 다음과 같은 대회무역 관계법규가 있다.

(1) 대외무역업

대외무역업, 동법시행령, 대외무역관리규정, 수출입요령

(2) 관세법

관세 부와 징수, 수출입 통관, 관세수입의 확보 등을 규정

(3) 외국환관리법

외국환관리법, 동법시행령, 외국환 관리규정

(4) 기 타

수출검사법, 수출보험법, 중개법, 수출자율지역설치법, 농수산물 수출진흥법 군납에 관한 법률 등

▶수출승인 기관

수출입 승인품목의 승인을 담당하도록 산업자원부 장관이 지정한 기관은 단체로 변경되었다.

특정 거래형태의 일부 승인은 종전대로 외국환은행의 장에게 위탁하고 수출 자동 승인 품목은 승인대상에서 제외, 자유화되었다.

① 수출승인 신청서 구비서류

- 수출승인 신청서 4부
- 신용장 계약서 또는 주문서
- 외국 매입 증명서(수출대금 사전 영수의 경우)
- 수출 대형 계약서(대행 수출의 경우)
- 전략물자 수출 허가서
- 수출입 공고 등에서 규정한 요건을 충족하는 서류
- 인감증명서 및 거래 인감 신고서(최초 거래 시)

② 거래형태별 수출 승인

- 화한 수출 신용장 방식에 의한 수출
- 선대 신용장 방식에 의한 수출
- 수출 착수금 방식에 의한 수출
- 추심 결제 방식에 의한 수출
- 송금방식에 의한 수출
- 위탁판매수출(무환으로 수출 위탁 후 판매되는 금액에 대해 견제)
- 위탁가공수출(해당국에서 가공 후 제3국에 수출을 조건으로 수출)

4. 생산과정

수출업자가 외국의 수입업자와 수출 계약을 체결하면 먼저 수출 계약서에 명세되어 있어야 하고 선적기한 내에 선적할 수 있도록 물품을 준비하여야 한다. 수출업자는 다음과 같은 방법으로 수출품을 확보할 수 있다.

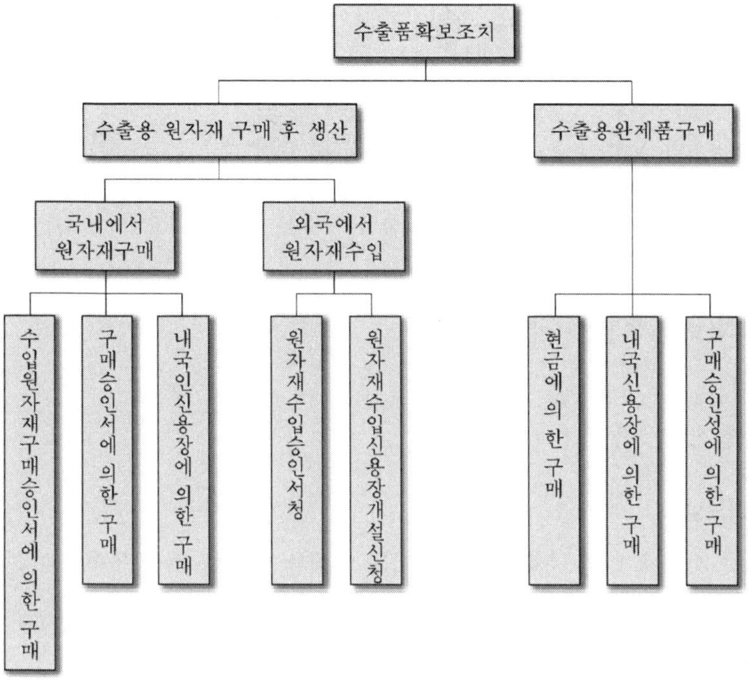

5. 수출통관

무역품은 국경을 넘어 이동하므로 어느 나라에 있어서도 국경의 요소에 세관을 설치하여 그 무역품의 수출에 있어서나 수입에 있어서 관세법에 의거한 통관절차를 밟아야 한다.

수출통관은 수출 면허를 의미하는 것으로 내국물품을 외국으로 반출하는 것을 허용하는 세관장의 처분이다. 법정통관절차로서 수출하려는 상품을 보세구역에 반입하거나 반입하기 전에 세관에 수출신고를 한 후 필요한 검사를 거쳐 수출면허를 받아 물품을 보세구역에 반출하여 선(기)적하는 데까지의 절차를 말한다. 좁게는 수출신고서에서 수출면허까지의 세관절차를 말한다.

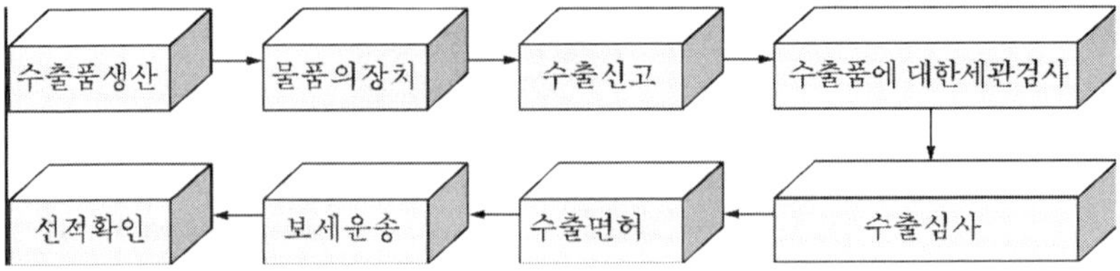

수출통관이 되어 보세창고에 쌓인 물품을 이제는 선적한다.

6. 선적(보험계약 및 해외운송)

(1) 보험계약

1) 적하보험

운송 중 사고로 인해 운송화물에 생기는 손해를 보상할 것을 목적으로 하는 손해보험을 적하보험이라 한다.

2) 보험조건

보험조건은 각 손해별 보상조건에 따라 달라진다.

해상손해의 보상조건은 손해정도와 손해부담관계에 따라 정해진다.

<table>
<tr><td rowspan="9">해상손해</td><td rowspan="4">물적손해</td><td rowspan="2">전손
(Total Loss)</td><td>현실전손(Actual Total Loss)</td></tr>
<tr><td>추정전손(Constructive Total Loss)</td></tr>
<tr><td rowspan="2">분손
(Partial Loss)</td><td>단독해손(Particular Average)</td></tr>
<tr><td>공동해손(General Average)</td></tr>
<tr><td rowspan="5">비용손해</td><td colspan="2">손해방지비용</td></tr>
<tr><td colspan="2">특별비용</td></tr>
<tr><td colspan="2">공동해손 분담금</td></tr>
<tr><td colspan="2">구조비</td></tr>
<tr><td colspan="2">부대비용</td></tr>
</table>

(2) 운송방법

여러 운송형태 중 가장 적합한 것을 선택하여 운송계약을 맺는다.

운송형태	내용
해상운송	1회의 운송으로 다량의 화물을 싸게 운송한다. 철광석, 석탄, 자동차 원유 등은 전용선으로 이용한다. 일반포장 화물에는 편리한 컨테이너선도 보급한다.
항공운송	운임은 비싸나 안전 / 신속하다. 긴급성에 대응하고 포장도 간단하게 할 수 있어 물류비 절감에 기여한다.
복합운송	DOOR to DOOR 의 운송 기능. 하나의 운송계약, 운임, 일괄운송 책임으로 운송. 컨테이너의 보급으로 환적이 용이하고, 안전성이 높고, 시간이 단축된다.
우편화물	소량 화물에 편리 민간의 국제 택배의 흐름이 활발하고 DOOR to DOOR 서비스가 가능하다.

7. 수출대금 회수 방법

(1) 신용장에 의한 결제

어음매입(Negotiation)

(2) 송금방식에 의한 수출

이 방법은 수출대금의 전액을 외화로 영수하는 조건으로 수출하는 거래를 말한다. 여기에는 다음과 같은 종류들이 있다.

1) T/T(Telegraphic Transfer) : 수출대금을 미리 외화를 영수한 후 수출하는 단순 송금방식.
2) COD(Cash On Delivery) : 수출 및 물품의 인도와 동시에 지불하는 것.
3) CAD(Cash Against Document) : 물품을 인도 후에 수출대금을 영수하는 방식.

4) CWO(Cash With Order) : 주문 불 방식의 선급조건 등이 있다.

(3) 추심결제방식에 의한 수출

이 방식은 수출입 업자 간에 계약에 의한 거래로서 은행은 단순히 수출대금의 추심 및 추심의뢰업무만을 담당하게 된다. 이 방식에 의한 수출에는 지급인도조건(D/P-Document against Payment)과 인수인도조건(D/A-Document against Acceptance)이 있는데, D/P거래에서는 일람출금 환어음(Sight Draft)이 발행되는데 비해 D/A거래에서는 기한부 환어음(Usance Draft)이 발행된다.

(4) Open Account

Open Account는 상호계산 또는 장부결제라고 하며, 매매당사자가 서로 빈번히 거래하는 경우 거래 시마다 대금결제를 하지 않고 이를 6개월 또는 1년마다 상계하여 그 잔액에 대해서 결제하는 방식이다. 상호계산의 상대방은, 국내 제조업체의 경우 해당상의 해외지점을 현지법인, 그리고 외국인 투자기업은 출자한 외국법인이나 지점이 자회사가 된다.

(5) 국제팩토링방식(International Factoring-대리인)

IFG(International Factors Group) 등 국제팩토링 그룹에 가입되어 있는 수출국 팩토링 회사 및 수입국 팩토링 회사의 무역금융수혜 및 지급보증으로 대금결제가 이루어지는 최근의 혁신적 결제방식으로 은행의 지불보장이 아닌 특정의 팩토링 회사가 지불보장을 한다는 차이가 있다.

8. 거래선 관리

거래선 관리는 수출의 한 단계를 차지하는 것이 아니라 수출전반에 걸쳐 계속 일어나는 영업 창출 행위라고 볼 수 있다.

〈거래선 관리의 필요성〉

1. 영업의 범위를 확대하기 위한 수단이 된다.
2. 상품과 회사의 인지도를 높여주는 방법이다.
3. 쌍방의 이익을 극대화시키는 영업행위이다.

제1장 무역실무 사례 연구

1-1. 호랑이, 늑대 그리고 양: 조건부 주문서의 법적 효력

사건 개요

놓치기 아까운 상거래 정보에 직면하자, 거래개시 여부에 관한 의사결정권자의 결정을 채 얻기도 전에 쉽사리 취소가 가능하리라 생각되었던 소위 조건부 OFFER를 담당자가 상대방에게 발급함으로써 분쟁을 야기한 사례이다.

결과는 다행히 큰 손실 없이 종결되었으나 사건이 조금만 달리 전개되었더라도 큰 손실을 끼칠 수 있었던 사건으로써 우리 모두가 거래선에 ORDER를 발주하는 과정에서 발생할 수도 있다는 사실을 명심해야 하겠다.

업무 규칙

조건부 주문서라고 해서 당연히 무효가 되는 것이 아니며 조건을 일정 기일 내에 충족시키지 못하면 본 주문서가 자동적으로 무효가 된다고 주문서에 명시되어 있어야 한다. 아니면 적어도 조속한 이행을 촉구하고 기일 내에 조건의 이행이 이루어지지 않아 취소할 수밖에 없다는 내용을 통보하여야 한다.

▶신천지를 개척하는 고독한 호랑이

만국상사 몬트리올 지점은 뉴욕에 있는 J라는 회사로부터 S물품 공급에 관한 아주 중요한 정보를 입수하였다. S품목은 만국상사로서는 아직 취급한 경험이 없는 아주 새로운 품목이었지만 공급가능 가격이 C&F USD320.00로 국제시세인 FOB USD500.00보다 무려 USD180.00정도나 저렴하다는 것이었다. J사를 통해 알아보니 실공급자는 독일에 있는 H라는 회사였다. 공급가능물량은 약 30만톤 정도로 T지사는 이 정보를 입수한 후 본사를 통해 S품목 수요를 파악해 보니 중동지역의 일부 국가에서 약 40만톤 정도의 수요가 있음이 확인되었다. 몬트리올 지점은 조심스레 본건 거래를 추진하기 시작했다. 잘만 되면 USD 1억 이상의 거래가 가능했다.

▶거래 상대방의 신용도는

만국상사는 몬트리올지점이 요청한 본건 거래를 검토하기 시작했다. 새로운 거래에 대한 의욕, 큰 거래금액, 큰 매출이익 등이 긍정적인 요소였고, 제반리스크 분석 미비, H라는 회사의 동 물품 공급능력에 대한 불확실성, 지나치게 저렴한 가격이 내포하는 사기위험성 등이 부정적인 요소로 대두되었다. 시간이 흐를수록 부정적인 요소에 대한 우려가 점차 높아갔으며 이의 보완방법에 대한 도의도 있었다. 프랑크푸르트지사를 통해 H라는 회사의 신용도를 조사해 보았다. 1988년 설립 직원 7명 · 자본 700,000DM · 회사소유 부동산은 없음 · 수입업이 주종임 · 1988년 12월부터 1989년 2월까지의 지불내역은 최고영수금액 5,000DM · 평균 영수금액 3,750DM 등으로 본건과 같은 큰 거래를 하기에는 믿기 어려울 정도로 규모가 작은 회사였다. 몬트리올 지점은 이런 만국상사의 우려를 J회사를 통해 H회사에 전달했다. 그러자 H회사가 300,000/MT의 S품목을 보유하고 있음을 나타내는 CITI BANK명의의 서류를 보내 확인시켜 줄 수도 있다고 했다. 몬트리올 지점은 이런 내용을 다시 만국상사에 전달했다.

▶넝쿨 채 굴러온 호박을 그대로 버리기는 …

그런데 한 가지 문제가 발생했다. J회사의 「OFFER」 만기가 00년 8월 10일로 종료되는 점이었다. 만국상사에서는 계속 협의가 진행되고 있어 아직 확실하게 결정된 바는 없으나 혹시 거래를 하는 쪽으로 결론이 날 수도 있는 상황에서 그대로 내버려두기는 아까웠다. 그래서 몬트리올 지점은 조건부 주문서를 발급키로 결정했다. 몇 가지 까다로운 조건을 달아 주문서를 발급하면 쉽게 취소할 수 있으리라는 생각에서였다. 그러나 이것은 잘못된 판단이었고 커다란 실수였다. 만국상사에서는 이후 계속 부정적인 측면이 검토되었고, 결국 00년 8월 20일경 이번 거래는 하지 않는 쪽으로 최종 결정이 났다. 이와 같은 통보를 받는 몬트리올 지점은 00년 8월 28일경 「수신: J회사, 참조: H회사」 주문서 취소통보를 내보냈다. 그리고 몬트리올 지점은 아쉬움 속에 이번 거래가 종료되었다고 생각하였다.

▶송곳니를 드러낸 늑대

그런데 그렇지 않았다. 만국상사는 독일의 H회사로부터 9월 25일 USD50만의 손해배상을 요구하는 CLAIM LETTER를 받게 된 것이다.

이 CLAIM LETTER에는 만국상사가 8월 10일자로 취소불능의 PURCHASE ORDER(주문서)를 발급하였고 H회사는 이를 즉시 수락하였으므로 계약은 성립되었는데도 불구하고 00년 8월 28일경 만국상사가 일방적으로 이를 취소하였으므로 H회사의 손해·명예훼손 등을 이유로 USD50만을 배상하든지 아니면 거래를 계속하자고 H회사는 주장하였다. 그 후 H회사는 만국상사가 이에 대해 아무런 응답을 하지 않자 USD250만의 배상을 청구하는 중재를 함부르크에 제기하고 이에 응하라는 텔렉스를 10월 23일자로 다시 보내왔다.

▶양치기 목동들의 회의

9월 25일 CLAIM 메일을 받은 후 사건을 의뢰받은 만국상사 법무팀에서는 조건부 주문서이기 때문에 취소가 가능하며, 뉴욕의 J회사로부터 취소에 동의한다는 LETTER도 받았으므로 취소에 별문제가 없지 않느냐는 몬트리올 지점의 의견과 함께, 취소할 수 없으며 취소 시 손해배상을 해야 한다는 H회사의 주장을 면밀히 검토해 나갔다. 양자의 논리가 모두 허점과 강점이 있었다. 점점 심도 있게 논의를 진행시켜 감에 따라 만국상사에 책임이 인정되는 쪽으로 결론이 기울고 있었다. 단 대응시점이 문제였다. 현재 중재의 현황은 H회사가 중재비용을 예납하지 않고 있고, 중재인 선임방법에 하자가 있어(HAMBURG WARENVEREIN 중재규칙에 의하면 변호사는 중재인이 될 수 없으나 H회사는 변호사를 중재인으로 선임하였음) 중재기관으로부터 절차보완명령을 받은 상태인 바, H회사에 대한 정식대응은 H회사가 상기절차를 모두 보완한 후가 적기라는 지적이며 그 전에는 일체의 반응을 보이지 않는 것이 좋다는 점에는 의견이 일치되었다. 만국상사에서는 사내외적으로 격론이 있었으나 법무팀에서는 한 번 싸워보는 쪽으로 결론을 유도하였다. 아울러 몬트리올 지점에 상대방인 H회사의 주장에 대해 일체 대응하지 말라는 지시도 통보하였다.

▶기각결정 통보가 …

긴장되는 순간이 흘러갔다. 화해의 시기를 놓쳐 화해금의 몇 배를 지급하여야 했던 지난날의 사례 하나가 만국상사를 더욱 불안하게 만들었다. 본건의 경우 지금 화해하면 단지 추산이기는 하나 USD30만이면 충분히 해결 할 수 있는데 중재판정까지 끌고 가면 USD250만 선액을 배상하게 될 수도 있다는 생각도 들었다. 만국상사는 1개월 단위로 현지 변호사를 통해 주기적으로 상황을 점검하였다. 아직 아무런 보완이 없다는 문서를 계속 입수하던 중 느디어 00년 5월 13일 독일중재기관에서 H회사가 절차를 보완하지 않아 본건을 기각키로 결정했다는 현지 변호사의 문서를 받았다.

만국상사 법무팀은 이를 즉시 상부에 보고하고 몬트리올 지점에 통보하였다. 비록 시효가 완료되기 전에는 본건이 종결되었다고 볼 수는 없지만, 한숨을 돌릴 수 있는 여유는 찾게 되었던 것이다.

▶호랑이, 늑대 그리고 양

만국상사 몬트리올 지점은 신천지를 부단히 개척하는 고독한 호랑이일 수도 있지만, 무시무시한 대지에 아무런 대비 없이 홀로 나타나 늑대에게 물려 죽기 직전에 목동에 의해 구출된 어리숙한 양의 모습이라고 비판받을 수도 있다. 분명한 사실은 몬트리올 지점이 한 가지 논점을 착각했다는 사실이다. 조건부 주문서라 해서 당연히 무효가 아니며, 조건을 일정기일 내에 충족시키지 못하면 본 주문서가 자동적으로 무효가 된다는 문구가 주문서에 명시되어 있어야 한다는 점을 몬트리올 지점은 간과하고 있었던 것이다. 상기와 같이 규정되어 있지 않다면, 조건의 조속한 이행을 촉구하고 지정된 기일내에 조건의 이행이 이루어지지 않아 취소할 수밖에 없다는 내용을 통보하여야 하는 것이다. 본건의 경우는 조건은 있으되 일정한 시한을 주고 시한내에 조건성취가 되지 않았을 경우에 주문서의 유·무효에 대한 언급이 없을 뿐만 아니라 조건의 이행촉구를 한 특별한 증거도 없이 일방적으로 주문서를 취소하였다는 점이 문제인 것이다.

1-2. 야누스의 속셈

사건 개요

제일종합상사는 S국 A사의 공개입찰에 참가하기 위하여 M사라는 국내업체와 거래를 약속하고 B-BOND(입찰 보증금)를 개설하여 입찰에 참가하였다. 그러나 낙찰여부가 결정되기도 전에, M사는 제품생산을 위한 기술이 부족하다는 이유를 내세워 입찰을 위한 거래를 포기할 의사를 밝히면서 추후 제품의 하자로 인한 문제발생시 이에 대한 책임의 절반을 제일종합상사가 부담해 줄 것을 요구하였다. 결국 M사로부터 B-BOND 개설에 따른 보증을 받지 않고서 응찰했던 제일종합상사는 B-BOND의 몰수 및 대외적인 신용을 고려하여 울며 겨자 먹기식으로 M사의 부당한 요구를 들어주어야만 했던 것이다. 그 후 순조롭게 제품은 생산되어 선적되었으나 염려했던 대로 A사로부터 CLAIM이 제기되었다. 결국 제일종합상사는 M사와 화해금액을 반반씩 부담하여 이를 해결하였으나 사전에 조금만 주의를 기울였더라면 예방할 수 있었던 불필요한 손실을 입게 된 것이다.

업무 규칙

종합상사가 해외입찰에 참가하고자 B-BOND를 개설할 경우 국내 협력업체의 이에 대한 보증을 받아 두어야만 향후 있을지도 모를 국내업체의 입찰프로젝트에서의 철수 등으로 인한 손실을 방지할 수 있다.

▶청운의 꿈

"나승진씨"

점심식사 후의 나른함을 달래려고 커피를 마시고 있던 나승진씨는 자신을 찾는 갑작스런 소리를 듣고서 황급히 L부상에게 다가갔다. "이번 S국 입찰건을 나승진씨가 한 번 맡아 보지." 하면서 L부장은 서류철을 내밀었다. 엉겁결에 서류철을 손에 쥐고 자리로 돌아와 앉은 그의 모습은 약간의 당황한 기색이 역력했다. 경영학을 전공한 나승진씨가 청운의 꿈을 안고 제일종합상사에 입사한 지 벌써 두해가 바뀌었다. 캠퍼스 생활에서 유달리 무역에 관심이 많았던 그의 뇌리 속에는 항상 떠나지 않았던 모습이 있었다. 곤색 싱글정장에 한손에는 007가방을 들고서, 성공리에 해외 BUYER와 계약을 체결한 후 공항의 트랙을 내려서는 자랑스런 자신의 미래상이었다. 그러나 신입사원의 티를 이제 겨우 벗은 나승진씨가 상사맨이란 그렇게 화려하기만한 직업이 아니란 것을 깨닫기까지는 그리 오랜 시간이 필요하지 않았다. 현실은 너무나 달랐던 것이다. 그런 나승진씨에게 자그마치 USD3백만에 달하는 입찰건을 수행하라는 지시가 내렸던 것이다. 승진씨는 가볍게 흥분되는 것을 느낄 수 있었다.

▶파트너의 선정

나승진씨에게 맡겨진 건은 S국 A사가 공개입찰에 붙인 건으로서 약 300만불 상당의 P제품을 공급하는 것이었다. 제일종합상사는 제조업체가 아닌 종합상사이므로 이번 입찰건을 수행하기 위해서는 A사가 요구하는 제품을 생산할 능력을 가진 국내업체의 선정이 무엇보다 중요했다. 그러나, P제품을 생산하기 위해서는 고도의 기술이 요구되었기 때문에 국내에서도 일부업체에서만 P제품을 생산하고 있는 실정이었다. 일단 업체 LIST를 작성한 나승진씨는 다각도로 분석해 본 결과 M사가 가장 적합하다는 결론을 내렸다.

M사는 동종업계에서도 P제품에 대한 기술력 향상을 위한 R&D투자를 열심히 하고 있었으며 대외적인 신용평가에서도 단연 앞서고 있는 중소기업 중의 하나로 평가되고 있었다. 제일종합상사로부터 입찰에 대한 상세한 설명을 들은 M사는 대환영의 기색을 보였다. 그들로서는 어떠한 방법을 써서라도 추진하고 싶은 큼직한 ORDER였기 때문이었다.

세부적인 입찰계획을 세우고 M사와 제품생산일정을 협의하는 등 나승진씨의 하루는 24시간이 모자랄 정도였다. 나승진씨가 이렇듯 바쁜 나날을 보내는 가운데 응찰마감기한은 도래하고 있었다. M사와 P제품 생산계획을 다시 한 번 확인한 그는 A사로 입찰서류를 송부하였다. 홀가분한 마음으로 모처럼 일찍 퇴근준비를 하고 있는 나승진씨의 귓가에는 낙찰이라는 낭보가 금세라도 들려오는 듯 했다.

"나승진씨 수고했어."

사무실을 나오기 전 L부장이 던진 이 한마디는 발걸음을 더욱 가볍게 만들었다.

▶M사의 돌변

며칠이 지난 후였다. 문제는 엉뚱한 것에서부터 시작되었다. M사의 입찰 공동수행취소 통보가 나승진씨는 물론 제일종합상사를 당혹케 만든 것이다. M사는 P제품의 SPEC을 면밀히 검토한 결과 요구하는 수준으로 P제품을 생산한다는 것을 자신의 기술력으로는 100% 장담하기 어렵기 때문에 입찰 수행을 포기한다는 것이었다. 그러면 제일종합상사가 개설한 B-BOND(입찰보증금)는 어쩌란 말인가? 공개 입찰시 낙찰이 되었음에도 불구하고 계약을 체결하지 않는 경우를 대비해, 입찰서류중의 하나로서 B-BOND를 요구하는 것은 이미 국제적으로 널리 알려진 관행이다. 이번 응찰시에도 제일종합상사는 계약금액의 5%인 USD15만에 상당하는 B-BOND를 A사의 요구대로 개설해 주었던 것이다.

▶드러난 흉심

M사의 돌변한 태도에 다급해진 나승진씨와 L부장은 M사의 K사장을 찾았다. L부장으로부터 B-BOND에 관한 이야기를 들은 K사장은 옆집 불구경하듯이 유감의 뜻만 나타낼 뿐이었다. 나승진씨는 답답하기 그지없었다. 생각 같아서는 자리를 박차고 일어나고 싶은 심정이었다. 그러나 역시 오래된 생강이 맵다고 L부장은 K사장의 진정한 의도를 타진하기 시작했다. 결국 K사장은 추후 제품의 하자로 인한 문제가 발생할 경우 제일종합상사가 그 절반을 부담해달라고 요구함으로써 감추어 두었던 흉심을 드러내었다. 뻔뻔스러운 요구였다. 그러나 나승진씨와 L부장으로선 B-BOND 개설시 M사로부터 이에 대한 보증이나 입찰공동수행에 따른 책임관계의 서면확약 등을 받아두지 않았던 그들 자신의 과오를 한탄할 수밖에 없었다. 그렇다고 이제 와서 다른 업체를 선정할 수는 없었으며 동종업계 중 가장 기술수준이

높은 업체가 M사라는 사실은 제일종합상사를 더욱 더 깊은 수렁 속에 빠지게 하였다.

▶진퇴양난

이렇듯 대책 없는 나날을 보내는 가운데 A사로부터 낙찰통보가 전해졌다. 도무지 기뻐해야 할지, 슬퍼해야 할지 나승진씨의 감정은 종잡을 수 없었다. 제일종합상사는 이 진퇴양난의 심각한 딜레마를 해결하기 위해 심사숙고한 결과 어떻게 해서라도 계속 추진키로 하였다.

이번 거래를 포기할 경우 B-BOND는 당연히 몰수될 것이다. 그보다 국제적으로 널리 알려진 제일종합상사의 신용 및 이미지가 더욱 중요하게 고려되어 내려진 결정이었다. 더구나 S국은 개발도상국으로서 한국과의 교역량이 확대일로에 있으므로 향후 S국에서 실시하는 PROJECT 참가에 크나큰 영향을 미칠 것이라고 예상되었기 때문이었다. 내부적인 결정이 내려지자 L부장과 나승진씨는 다시 K사장을 방문하여 낙찰되었다는 소식을 알려주고 P제품에 대한 세부계획을 협의하기 시작했다. 결국 제일종합상사는 울며 겨자 먹기로 추후 제품의 하자로 인한 문제가 생길 경우 그 책임의 절반을 부담할 것을 수락하였으며, M사는 A사가 요구하는 수준의 제품을 생산하도록 최선을 다해 노력할 것을 약속하기에 이른 것이다.

▶예상된 CLAIM

그 후 별다른 잡음 없이 예정된 일정에 따라 M사는 P제품을 생산하였고 제일종합상사는 선적 및 NEGO를 완료하였다. 다만 예상했던 대로 P제품의 품질이 A사가 요구하는 수준에 이르지는 못했으나 미미한 차이이므로 그다지 큰 걱정거리는 되지 않았다.

A사로부터 제품이 그들이 요구하는 SPEC과 일치하지 않는다는 CLAIM이 제기된 것은 납품 후 얼마 지나지 않아서였다. 예상했던 것이 현실로 나타난 것이다. 불행 중 다행인지, A사는 호의적으로 문제를 해결코자 원하였으며 제일종합상사는 흔쾌히 수락하였다. 제일종합상사는 즉시 이러한 사실을 M사에 통보했으며 이의 해결을 상의하였다. 결국 10만불의 손해배상으로 종결되었으며 M사와 제일종합상사

는 사전에 합의된 바와 같이 반반씩 부담한 것이다.

▶교 훈

입찰이 있게 되면 종합상사는 반드시 국내업체와 협력하여야 한다. 그러나 간혹 국내업체로부터의 보증을 얻지 않은 채 상사책임으로만 B-BOND를 개설하여 응찰한 경우, 국내업체의 몰지각한 행각으로 종합상사는 B-BOND를 몰수당하지 않기 위해서 울며 겨자 먹기식으로 국내업체의 부당한 요구조건을 들어주게 되고 결국 부담하지 않아도 될 손해를 부담하는 경우가 왕왕 있다. 국내업체로부터 B-BOND의 보증을 받아두지 않은 허점이 결국 책임지지 않아도 될 부담을 초래하고 만 것이다.

1-3. 그대의 이름만

사건 개요

S상사는 I국 국영회사로부터 산업설비공사를 수주 받고선 국내의 H건설을 하도급업체로 선정하여 공사를 수행하였다. H건설도 현지의 L사를 재하도급업체로 선정하여 공사를 거의 마무리하고 있었다. 그러나 H건설은, 발주회사의 공사변경 요청에 따라 투입된 공사 증액대금을 미처 받지 못하게 되자 발주회사로부터 받은 대금을 유용하였으며 L사의 재하도급 대금 중 일부의 지급을 지연하였다. 이에 L사는 H건설과 S상사 모두를 상대로 소송을 제기하였다. S상사의 입장에서는 비록 자신이 H건설에게 현지 업무를 맡겼지만 L사의 재하도급에 관해서 허락한 바 없으므로, H건설이 무단으로 S상사의 명의를 사용하여 L사와 계약한 것은 H건설의 월권행위라는 항변을 하였다. 현지소송이 얼마나 불리한 것인지를 잘 알고 있는 S상사는, 국내에서 H건설에 책임을 묻기로 하고, H건설의 책임과 비용으로 현지소송을 수행하라고 설득하고 이에 협조하였다. 다행히 S상사로부터 현지 분쟁의 해결을 위임받은 H건설은 L사와 원만히 화해함으로써 본 사건은 손실 없이 마무리 되었다.

업무 규칙

위임장을 줄 경우, 그 유용을 방지하고 기존의 위법행위(채무불이행, 불법행위)에 대한 사후인증, 즉 추인의 근거로 악용되지 않도록 그 위임범위를 명확히 특정해야 한다. 해외에서 생활한다는 것은 힘들다. 더욱이 일하는 것은 무척 힘들다. 왜냐하면 다른 언어와 풍습·기후·습관·특히 상관습에 익숙해지려면 아무래도 많은 시간이 필요하기 때문이다. 특히 그 외국이 우리에게 낯선 후진국인 경우에는....

▶땀과 법

4대 문명의 발상지중의 하나인 I국에도 S상사는 손길을 뻗어 산업설비공사의 입찰을 따내었다. 기술력이 없는 S상사는 국내의 H건설을 하도급업체로 선정하여 공사를 수행하였다. 자그마한 문제만으로 무사히 끝나기를 하늘에 기원할 따름이지, 어디 공사치고 아무런 문제없이 끝나는 것이 있겠는가? 아니나 다를까, 거의 마무리 단계에 가서 새로운 AUTOMATION SYSTEM의 적용을 I국의 국영회사인 발주회사로부터 요청받고 최신장비를 도입하여 공사를 거의 마무리 짓는 단계에서 사고의 씨는 발아되었다. 가만히 서 있기만 하여도 등 뒤로 땀이 줄줄 흐르는 폭염 속에 외화획득의 일선에서 묵묵히 일하던 H건설에 자신의 현지 하도급업체인 L사로부터 법적조치를 구하겠다는 통지가 날아온 것이다. 아연실색한 H건설에 물론 잘못이 있긴 있었다.

즉 H건설은 발주회사로부터 받아 L사에 지급하여야 할 금액 중 일부를 현지 활동비로 유용하였던 것이다. 그러나, L사로부터 요구받은 금액은 H건설이 저지른 잘못을 넘어서는 엄청난 것이었다. L사로서는 발주회사로부터 받은 금액을 기준으로 한 것이 아니라 H건설과 L사와의 약정에 따른 청구를 하고 있었던 것이다. H건설은 공사변경에 따른 증액을 발주회사에 요구했으나 발주회사의 결정이 지연되고 또 발주회사가 현지 국영회사이기에 H건설로서는 강력히 주장하지 못하고 있는 입장임에도 불구하고 이를 이해해 주지 않는 L사의 태도에 그 대처방안이 더욱 더 난감하였다.

▶셋방살이의 횡포

S상사로서는 H건설에게 S상사 전형의 하도급계약서에 의거 모든 공사업무를 맡기고 H건설의 보고에 의거하여 관리를 하던 중 조직관리가 치밀하지 못한 H건설이 언젠가 사고 칠 것 같아 불안해하던 차에 이런 날벼락 같은 통보를 받고선 아차 싶었다.

H건설이 현지의 L사와 계약을 체결할 때 S상사의 명의로 체결을 하였기 때문에, L사는 H건설 및 S상사 모두를 상대로 소송을 제기한 것이었다. S상사로서는 솔직히 그 구체적인 내용도 모르고 실질적으로 잘못한 바가 없기 때문에 H건설에 즉시

공문을 보냈다. 즉 S상사와의 동의나 협의 없이 S상사 명의를 임의로 사용하여 L사와 계약했기 때문에 L사와의 소송에 S상사가 개입됨에 따른 모든 제반조치를 취하여 줄 것과 S상사에 민·형사상의 손실이 없도록 하여줄 것을 H건설에 요청하면서 이와 더불어 각서 및 담보를 제공해줄 것을 요구하였다. 그러나 너무도 단호하고 과격한 S상사의 공문에 흥분한 H건설은 전적으로 모든 사실을 부인하며 역으로 S상사를 상대로 그 법적책임을 추궁할 것이라고 통보해 왔다.

▶계륵(鷄肋)

S상사로서는 난감하였다. 현지에서의 소송은 구체적 사정을 모르기에 적절히 대응할 수 없으므로 H건설의 협조를 받아야만 할 처지에 있었고, H건설이 자신의 책임에 대하여 명백히 확약하지 않는 경우 소송 결과에 따라 H건설이 발뺌할 가능성도 없는 것은 아니었기 때문에 그 뒷처리가 곤란하였다. S상사는 여러 측면에서 사안을 검토한 결과, 현지 소송에서 H건설이 S상사 명의로 계약한 것의 무효를 주장하며 S상사가 소송당사자가 아님을 항변할 수 있었지만, 실질적으로 S상사의 조세절감을 위해 CASH FLOW가 왜곡되어 있는 상태였기 때문에 오히려 이러한 조세회피 과정이 밝혀지는 경우 형사상 책임까지 문제될 수 있는 여지가 있으므로, 가급적이면 H건설을 설득하여 확약서와 담보를 받고 현지 소송을 종결한 다음 국내에서 H건설을 상대로 시시비비를 가리는 것이 좋겠다는 결론을 얻었다.

▶순 항

다행히 H건설은 흥분을 가라앉히고, 부족하나마 S상사와 상호협력한다는 명목하에 H건설의 책임과 비용으로 사건을 수습하겠다는 공문을 발송하였고, 현지에서 L사와 협상하여 '실제로 발생된 비용의 정산 및 발주회사로부터의 미수령 금액에 대한 유예' 등을 조건으로 하여 L사가 소송을 취하함으로써 사건은 원만히 수습되었다. 그 과정에서 협력의무의 일환으로 S상사는 H건설이 선정한 'S상사와 H건설의 공동 소송대리인'인 현지 변호사에게 위임장을 송부하였는데, 실질적으로 S상사가 L사와의 협상에 참여할 수 없는 처지에 있었고 또한 그 세부적인 내용도 모르는 상태였기 때문에 H건설이 S상사의 명의까지 포함시켜 협상에 임할 수 있도록 위임장을 교부하였던 것이다. 변호사에게 위임장을 교부함에 있어서는 별문제가 없었지만, H건설에게 화해에 관한 포괄위임장을 작성해 줌에 있어서는 그 위임내용을 특정하여 차후 있을지도 모를 국내 소송 시 H건설의 위법행위 즉, 임의적인 계약체결행위 등에 관한 면책근거로 악용되지 않도록 해야 하는 세심한 배려가 요구되었다.

제 2 장

무역계약서의 이해

2
chapter

무역계약서의 이해

제 1 절 무역계약

1. 계약의 의의

(1) 계약이란, 두 사람 이상의 당사자 간에 체결된 법률상 가능한(Enforceable by Law)의사의 합치를 의미한다.

(2) 계약, 합의, LOI(Letter of Intent-의향서), Guarantee(보증서), MOU(Memorandum of Understanding-양해각서) 등의 명칭에 구애받지 않는다.

(3) 동의, 확인, 각서 등은 엄격한 의미의 계약은 아니나,

- 성립의 진정서
- 내용의 적법성을 갖추면 유효한 법률상 강제성을 갖는다.

2. 계약체결의 흐름

계약은 일방당사자가 상대방에게 일정한 조건을 제시하고(Offer), 상대방이 이를

받아들일 때(Accept) 계약이 성립된다. 이럴 때 비로소 당사자를 구속하는 법률효과가 발생한다. 이런 일련의 계약체결의 흐름은 다음과 같다.

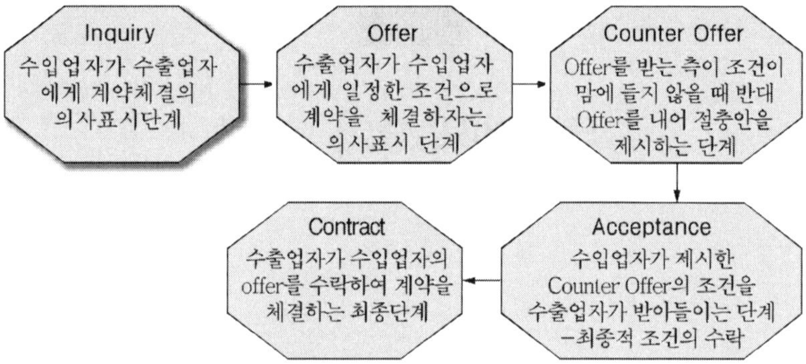

Counter Offer가 발생하지 않는 경우에는 Offer에서 바로 Acceptance단계로 넘어간다.

(1) 실제로 Counter Offer에 대한 Counter Offer가 진행되고, 이 과정이 마지막 단계에 이르면, Final Offer가 "Take It Or Leave" Base로 주어지기도 한다.

(2) Acceptance가 이루어지면, "Contract Is Done" 즉, 계약이 체결된 것이고 그동안 합의된 조건을 Written으로 정리하여 양쪽의 서명을 받으면 된다.

3. Offer와 Acceptance

무역계약이 성립되려면 Offer와 Acceptance라는 2개의 의사표시와 이 내용에 일치하는 합의가 필요하다. 무역계약은 통상 양 당사자에 의해 체결되지만, 여러 사람이 하나의 계약을 체결하는 경우도 있다. 그러나, 이때 Acceptance는 반드시 특정의 청약자에 대해 행해져야 한다. 이에 반해, Offer는 불특정 다수에게 행해질 수 있다. 2개의 의사표시 방법을 알아보도록 하자.

(1) Offer의 종류

Offer에 대해 상대방은 승낙 또는 거절이 가능하다. 유효기일이 없을 경우 분쟁이 발생할 수 있으므로, 유효기일 여부에 따라 다음과 같이 나눌 수 있다.

1) Offer의 기재사항

품명, 규격, 원산지, 발행일자, 선적일, 포장방법, 수량, 단가, 대금결재 방법, 유효기간 등 주요 거래조건들을 기재한다.

2) Firm Offer

유효기간, 선적기일이 명시되어 있는 확정 Offer이다. 한번 수락되면 Offer 내용대로 선적할 의무가 생기므로 신중히 한다.

3) Free Offer

유효기간, 선적기간에 구애받지 않으며, Offer의 내용만 알려준다. 이 내용에 따라 구매자가 구매의사를 표시하면, 그것이 Offer가 되고 매도자가 Acceptance의 권한을 가지게 된다. 이 때 Acceptance하면 계약은 성립되며 법적책임이 발생된다.

4) Firm offer와 Free offer의 비교

종 류	유효기일	특정조건	유효기간 내 수락	내 용	유효기간 내 철회나 수정
Firm offer	있음	확정	유효한 계약 성립	매매 확약의사	불가능
Free offer	없음	불확정	재 확인요	단순한 매도의사	가능

5) 견적송장(P/I–Proforma Invoice)

이 송장은 장차 판매될 화물에 대해 시산적으로 작성되는 것으로서, 수출업자가 거래를 유발, 촉진시키기 위해서 또는 국가에 따라서 수입허가나 외화배정을 받는데 필요해서 작성되는 것이다.

선적이 늦게 이뤄지는 경우 Shipping Invoice상의 가격과 차이가 날 수도 있다.

(2) Acceptance의 방법

청약자가 Acceptance 방법을 지정하였을 경우에는 반드시 지정된 방법으로 의사표시를 하여야 한다. Acceptance 방법을 지정하지 않았을 경우에는 합리적인 방법으로 의사표시를 하되, 가능한 Offer의 내용과 동일한 방법으로 의사표시를 하는 것이 좋다.

- 대화중의 수락
- 전화에 의한 수락
- E-Mail에 의한 수락
- 우편, 전보에 의한 수락

- Acceptance의 효력 발생 시기

우리나라는 민법 제111조에 「상대방이 있는 의사표시는 그 통지가 상대방에게 도달한 때부터 그 효력이 발생한다.」라고 도달주의 입장을 밝히고 있다. 그러나, 계약의 성립시기에 대하여는 특별규정을 두어 의사표시를 발송한 때에 계약이 성립된다고 규정하고 있다.

견본 1. OFFER SHEET

OFFER SHEET

MESSERS,
I.B.M (International Business Machine)

- OFFER NO. : SAM-00626-01
- DATE : Jun. 01, 2009

Dear Sirs

We have the pleasure to offer you the undermentioned goods on the terms and conditions set forth as hereunder.

- Country of Origin : Republic of Korea
- Payment : By L/C At sight
- Remarks :
- Shipping Port : Any Korean Port
- Destination : UK Port or Airport
- Validity : Jul. 30, 2009
- Packing : By Buyer's Instruction or T.B.D or Seller Standand
- Shipment : 2 months after receipt of firm P/O or L/C
- Price Term : FOB Korea

HS No.	Description	Quantity	Unit Price	Amount
8471.60 -2021	15" Color Monitor MODEL : 6564-01	12,100 Units	USD 211.07	USD 2,553,947.00
		12,100 Units	/	USD 2,553,947.00

Accepted by :

Your sincerely.
SAMSUNG ELECTRONICS CO., LTD.

· cf : · HS NO.- Harmonized Commodity Description and Coding System, 상품분류코드 방식
· T.B.D - To be determined, 추후 결정

4. 무역계약의 6대 기본조건

계약을 체결하기 위해서는 수입자와 다음과 같은 6가지 기본 핵심사항들을 결정해야 한다.

(1) 품질조건

1) 품질의 결정방법

견본 매매	견본으로 품질조건을 정하는 방법
표준품매매	주로 1차 상품류에 사용되는 방법.
상표 판매	국제적으로 지명도가 높은 상표의 제품일 때 그 상표를 지정하여 품질을 정하는 방법
규격 판매	국제적으로 통일된 규격이 있는 상품의 경우 규격에 의하여 품질을 결정하는 방법
명세서매매	기계, 장비 등과 같이 그 상품의 재료, 구조, 성능 및 기타에 대하여 상세한 명부를 첨부하여 거래상품의 품질을 정하는 방법

2) 품질의 결정시기는?

무역상품의 수송이 대체로 장기간에 걸쳐 운송되므로 선적시의 상품 품질과 양륙시점에서의 품질 간에 차이가 생길 수 있으므로, 상품의 품질을 선적 시에 결정할지 또는 양륙 시에 결정하느냐 하는 것은 대단히 중요한 문제이다.

일반적으로 수송 중에 변질한 위험이 있는 곡류를 제외한 제품의 품질은 선적 시에 결정된다.

3) 품질에 관한 주의사항은?

① 클레임의 제기 기한사항

계약서에 명시된 제기기간을 준수하여야 하며, 제기기간의 명시가 없는 경우라도 아무 때나 클레임을 청구할 수 있는 것은 아니다.

즉, 청구권 자체의 법적 소멸 시효기간을 준수해야 한다. 또 구두로 합의한 경우, 입증하기가 곤란한 경우가 많으므로 서면으로 증거를 남겨야 한다.

② 품질불량의 사증기관 및 증명사항

검정기관에 따라 검사결과가 다르게 나올 가능성이 있는 물품일 때는 Maker 및 End User와의 계약서상에 품질검사 또는 클레임조항의 내용을 동일하게 하고, 특히 검정기관을 동일하게 정해야 한다.

(2) 수량조건

수량조건의 첫 번째는 거래의 수량단위로서 어떠한 단위를 사용하는가를 약정하는 것이다. 무역상품은 다종다양하므로 여러 가지 수량단위가 사용된다. 그러나, 화물의 계약 수량을 정확히 일치시키기가 곤란한 경우가 있을 때 과부족을 용인하는 조항을 삽입하여야 한다.

1) 물품의 수량에 About, Circa 또는 Approximately 등의 용어를 추가하면 1993년 개정 신용장 통일규칙 제39조 a항에 의거하여 10%과부족은 용인된다. 이런 용어가 사용되지 않아도 PCs나 포장단위로 셀 수 있는 화물을 제외하고는 5% 과부족은 용인된다.

2) About과 같은 불분명한 용어를 피하고 확정적 수량의 과부족을 용인할 필요가 있을 경우 5% More or at Seller's Option 등의 문언을 삽입하여 확실히 한다.

(3) 가격조건 및 인도조건

1) 가격조건

① 무역가격의 가격조건에서는 거래통화 즉 결제통화를 무엇으로 하느냐, 가격은 어떻게 산정하느냐가 문제가 된다.

② 수출국과 수입국의 통화종류를 하나로 통일하는 것이 Risk Hedging에서 유리하다.

③ 상호간 자국 통화를 고집할 경우에는 USD로 하는 것이 최선의 방법이며 이때 선물환 거래를 통해서 환율변동에 따른 위험부담을 Hedging하여야 한다.

☞ Hedging : 향후 변동될 환율에 대비 미리 환율을 지정해 놓는 것.

2) 인코텀즈 인도조건

인도조건은 일반적으로 INCOTERMS에 의한 가격조건으로 결정된다. 계약 당사자 간의 Cost(비용), Freight(운임), Insurance(보험) 등의 부담 여부에 따라 다르다.

■INCOTERMS의 개요

- International Rules For The Interpretation Of Trade Terms(무역조건의 해석에 관한 국제규칙)
- 국제상업회의소(ICC: International Chamber of Commerce)에서 다른 국가 간의 상관습으로 인한 해석상의 차이에서 오는 분쟁을 막기 위하여 1936년 제정한 무역조건의 해석에 관한 국제통일 규칙.

무역계약에 따른 거래당사자의 의무와 한계가 각각 명시된 것으로 보험계약의 성립요건인 피보험이익의 존재여부를 알 수 있는 소유권의 이전시점을 결정하는 중요한 요소가 된다.

"1990년 7월 1일 개정된 13가지의 무역조건을 기준으로 하였고, 2000년에 6차 개정(전자통신문사용 관련)을 하였고, D조건이 강화된 조건으로 2010년 한차례 더 개정되었다".

〈INCOTERMS, 주요 특징〉

① 표제어를 조문마다 부여하고, 매도인의 의무와 매수인의 의무를 대조적으로 배열

② 단일운송형태의 Trade Terms를 축소하고, 어떠한 운송형태에도 포괄적으로 채용할 수 있는 Trade Terms를 확대.

③ Trade Terms를 그룹화함.

④ CIF Term에서 보험약관으로 ICC의 신 약관을 수용함.

⑤ 선적 전 검사의 비용부담의 귀속문제를 명확히 함.

⑥ 선적서류의 적격성 인정범위를 구체적으로 확대함.

⑦ 물품포장은 매수인이 매매계약 체결 전에 알고 있던 운송 상황에 부합되는 정

도의 포장으로 한정함.

⑧ 이 INCOTERMS는 강제력은 없으며 실질적으로는 국제적 무역거래의 기준에 불과함.

■ 인코텀즈 무역조건의 종류

2010년 최종 개정된 인코텀즈는 크게 두 개의 카테고리로 구성되어 있다.

전 운송 방식용 조건 (6가지 조건)	EXW, FCA, CPT, CIP, DAP, DDP
해상운송용 조건 (5가지 조건)	FAS, FOB, CFR, CIF, DAT

가. E조건(EXW)

이 그룹은 파는 쪽의 영역에서 계약물품을 사는 쪽에게 인도하는 조건이다.

◆ EXW(EX Works), 공장 인도조건

거래조건	위험이전분기점	비용이전분기점	비고
EXW (EX Works) 공장 인도조건	매도인의 작업장 구내에서 매수인이 임의처분할 수 있도록 물품을 인도하였을 때	매도인은 위험 이전까지의 모든 비용 부담	수출허가 매수인의 의무

• 수출상의 책임은 단지 그의 공장에서 재화를 생산하는 것뿐임.

인수받는 순간부터 화물을 운송요구에 적재하는 것을 포함하여 별도 합의가 없는 한 수입상은 수출상의 공장에서 화물을 최종목적지에 도착할 때까지 모든 비용과 위험을 부담함. 그러므로, EXW조건은 수출상에 대해서는 최소부담조건이고, 수입상에 대해서는 최대부담 조건임.

• 지정지 이후부터는 수입상이 부보(보험가입)한다.

나. F조건(FCA, FAS, FOB)

본 그룹은 사는 쪽이 지명한 운송수단의 운송인에게 계약물품을 인도하는 것이다.

<table>
<tr><th>거래조건</th><th>위험이전분기점</th><th>비용이전분기점</th><th>비고</th></tr>
<tr><td>FCA(Free Carrier)
운송인 인도조건</td><td>매도인이 매수인이 지정한 운송인에게 수출통관된 물품을 인도하였을 때</td><td>매도인은 위험이전까지의 모든 비용 부담</td><td>수출허가
매도인의 의무</td></tr>
<tr><td>FCA특성 :</td><td colspan="3">• 수출상은 지정장소에서 운송인(일반적으로 복합운송인)에게 화물을 인도할 책임을 진다. 이 지정장소는 매도인의 영업소에서 차량에 적재되어 인도될 때 수입상에게 전가된다.
• 보통은 수입이 많으며, 지명장소 이후부터 수입상이 부보한다.</td></tr>
<tr><td>FAS(Free Alongside Ship)
선적항 본선 선측 인도조건</td><td>물품이 지적선적항의 부두에 혹은 부선으로 선측에 인도 되었을 때</td><td>매도인은 위험이전까지의 모든 비용 부담</td><td>수출허가
매도인의 의무</td></tr>
<tr><td>FAS특성 :</td><td colspan="3">• 수출상의 책임은 화물이 부두의 본선선측에 놓이거나, 부선에 적재될 때 종료된다. 수입상은 그 때부터 수출품 통관책임 포함하여 모든 비용과 위험을 부담한다.
• 지명보선의 선측이후부터 수입상이 부보.
• Named Port of Destination</td></tr>
<tr><td>FOB(Free On Board)
선적항 본선 인도조건</td><td>물품이 지적 선적항에서 본선의 난간을 통과할 때</td><td>매도인은 위험이전까지의 모든 비용 부담</td><td>수출허가
매도인의 의무</td></tr>
<tr><td>FOB특성 :</td><td colspan="3">• 수출상은 화물이 수출항의 본선난간을 통과할 때까지 책임을 지며, 그 이후의 모든 비용과 위험은 수입상이 부담함. 90%이상 수입이며, 선적전의 내륙운송 위험은 일반적으로 보상 안됨. CFR그룹 조건과 동일.
• Named Port of Destination</td></tr>
</table>

다. D조건(DAT, DAP, DDP)

이 그룹은 목적지까지 계약물품을 인도하는 데 필요한 모든 비용과 위험을 수출상이 부담하는 조건이다.

<table>
<tr><th>거래조건</th><th>위험이전분기점</th><th>비용이전분기점</th><th>비 고</th></tr>
<tr><td>DAT(Delivered At Terminal)
터미널 인도조건</td><td>지정된 터미널까지 수입 통관직전의 상태로 매수인의 임의처분하에 인도한 때</td><td>매도인은 위험 이전까지의 모든 비용 부담</td><td>수출허가 매도인
수입허가 매수인의 의무</td></tr>
<tr><td>DAT특성:</td><td colspan="3">• 수출상은 화물이 지정된 터미널까지의 모든 THC(Terminal Handling Charge-터미널 화물 작업비) 비용과 위험을 부담하며, 수입상은 그 이후 관세 등의 모든 비용과 위험을 부담함.
• Named Terminal</td></tr>
<tr><td>DAP(Delivered At Place)
지정장소 인도조건</td><td>계약서상 수입국의 지정된 장소까지 매수인에게 물품을 인도한 때</td><td>매도인은 위험이전까지의 모든 비용부담</td><td>수출허가 매도인
수입허가 매수인의 의무</td></tr>
<tr><td>DAP특성:</td><td colspan="3">• 수출상은 화물을 계약서에서 지정된 수입국의 일정장소까지 운송될 때까지의 모든 비용과 위험을 부담하며, 수입상은 그 이후 모든 비용과 위험을 부담하여야 함.</td></tr>
<tr><td>DDP(Delivered Duty Paid)
관세 지급 반입 인도조건</td><td>약정된 일자 또는 기간내에 매도인이 지정된 수입국내의 목적지점에 약정물품을 반입하여 매수인의 임의 처분하에 인도한 때</td><td>매도인은 위험이전까지의 모든 비용부담</td><td>수출허가 매도인 수입허가 매수인의 의무</td></tr>
<tr><td>DDP특성:</td><td colspan="3">• 수출상에게는 최대 위험, 수입상에게는 최소위험조건으로써, 수출상은 최종 목적지에서 수입상에게 화물을 인도할 때까지 관세를 포함한 모든 비용과 위험을 부담함.
• Named Port of Destination</td></tr>
</table>

라. C조건(CFR, CIF, CPT, CIP)

본 그룹은 파는 쪽이 목적지까지의 운송계약은 체결하나, 그 운송기간 동안의 위험은 부담하지 않고 사는 쪽이 부담하는 조건이다.

<table>
<tr><th>거래조건</th><th>위험이전분기점</th><th>비용이전분기점</th><th>비 고</th></tr>
<tr><td>CFR(Cost and Freight)
운임 포함조건</td><td>물품이 지적 선적항에서 본선의 난간을 통과할 때</td><td>매도인은 적재시까지의 모든 비용+목적항까지의 운임부담.(정기선의 경우 양하비 부담)</td><td>수출허가 매도인의 의무</td></tr>
<tr><td colspan="4">CFR특성: • 위험은 FOB조건과 마찬가지로, 화물이 선적항의 본선난간을 통과할 때 전가되지만, 수출상이 최종목적지까지의 운임을 추가 부담하여야 함.
• Named Port of Destination</td></tr>
<tr><td>CIF(Cost Insurance and Freight)
운임보험료 포함조건</td><td>물품이 지적 선적항에서 본선의 난간을 통과할 때</td><td>매도인은 적재시까지의 모든 비용+목적항까지의 운임과 보험료 부담.(정기선의 경우 양하비 부담)</td><td>수출허가 매도인의 의무</td></tr>
<tr><td colspan="4">CIF특성: • 위험은 FOB조건과 마찬가지로 화물이 선적항의 본선난간을 통과할 때 전가되지만, 수출상이 최종 목적항까지의 운임과 보험료를 추가 부담하여야 한다. 대부분의 수출에 해당한다.
• Named Port of Destination</td></tr>
<tr><td>CPT(Carriage Paid to)
운송비 지급조건</td><td>물품이 약정된 일자 또는 기간내에 지적 목적지까지 운송할 운송인의 보관 하에 또는, 후속운송인이 있을 때 최초운송인에게 물품인도 시</td><td>매도인은 FCA조건+지정된 목적지까지의 적하 보험료부담</td><td>수출허가 매도인의 의무</td></tr>
<tr><td colspan="4">CPT특성: • 위험은 FCA조건과 마찬가지로 화물이 지정장소의 최종운송인에게 인도될 때 전가 되지만, 수출상이 지정목적지까지의 운임을 지급하여야 함.
• Named Port of Destination
• 복합운송조건임.</td></tr>
<tr><td>CIP(Carriage and Insurance Paid to)
운송비 보험료 지급조건</td><td>물품이 약정된 일자 또는 기간내에 지적 목적지까지 운송할 운송인의 보관 하에 또는, 후속운송인이 있을 때 최초운송인에게 물품인도 시</td><td>매도인은 CPT조건+지정된 목적지까지의 적하 보험료부담</td><td>수출허가 매도인의 의무</td></tr>
<tr><td colspan="4">CIP특성: • 위험은 FCA조건과 마찬가지로 화물이 지정장소의 최종운송인에게 인도될 때 전가 되지만, 수출상이 지정목적지까지의 운임과 보험료를 지급하여야 함.
• Named Port of Destination
• 복합운송조건임</td></tr>
</table>

(4) 선적조건

1) 분할선적(Partial Shipment)

- 신용장에 분할선적을 금지하는 문언이 삽입되어 있지 않을 때에는 수출업자는 선적기간에 걸쳐 선적을 분할할 수 있다. 그러나, 최종분할 선적분이 반드시 신용장 상의 최종 선적일을 맞추어야 한다.
- 분할선적을 허용하거나 특별히 규정하고 있을 때는 특정한 월별로 선적수량을 결정하여 한꺼번에 혹은 부적절한 시기에 선적되지 않도록 하는 것이 바람직하다.

2) 환적(Transshipment)

- 환적에 관한 사항은 계약서에 명시되어 있어야 한다.
- 환적에 대해 아무런 명시가 없는 경우에는 동일 선하증권(복합운송증권)에 의해 전 운송구간의 Cover 경우 환적선하증권은 수리된다.
  (신용장 NEGO 시)

3) 선하증권 (B/L)

① 개념

화주와 선박회사간의 해상운송계약에 의해 선박회사가 발행하거나 또는 이로부터 위임받은 선장이나 Shipping Agent Charterer가 발행하는 운송중인 화물의 소유권을 표창하는 유가증권이다.

② 법적 특징

- 운송화물을 대표하는 대표증권이며, 운송화물의 처분에 반드시 필요하다.
- 선하증권 소지인은 선박회사에 화물의 인도를 청구할 수 있다. 반대로 선박회사는 적법한 선하증권의 소지인에게만 화물을 인도할 책임과 의무가 있다.
- 배서(Endorsement)인도에 의해 화물의 소유권이 이전된다.

③ 필수기재사항

- 선박의 명칭과 국적

- 화물의 명세(종류, 중량, 용적, 수량, 기호)
- 송하인(물품운송을 위탁하는 사람, 송부회사)의 성명 또는 상호
- 선적항과 양하항
- 선하증권의 작성부수(통상 3통을 One Full Set로 함)
- B/L의 작성지와 연월일

■ **선하증권의 종류**

① Shipped B/L

선적 선하증권으로 화주로부터 수령한 운송화물을 선적한 후 발행된다. 선하증권 면에 "Shipped" 또는 "Laden On Board The Vessel"과 같이 표시된다.

② Received B/L

수취 선하증권으로 화물을 특정한 인수 장소에서 인수하고 현실적으로 본선에 적재하기 전에 발행된다. 선적 후 "On Board Notation"을 하면 Shipped B/L과 동일해진다.

③ Clean B/L

무고장 선하증권으로 본선에 양호한 상태로 적재되어 B/L의 비고란(Remarks)에 사고 문언이 없는 선화증권이다.

④ Foul B/L

사고 선하증권으로 선적 당시 화물의 포장상태가 수량 등에 어떤 결함이 있는 경우 이러한 사실이 B/L의 비고란에 기재되어 있는 선하증권이다. 은행은 별도명시가 없는 한 Foul B/L을 거절한다(1993년 개정 신용장 통일규칙(UCP 500) 제32조 b항).

⑤ Straight B/L

기명식 선하증권으로 선하증권상의 수화인(Consignee)이 특정인으로 기입되어 있는 것을 말한다. 이 선하증권은 배서양도를 금지하고 있지 않는 한 배서에 의해 양도가 가능하다.

⑥ Order B/L

지시식 선하증권으로 "Consignee"란에 특정 수화인이 기재되지 않고 지시인의 지시에 따라 양도할 수 있는 선하증권이다.

예) "to order of shipper", "to order of ABC Bank"

⑦ Combined Transport B/L

복합운송 선하증권으로 수출국의 화물인수 장소로부터 수입국의 인도장소까지 육상, 해상, 항공 중 적어도 두 가지의 다른 운송방법에 의해 복합운송될 때 발행되는 것을 말한다. 이 증권은 선박회사나 그 대리인이 아닌 Forwarding Agent에 의해 발행되는 경우도 있다.

⑧ Through B/L

통용 선하증권으로, 운송화물을 목적지까지 운송하는데 선주가 다른 선박을 이용하는 경우나, 육상운송이나 해상운송을 이용하여 운송될 경우 최초의 운송업자가 전 구간에 대하여 일괄 발행하여 모든 책임을 지는 운송증권이다.

⑨ Third Party B/L

제3자 선하증권으로, B/L상에 표시되는 송화인(Consignor)은 신용장의 수익자인 수출업자가 보통이나, 수출입거래의 매매당사자가 아닌 제3자(Third Party)가 송화인이 되는 경우의 선하증권을 발한다. 이 선하증권은 주로 중계무역 등에서 이용되는데, UCP 400에서는 신용장에 별도 명시가 없는 한, 은행은 이를 수리하도록 규정했으나 UCP 500에서는 규정하고 있지 않다.

⑩ Stable B/L

기간경과 선하증권으로, 운송서류는 신용장에서 정한 서류제시일에 은행에 제출되어야 하는데 이 만기일(Expiry Date)을 경과해서 제출된 선하증권을 말한다. 만일 신용장상에 이 만기일이 명시되어 있지 않으면 운송서류의 발행일자 이후 21일을 경과한 선하증권을 Stable B/L로 간주한다(UCP500 제43조 a항).

⑪ Charter Party B/L

용선계약 선하증권으로, 하주가 특정항로 또는 일정기간 부정기선을 용선하는 경우 선박회사와 하주 간에 체결된 용선계약(Charter Party)에 의거 발행된 선하증권을 말한다. 이 선하증권은 은행이 수리하도록 규정하고 있다(UPC 500 제25조 a항).

이에 대해 정기선에 의한 개품운송에서 발행되는 선하증권을 Liner B/L(정기선 선하증권)이라고 한다.

⑫ Short Form B/L

약식 선하증권으로 절차상의 간소화를 위해 B/L면에 기재된 약관을 생략한 것을 말한다. 보통 Short Form B/L에는 Long Form B/L의 약관에 의한다는 문언이 기재된다.

⑬ Container B/L

컨테이너 선하증권으로 Container 적재설비가 되어 있는 선박에 선적한 경우 발행되는 선하증권이다. 컨테이너 화물은 화주가 포장 및 봉인하므로 선박회사는 인수받은 화물의 내용을 모르므로 대부분 컨테이너 B/L면에 "Shipper's Load and Count"(하주의 적재 및 계산) 또는 "Said by Shipper to contain"(하주의 내용표시대로)와 같은 문언을 기재한다.

⑭ Negotiable B/L

유통 선하증권으로 은행에 제출하여 유통시킬 수 있는 B/L 원본(Original)을 말한다. 대개 유통선하증권은 3통(Full Set)이 발행되고 나머지는 "Non-Negotiable"라고 찍은 융통불능 선하증권(Non-Negotiable B/L)으로 발행된다.

⑮ Groupage B/L

집단 선하증권으로, 컨테이너 선박회사가 같은 목적지로 가는 여러 소량화물(LCL cargo)을 한 Group으로 만들어 선적할 때 발행되는 것을 말한다. 이 경우 운송대리점(Forwarding Agent)은 선박회사와 하주 사이에서 선박회사로부터는 Groupage B/L을 받고 화주에게는 House B/L을 발급해 준다. 이 선하증권은 포장비 및 운송비를 절감할 수 있어 유럽대륙에서 많이 사용되고 있다.

⑯ Red B/L

적색 선하증권으로, 선화증권면에 부보내용을 표시하는 문언이 적색으로 표시되어, 항해 중 해상사고로 입은 화물손해를 선박회사가 보상해 주게 된다.

⑰ Countersign B/L

부서선화증권으로 선박회사가 부서한 것을 말한다. 운임후 화급의 화물인 경우 또는 기타 채무가 부수된 경우 수화인이 이들을 선박회사에 지급하면 선박회사가 선하증권에 "Please deliver upon endorsement"라고 기재하고 선박회사의 책임자가 배서, 곧 부서한다.

⑱ Port B/L

이것은 선적될 화물이 부두의 운송인의 보관하에 있고 지정된 선박이 입항은 되었으나 화물이 본선에 적재되지 않은 경우 발행되는 일종의 수취 선하증권이다. 이 선하증권은 UPC500에서 은행이 수리하도록 규정하고 있다(UCP 500 제23조 a항 iii).

⑲ Custody B/L

이것은 선적될 화물이 운송인에게는 인도되었으나 지정된 선박이 화물이 준비되어 있는 항구에 도착되지 않았을 때 발행되는 선하증권이다.

이 선하증권은 UPC 500에서 은행이 수리하도록 규정하고 있다(UCP 500 제 23조 a항 iii).

⑳ Clean On Board B/L

무사고 선적 선하증권으로 화물이 외관상 양호한 상태로 선적 완료된 후 발행되는 것을 말한다. B/L 면에 "shipped in apparent good order and condition by..."라는 문언이 기재된다.

㉑ Air Waybill(AWB)

항공화물 상환증으로 화물을 항공 운송하는 경우 항공회사가 발급하는 수취증이며 화환어음의 부속서류이다. 이것은 선하증권처럼 물권적 유가증권은 아니며, 비유통성의 성질을 가지고 있다.

Care Marks(주의 표시)

〈참조〉

Fragile :	깨지기 쉬움
Guard against Damp :	습기 조심
Handle with Care :	취급 주의
Keep Cool :	서늘한 곳에 둘 것
Keep Dry :	건조한 곳에 둘 것
Keep from Heat :	열에 유의
Keep out of the sun :	햇볕에 쬐지 말 것
No Hooks :	갈고리 사용 금지
No Upside Down :	거꾸로 들지 말 것
Perishable Goods :	부패성 식품
To be kept Upright :	세워 둘 것
This end up :	상단

견본 2. B/L(선하증권)

MAERSK LINE	NON-NEGOTIABLE SEA WAYBILL	WB NO SELA44092

shipper/exporter(complete name and address) SAMSUNG ELECTRONICS CO., LTD CPO BOX 2775 SEOUL, KOREA	Booking NO. Export references
Consignee(complete name and address) SIEMENS NIXDORF INFO-SYST AG PC SLZ HALLE 34 BGM.-ULRICH-STR 100 86199 AUGSBURG, GERMANY	Forwarding agent-references Point and Country of Origin FEF1 851800
Notify Party (complete name and address) 1) MAERSK LINE GERMANY IM TAL.6 80331 MUNCHEN ATTN:RUGER 2) SIEMENS AG. MUNICH DEPT. ZRG 3 MR. SAILER/PC EX	Domestic routing/export instructions

Precarriage by	Place of Receipt BUSAN, KOREA	
Vessel voy NO LINDOE MAERSK/9810	Port of Loading BUSAN, KOREA	Onward inland routing
Port of Discharge HAMBURG, GERMANY	Place of Delivery HAMBURG,GERMANY	

CARRIER'S RECEIPT		PARTICULARS FURNISHED BY SHIPPER·CARRIER NOT RESPONSIBLE		
Container NO./Seal NO. Marks and Numbers.	NO. of Containers or pkgs.	Kind of packages: description of goods	Gross weight	Measurement
SIEMENS	1	SHIPPERS LOAD, STOW AND COUNT FREIGHT COLLECT CONT SAID TO CONTAIN 352 CTNS COLOR MONITOR MCM1707 352 UNITS * PURCHASE ORDER NO: 12903-807237 * CUSTOMER REFERENCE : A1840-4500076093 * 2% FREE PACKING BOX INCLUDED * VAT REG NO : DE811148451 I/V NO. : 7000033142 L/C NO : 12903-807237 FREIGHT PAYABLE AT DESTINATION	KGS 7744.00	CBM 55.260

Freight & Charges	Rate	Unit		Prepaid	Collect
	CY / CY				
BASIC FREIGHT 1.00*	1700.00	40'	USD		1700.00
TERMINAL HANDLING CHAR	100.00	S4	USD	100.00	
WHARFAGE CHARGE	298.00	SM	KRW	10000.00	
TERMINAL HANDLING CHAR		S4	DEM		298.00

Declared Value Charges (see clause 6) for Declared value of US $	Total Prepaid KRW 140000.00	Received for carriage as above in apparent good order and condition, unless otherwise stated hereon, the goods described in the above particulars.
	Total collect	Delivery of the goods will be made to the consignee or his authorised representative upon proper proof identity and authorisation without the need of producing or surrendering a copy of this waybill.
Place of issue SEOUL	Date SEP 10 2009	

*Applicable only when document used as a Through Sea Waybill

For Dampskibsselskabet at 1912, Aktieselskab and Aktieselskabet Dampskibsselskabet Svendborg as carrier

MAERSK KOREA LTD.

As Agent(s) only

RECEIVED FOR LOADING SEP 10 2009

견본 3. AWB(항공화물 운송장)

H A W B : CIK-020200047

Shipper's Name and Address	Shipper's Account Number SAMELEC 01	Not negotiable **Air Waybill** Issued By CIRCLE INTERNATIONAL KOREA 187-7, HANGANGRO 2KA YONGSAN-KU SEOUL, KOREA
SAMSUNG ELECTRONICS CO., LTD. C.P.O. BOX 2775 SEOUL, KOREA		Copies 1, 2 and 3 of this Air Waybill are originals and have same validity
Consignee's Name and Address	Consignee's Account Number FA-IBMJAP 01	It is agreed that the goods described herein are accepted in apparent good order and condition(except as noted)for carriage SUBJECT TO THE CONDITIONS OF CONTRACT ON THE REVERSE HEREOF. THE SHIPPER'S ATTENTION IS DRAWN TO THE NOTICE CONCERNING CARRIER'S LIMITATION OF LIABILITY. Shipper may increase such limitation of liability by declaring a higher value for carriage and paying a supplemental charge if required.
IBM JAPAN LTD. FUJISAWA 1, KIRIHARA-CHO, FUJISAWA-SHI KANAGAWA-KEN 252, JAPAN		CIRCLE INTERNATIONAL KOREA
Issuing Carrier's Agent Name and City **CIRCLE INTERNATIONAL KOREA**		Accounting information
Agent's IATA Code	Account No.	AGENT REF : SMB982376
Airport of Departure(Addr. of First Carrier) and Requesting Routing KIMPO. KOREA		

to	by First Carrier Rounting and Destionation	to	by	to	by	Currency	Chgs code	WT/VAL PPD	WT/VAL COLL	Other PPD	Other COLL	Declared Value for Carriage	Declared Value for Carriage
NRT	KE					USD		C		Y		NVC	NVD

Airport of Destination	Flight/Date	For Carrier Use only	Flight/Date	Amount of insurance	INSURANCE
NARITA, JAPAN	KE705 / 16			XXXXXXXX	INSURANCE - If carrier offers insurance and such insurance is requested in accordance with conditions on reverse hereof indicate amount to be insured in figures in box marked "Amount of Insurance"

Handling Information
NOTIFY : SAME AS CONSIGNEE
ATTN : MR.MASAICHI KIKUCHI
ATTACHED : COMM. INV., P/LIST

No. of pieces RCP	Gross Weight	kg lb	Rate Class	commodity item no	Chargeable Weight	Rate / Charge	TOTAL	Nature and Quantity of Goods (incl. Dimensions or Volume)
4	72.0	K	Q		88.0			4UNITS OF COLOR MONITOR 6546-0BN(JP) 6547-3BN INV NO. 3000007987 "FREIGHT COLLECT" G9P 59060-A 2PC 54.0X 55.0X 54.0 2PC 46.0X 50.0X 45.0
4	720	K						

Prepaid	Weight Charge	Collect	Other Charges
	Valuation Charge		
	Tax		
	Total other Charges Due Agent		Shipper certifies that the particulars on the face hereof are correct and that insofar as any part of the consignment contains dangerous goods, such part is properly described by name and is in proper condition for carriage by air according to the applicable Dangerous Goods Regulations.
	Total other Charges Due Carrier		
			Signature of Shipper or his Agent
Total Prepaid		Total Collect	
Currency Conversion Rates		cc.Charges in Dest. Currency	16 SEP 98 KIMPO KOREA O. R. KWON/EH Executed on (Date) at (Place) Signature of issuing Carrier or its Agent
For Carriers Use only at Destination	Charges at Destination	Total Collect Charges	

(5) 대금결제조건

결제통화는 가격조건에서 결정한다.

환어음결제 방법에는 신용장결제방법, 추심결제방법과 송금방식이 있다.

1) 신용장 결제방식

신용장으로 결제하는 방법이다.

이 방법의 장점은 Clean Nego의 경우 신용장을 개설한 은행이 수입상을 대신하여 대금지급을 보장하여 수출상이 대금을 영수하지 못할 위험을 방지한다. 수입상은 조건과 일치하는 서류를 인도받으면서 개설은행에 대금을 지급하여 상품 불인도에 대한 위험을 방지할 수 있다. 또한 신용장 통일 규칙상의 특별한 보호 및 적용을 받는다.

2) 송금방식

① 단순송금방식(T/T: Telegraphic Transfer)

Buyer가 대금의 전액을 상품 선적 전에 외화, 수표 등으로 Seller에게 미리 송금하여 지불하고 Seller는 일정기간 이내에 이에 상응하는 상품을 선적하는 방식

② COD(Cash On Delivery)

Seller가 상품을 선적 후 선적서류를 자신의 대리인(주로 Buyer의 국가에 소재함)에게 송부하여 상품이 목적지에 도착하면 Buyer가 검사 후 상품을 인도받으면서 결제하는 방식

③ CAD(Cash against Document)

Seller가 상품을 선적 후 선적서류를 Buyer의 대리인(주로 Seller의 국가에 소재)에게 선적서류를 인도하면서 대금을 결제하는 방식

④ CWO(Cash with Order)

주문불 방식의 선급조건으로 매수인이 주문과 동시에 대금 지급을 하므로 매도인에게는 유리하다(Payment in advance 방식).

3) 추심결제방식

① D/P(Document against Payment)

신용장 없는 AT SIGHT 개념

- D/P는 즉,

• Seller가 상품을 선적한 후 관련서류가 첨부된 추심일람불환어음(Sight Bill of Documentary Collection)을 Buyer를 지급인으로 발행한다.

• 거래은행에 추심을 의뢰한다.

• Seller의 거래은행은 서류가 첨부된 환어음을 Buyer의 거래은행으로 보내어 추심을 의뢰한다.

• Buyer의 거래은행은 그 환어음의 지급인인 Buyer로부터 대금을 지급 받으며 서류를 인도하고 지급받은 대금은 추심을 의뢰한 은행에게 결제된다.

• 환어음은 보통 3통으로 발행되며 하나가 결제되면 나머지는 자동적으로 무효화 된다.

② D/A(Document against Acceptance)

신용장 없는 USANCE 개념

※ USANCE : 선적서류 제시 후 일정기간 후에 지불할 경우.

- D/A는 즉,

• Seller가 상품을 선적한 후 관련서류가 첨부된 연불 환어음(Usance Bill of Document Collection)을 Buyer를 지급인으로 발행한다.

• 자신의 거래은행에 추심을 의뢰한다.

• Buyer의 거래은행은 그러한 서류가 첨부된 환어음을 Buyer의 거래은행으로 보내어 추심을 의뢰한다.

• Buyer의 거래은행은 그 환어음의 지급인인 Buyer로부터 인수를 받으며 서류를 인도하고, 어음의 만기일에 지급받아 추심을 의뢰한 은행으로 송금하여 결재한다.

4) 국제팩토링방식(International Factoring-대리인)

IFG(International Factors Group) 등 국제팩토링 그룹에 가입되어 있는 수출국 팩토링 회사 및 수입국 팩토링 회사의 무역금융수혜 및 지급보증으로 대금결제가 이루어지는 최근의 혁신적 결제방식으로 은행의 지불보장이 아닌 특정의 팩토링 회사가 지불보장을 한다는 차이가 있다.

(6) 해상보험조건

운송 중 사고로 인하여 생기는 손해를 보상받는 것을 목적으로 가입하는 손해보험이다(이 내용은 제 5장. 적하보험에서 자세히 다루기로 함.).

5. 계약서의 필요성

(1) 계약과 계약서의 관계

무역계약은 법적으로 구두만으로 성립되지만 무역거래에 있어서는 관습이 다른 외국회사와 매매계약을 체결하는 것이므로 서면으로 확인할 필요가 있다.

(2) 계약서의 필요성

1) 소송을 비롯한 제반 법적분쟁의 발생 시 구두로만에 의한 계약체결에 비하여 당사자 주장의 입증이 용이하다.

2) 당사자가 의도하는 바를 법률적으로 명확히 하고 당사자의 의도를 실제로 집행하는 경우에 발생하는 문제에 대해 계약당사자를 구속하는 규범을 설정하여 당사자 간의 쓸데없는 분쟁을 막게 된다.

6. 유리한 계약체결을 위한 포인트

유리한 계약을 체결하기 위해서는 회의가 끝난 후 식사하는 시간도 잘 이용하는 등의 유통성이 필요하다. 그 중 중요한 포인트만 싫어보자.

하나, 계약교섭의 흐름과 문서의 포인트를 파악하라.

- 계약교섭의 흐름을 잘 파악하고, 문서의 포인트 등을 적절하게 활용하는 테크닉이 필요하다.

둘, Letter 상에서도 확실하게 주장하고 논점을 밝혀라.

- 'Yes'와 'No'를 분명하게 밝히는 등 확실하게 주장을 기재하고
- 동의로 해석될 여지가 있는 지나친 겸양의 표현은 삼가고
- '원칙적 동의'라는 문구를 사용할 경우 동의하지 않는 부분은 구체적으로 기재한다.

셋, Meeting에서도 적극성을 보여라.

- Meeting장소를 고려하고 Memorandum of Meeting(비망록)은 쌍방이 작성
- Memorandum of Meeting을 서로 교환한 후, 반론이 있으면 즉시 제기한다.

넷, Draft를 먼저 작성하라.

- Draft를 먼저 제출하면 후에 계약교섭을 아주 유리하게 전개시킬 수 있다. 그러므로, 영어실력이 떨어지는 우리 쪽이 먼저 쓰도록 한다.

다섯, LOI-Letter of Intent의 중요성

- 취지서, 기본합의서, 의향서 등으로 번역될 수 있고 이것은 장래 본 계약을 체결한다는 합의를 나타낸다. 그러므로, 법적 구속력, 우선 배타적 협상권 그리고 협상의 비밀유지 의무의 유무에 신경을 써야 한다.
- 언제까지 계약을 체결한다는 Letter of Intent의 유효기간을 기재해 두지 않으면 본 계약이 체결되지 않는 상태가 계속될 수 있고, Letter of Intent를 취소하면 계약불이행이 되어 손해 배상청구를 받게 되는 수도 있다.

여섯, 다음의 영문용어는 계약 시 유의하여야 한다.

1) As Is(기존대로)

하자에 대한 책임을 면하는 의미가 된다. 예를 들면, 불법건축물인 사실을 모르고

'As Is'계약으로 매수하면 사후에 철거당해도 매도인에게 책임이 없다.

2) No Binding(구속력 없이)

이 조항을 기재하지 않으면 그대로 계약한다는 의미를 부여하게 되어 본계약 체결 시 수정하려고 하여도 변경할 수 없는 경우가 생긴다. 그러므로, "이사회의 승인이 있을 때까지는 어떠한 법률적 효력을 갖지 않는다." 등의 조항을 삽입하도록 한다.

3) Best Efforts(최선의 노력)

이 문구는 법률적으로 전혀 책임을 물을 수 없기 때문에 계약서 안에서 이러한 문구가 발견되면 책임소재를 명확히 하여 문서로 남기도록 한다.

4) Representations and Warranties(표시와 보증)

Representation이란 계약을 체결할 때 당사자가 진술을 교환한 것 중에서 당사자의 의사결정에 영향을 미친다.

내용이 사실과 다른 Misrepresentation(부실표시)중에서 고의인 경우에는 Wilful/Fraudulent Misrepresentation(악의부실표시)라 하며, 선의일 경우Innocent Misrepresentation(선의부실표시)라 한다.

① Warranty에는 Express Warranty(명시적 보증), Implied Warranty(묵시적 보증)이 있다.

② Warranty in Materials(재료에 대한 보증), Warranty in Workmanship(제조책임에 대한 보증)

③ Warranty for Merchantability(상품성에 대한 보증), Warranty for Title(권원에 대한 보증)

④ Warranty for Fitness for Specific Purpose(구입, 도입, 용도 목적에 대한 보증) 등이 있다.

5) Capital Letter(대문자 표기)

묵시적 보증을 부인하는 때는 활자체를 대문자로 표기하여 주목을 끌도록 한다. 예를 들어, 동일제품을 만드는 라이벌 회사에 비하여 설명증서 중의 경고문이 적다든지 하는 것을 이유로 제소당할 가능성이 있으므로 글자 하나라도 얕보지 말고 정기적으로 타사의 카탈로그를 입수하여 연구해야 한다.

6) Arbitration(중재)

중재기관을 특정하여 기재하지 않으면 어떤 중재기관으로부터도 중재받을 수 없으므로, 반드시 특정하여 기재한다.

제 2 절 계약서 작성기초

1. 계약서의 구조

인덕무역의 김대리는 처음으로 이태리와 무역계약을 단독으로 맡게 되었다. 잔뜩 긴장한 김대리. 무엇부터 써야 할지 모르고 있다. 이제부터 계약서를 꼼꼼히 살펴보는 일부터 시작할까 한다.

계약서는 표제, 두서, 전문, 본문, 말미문언, 서명으로 이루어져 있다. 각 부문마다 어떤 내용을 담고 있는지 살펴보자.

(1) 표제(Title of Agreement)

계약이 어떤 종류인지를 표기한다.

(2) 두서(Non-operative Part)

1) 계약체결일자의 표시

2) 계약체결지의 표기

3) 계약당사자의 표시

4) 주소(영업소재지)
5) 약칭 등을 표기

(3) 전문(Non-operative Part)

– Whereas Clause(설명조항)

우리나라에서 흔히 볼 수 없는 조항으로 영미계약서 특유의 관례이다. 당사자가 계약체결에 이르기까지의 경위, 당사자의 목적 등 계약내용의 개요를 기재하는 부문이며 특별한 법적 효력을 갖는 것은 아니다. 단, 계약의 본문이 불명확하며 계약 본문만으로 계약내용이 명료하지 않을 때는 계약 내용을 해석하는데 중요한 자료가 될 수 있고 전문에서 인정한 사실은 금반언(estoppel)의 법리에 의하여 당사자를 구속할 수도 있다.

(4) 본문(Operative Part)
1) 계약의 종류에 따라 그 내용이 다르다.
2) 정의, 계약기간, 계약내용, 분쟁해결방법 등을 기재한다.

(5) 말미문언
계약의 본문이 끝나면 기재하는 문구이다.

(6) 서명
반드시 자필로 서명한다.

2. 각종 계약서 유형 및 유의조항

계약서의 유형에 따라 특히 조심해야 할 조항들이 있다. 예를 들면, 합작계약은 자본금출자, 이익배당, 이사회임원 선출 등이 중요한 조항이고, 여러 가지 계약서와 각각에 유의해야 할 조항이 무엇인지 간략히 살펴보자.

계약서 유형	유 의 사 항
Sales & Purchase Agreement	Quantity, Specification, Payment, Inspection, Claim Warranty 등
Agency Agreement	Exclusivity, Territory, Duties of Agent, Scope of Authority Given by Principal, Commission의 지급기준, 지급시기, 지급방법 등
Joint Venture Agreement	Capital Amount, Board of Directors, Shareholder's Meeting, Share Portion of Each Party, Transfer of Share(First Refusal Right), Indebtness, Increase of Capital, Liquidation 등
Technical License Agreement	Indemnity, Confidentiality, Royalty 등

3. 영문 계약서상의 상용어구

영문계약서상에서 일상생활에서 별로 쓰이지 않는 어구들인 관용구들도 있게 마련인데, 다음의 내용을 알아두면 문제없다.

관용어	의 미
here = this writing	hereby : by means of this writing hereto : to this writing hereof : of this writing hereinafter : after this writing
there = that writing	therein : in that writing thereof : of that writing thereto : to that writing
whereof	of which
premises	the foregoing statements
said	aforesaid

(1) 단서

1) 주문에 대해 조건을 달아 제한시키는 조항

Provided that, Provided, However, That, Except that, Subject to

2) Including but not limited to :

예시조항을 나열할 때 주된 아이템만 나열되고 이 구문을 써 넣음.

3) Unless otherwise required(specified): '달리 합의된 바 없다면'의 뜻

4) Notwithstanding any provision contrary hereto :

우선순위를 지정하는 조항으로 달리 규정된 조항이 있음에도 불구하고 동 조항이 최우선의 효력을 가진다는 뜻이다.

(2) 시, 기간으로 나타내는 어구

어 구	기 간
on July 30, 2009	당해날짜 포함
Before July 30, 2009	July 30일은 제외
After July 30, 2009	July 30일은 제외
Commencing on(with) July 30, 2009	July 30일은 포함
Between	당해날짜가 포함되지 않음
From ~ to	기간포함 여부가 불분명하므로"from January 1 to February 1 both days included" 으로 하거나, "in the period commencing with January. 1 and ending with February. 1"으로 사용하는 것이 좋다.

4. 일반 영문계약서(General Terms & Condition)

계약서를 빈틈없이 작성하는 것은 쉽지 않은 일이다. 더구나, 남의 나라 말로 계약서를 작성하는 일은 더 더욱 어려운 일이다. 그러나 주의할 조항과 일반적인 용어를 안다면 자신을 가져도 좋다.

(1) 계약서 작성 시작

1) Commencement(서문)

Premises(두서)라고도 한다. 계약당사자의 법적지위, 계약이 체결된 일자를 명시

한다. 후일 계약 성립을 둘러싼 분쟁발생시 체결일자 및 계약 당사자에 관한 해석 기준이 된다.

☞ 예 문

This Agreement, entered into this 5th day of November, 2009 by and between : INDUK Corp.,a company organized and existing under the laws of the Republic of Korea and having its principal place of business at San 76, Wolgye-Dong, Nowon-Gu, Seoul, Korea(hereinafter referred to as the "Seller")and : Petrotech Inc., a Company organized and existing under the laws of the Principality of Liechtenstein and having its principal place of business at Prasidial Anstalt Building, 45 Aeulesstrasse, FL 10000 Vaduz, Liechtenstein(hereinafter referred to as the "Purchaser")

예문이 말하고자 하는 것은 무엇일까?

▶유의할 점

1. 법인격 및 소송 적격이 있는 자를 계약상대방으로 한다.
   또, 명칭을 명확히 기재하되 약칭은 사용하지 않는다.
2. 계약당사자가 법인인 경우에는 그 법인의 등록 명칭과 법인설립의 준거법 및 주된 영업소의 소재지를 표시해야 한다.
3. 연방국가인 경우 국가명과 주명을 동시에 표기해야 한다.
   (주법이 다른 경우)
4. 계약당사자의 본점소재지를 표기한다. 국명부터 번지까지 정확히 기재한다. 만약 지점이 중요한 역할을 하면 지점 소재지도 부가하여 기록하는 것이 좋다.
5. 계약당사자가 개인인 경우에는 개인의 법적 지위를 확정지을 수 있도록 성명, 주소, 국적, 여권번호(국내경우 주민등록번호) 등을 기재한다.
6. 계약체결 장소가 소송 시 관할법원을 결정하는 연결점이 될 수 있으므로 계약체결 장소를 잘 선택해야 한다.

2) Whereas Clause(설명조항)

당사자의 영업내용, 계약체결의 취지를 설명하는 조항으로 법적 구속력은 없다.

☞ 예 문

The Manufacturer is a company with extensive experience in the manufacture and sale of ( ) and is willing to grant to the Distributor the right and license to distribute and sell the Products(as hereinafter defined) in the Territory(as hereinafter defined): and WHEREAS, the Distributor is a company engaged in the business of( ) and desires to obtain the right and license from the Manufacturer to distribute and sell the Products in the Territory.

▶유의할 점

계약을 체결하게 된 원인이 되는 중요사실은 계약 시 본문에 반영하여 일방의 상대방에 대한 계약상의 담보내용(Warranty)으로 하든지 아니면 계약의 조건(Condition)으로 하도록 한다.

3) Consideration Clause(약인조항)

약인 또는 대가(consideration)가 없는 계약은 강제집행을 할 수 없다는 조항이다.

☞ 예 문

In consideration of the foregoing and of mutual promises hereinafter set forth, the parties hereto agree as follow :

▶유의할 점

1. 보통 계약서 전문에 이런 문구를 기재하면 강제집행을 구할 수 없는 증여로부터 동 거래를 구별할 수 있다.
2. 영미법상의 독특한 약인이론－약인 또는 대가없는 계약은 강제집행을 할 수 없다－을 반영한 전통적인 조항이다.

4) Definition(용어정의)

사전에 용어를 정의하여 반복 사용되는 용어를 다시 기술해야 하는 번거로움을 탈피한다. 특정거래에 통용되는 기술적인 용어가 의미하는 바를 확정하게 하는 경우 사용된다.

☞ 예 문

The term "IPR-Intellectual Property Rights" shall mean and include all patents, copyrights, trademarks, trade names and other proprietary rights or applications which the seller may own, adopt, use, register with respect to the products or its business.

▶유의할 점

1. 정의되지 않는 일반 단어와 구별하기 위해 반드시 대문자로 시작한다.
2. 계약서에 자주 반복 사용되는 경우에만 정의한다.
3. 한 번 정의한 용어들은 반드시 정의된 대로 계속 사용한다.
4. 정의한 내용이 계약서 해당부분에서도 정의한 대로 해석되어도 되는지 검토한다.
5. 특정 용어를 정의할 때 직접 정의하지 않고 특정조항에서 규정한 바에 따른다면 무방하다.
6. Day를 정의할 때 Calendar day 또는 Business Working Day로 할 수 있다. 급한 경우는 전자를 택한다.

5) Confidentiality(기밀유지)

본 계약과 관련하여 제공되는 정보는 소유자의 중요한 자산이므로, 정보를 받은 사람은 영업상의 노하우, 계약당사자의 재무상태 등 모든 것을 기밀로 유지해야 한다는 조항이다.

☞ 예 문

Each party shall strictly maintain the confidential status of all technical, financial, general, commercial, strategic, planning, proprietary, licensing, know-how and other commercial information provided by either of the parties relating to this agreement. Such information may not be disclosed to third parties without the written consent of the other party. Each party shall be obligated to take all reasonable measures necessary and appropriate to prevent the unauthorized disclosure of such information to the third party. Such obligation shall extend from the date hereof until (　　) years after the expiry of this agreement

▶유의할 점

1. Technical License Agreement등 고급정보의 교류가 활발할 것이 예상되는 거래는 이 confidentiality나 secrecy agreement를 별도로 체결하는 경우가 있다.
2. 기밀제공자의 입장에선 기밀유지 의무를 상대방뿐만 아니라 상대방의 종업원에게도 별도의 기밀유지 계약을 체결하는 것이 바람직하다.
3. 기밀을 제공받는 입장에선 본 조항을 관계당사자 모두에게 적용되는 것으로 히도록 한다. 또 기밀유지 의무 기간을 되도록 짧게 하고 기밀유지 대상에서 제외되는 기밀들을 명시한다.

6) Liquidated damages(손해배상)

계약이행이 지연 또는 위반되었을 때, 실제 입은 손해를 입증할 필요 없이 약정된 자연 손해금을 배상받을 수 있는 조항이다.

☞ 예 문

If the seller fails to deliver any or all of the products within the time period specified in the agreement, the purchaser shall deduct from the contract price, as liquidated damages, a sum equivalent to (　　)% of the price of the delayed products. Once the maximum is reached, the purchaser may consider termination of this agreement

▶유의할 점

손해배상의 측면이니, 지급할 사람과 지급을 받아야 할 사람의 입장에서 꼼꼼히 살펴보자. 두 가지 경우 모두 자회사에 유리하도록 작성해야 하므로 입장이 상반된다.

– 급부의무를 부담하는 계약당사자의 입장

1. 지연손해금을 산정하는 기준을 전체계약금이 아니라 지연된 급부자체의 가격으로 한다.
2. 지연손해금의 비율은 지연이자의 개념에서 검토하여 연리 25% 미만의 범위내에서 지연주당 또는 일일당 ( )%로 해야 한다.
3. 관행, 마진 등을 고려하여 지연손해금의 상한을 지연된 급부자체의 가격의 5% 또는 10% 등으로 명시해야 한다.
4. 하도급 업체나 Local 거래선 등을 통하여 급부의무를 부담하는 경우에는 지연손해금 조항에 관한 위험이 그대로 전가될 수 있도록 동 조항을 하도급 또는 Local 계약서에 반영해야 한다.
5. 특히 산정기준을 하도급이나 Local계약금 기준이 아닌 원계약 금액기준으로 해야 한다. 단 국내 대기업과 중소기업 간의 거래에서는 공정거래법상의 문제가 있으니 주의한다.

– 급부를 받아야 하는 계약당사자의 입장

1. 지연손해금을 산정하는 기준을 전체 계약금액으로 해야 한다.
2. 지연손해금 율을 지연이자보다 높게 설정해야 한다.
3. 지연손해금의 상한을 명시하지 않도록 한다.
4. 지연일이 ( )을 초과하는 경우 계약을 해지할 권리를 유보한다.
5. 영미법상에서는 예정된 손해배상금액이 동 계약서를 체결할 당시의 상황을 고려하여 과도하다고 판단되면 감액을 명하기도 한다. 국내법상으로도 그렇다.

7) Limitation of Liabilities(책임범위)

☞ 예 문

To the full extent permitted by law, all conditions, warranties, representations, liabilities and obligations whether express or implied arising from negligence or imposed by statute are hereby disclaimed. In no event will the seller be liable for indirect, special, consequential damages even if the seller has been advised of the possibility of such damages. The seller's liability for damages shall not exceed the contract price received by the seller for the supply of the products that are basis of the seller's liability.

▶ 유의할 점

대부분 국가의 법이 예측 불가능한 특별손해는 배상하지 않아도 되는 것으로 규정 한다. 그러므로, 법상 허용되는 손해 배상범위 내에서 제한하는 특별손해 불배상 조항 등은 유효하다고 판단되지만, 법상 허용된 손해배상 범위를 넘으면 무효로 판단되니 주의한다.

– 급부의무를 이행해야 할 당사자 입장

1. 상대방의 구매목적에 물품이 적합한지 등에 대해 어떠한 묵시적인 하자보증이 없음을 명시한다.
2. 특별손해가 발생할 것이라는 통보를 받았다 하더라도 배상하지 않는다고 해야 한다.
3. 매매계약에선 배상책임액의 한도액을 물품대금의 범위 이내로 하는 것이 일반적이다. Plant Exportation 등과 같이 계약금액이 거액이고 손해가 나더라도 내재적인 가치가 존재하는 계약이라면 배상책임액의 한도액은 계약금액의 5% 등으로 낮아진다.

   이러한 계약은 일반적으로 Advance Payment Bond(선지급 보증금), Performance Bond(이행보증금)등 제반 Bond 개설로 해결한다.
4. "To the full extent permitted by law"와 같은 단서를 반드시 서두에 명시해

야 한다. 그렇지 않으면, 준거법에 따라 본 조항 전체가 급부를 제공받는 자에게 불리하다고 하여 무료로 될 가능성이 있다.

5. 준거법에 따라서 본문구와 같이 당연히 받을 수 있는 손해를 제한하는 조항의 경우 대문자인 볼드체로 명시하지 않으면 효력을 인정하지 않는 경우도 있으니 조심한다.
6. 탄채굴 또는 석유정제사업 등에서 Operator에게 광산이나 공장운영을 맡기는 계약의 경우 Operator입장이라면 자신에게 제기되는 금전상, 신체상 일체의 손해배상청구 등을 보장하도록 타당사자에게 요구한다. 그러나, 타당사자의 입장에서는 Operator의 귀책에 의한 경우(최소한 Operator의 Negligence or Wilful Misconduct에 의한 경우), 책임을 부담하지 않도록 해야 하겠다.
7. 소송 등의 경우 변호사 비용을 패소자가 부담하느냐의 여부는 법제에 따라 다르다. 우리나라는 일정액의 범위내에서 패소자가 부담하도록 되어 있지만, 미국의 경우 이런 법 규정이 없으므로 계약서에 조항을 둔다.
8. 소송제기시한규정은 법제에 따라 중대한 과실 또는 고의에 의한 불법행위 등에 대해서는 적용되지 않는 경우가 있다.

- 급부를 받는 당사자의 입장

명시적 및 묵시적인 하자보증 책임을 요구하여야 하며, 특별손해를 비롯한 직·간접적인 모든 손해에 대한 배상의무를 명시하여야 한다. 물론 배상액에 대한 한도는 폐지하여야 한다.

8) Taxes, Dues, Customs duties. etc(세금, 부과금, 관세 등)

상대방의 국가에서 부과될 관세, 거래세, 인지세, 소득세, 등 각종 세목과 세액에 대한 사전검토를 하여 원가에 반영하도록 한다.

☞ 예 문

The contract price shall be exclusive of all future taxes, dues, customs duties, import fees and other costs of legally imposed and incurred in (Purchaser의 국가명) in connection with conclusion and/or performance of this Agreement. Such taxes, dues, customs duties, import fees and other costs in (Purchaser의 국가명) which are imposed upon the Seller in connection with performance of this agreement shall be borne by the purchaser.

▶유의할 점

1. 'A treaty for avoidance of double taxation(이중과세방지협약)'이 체결되어 있는 경우라 하더라도 대개 협정의 대상은 소득세, 법인세 등으로 국한되어 있다. 그러므로, 타세금에 관한 위험은 늘 존재한다.
2. 물품공급계약과 같이 어느 일방의 계약의무를 이행하는 것이 다른 국가로까지 연장되는 경우가 아니라면 "해당 당사자는 자국에서 부과되는 모든 세금을 세부 항목별로 검토하여 분담관계를 명시하기도 한다.

9) Claims(청구권)

계약이 불완전하게 이행된 경우, 이와 관련한 상대방의 클레임 제기권은 준거법에 따라 제각기 해석되어져 예상치 못한 손해를 초래할 우려가 있다. 나아가 상대방의 클레임 제기권을 무한정 허용할 수 없다는 측면을 고려한 조항이다.

☞ 예 문

The purchaser is entitled to make a survey of quantity and quality of the products at the port of discharge if the purchaser finds any defect in the products at the said port. Within __ days after the arrival of the products, the purchaser shall make a formal claim, accompanied by proof certified by an authorized surveyor. Unless such notice shall be given to the seller within specified period in the said manner, the purchaser shall be deemed to have waived its right to make a claim.

▶유의할 점

1. 클레임제기에 관한 시간을 명시해야 한다.
2. 즉시 알 수 없는 하자 발생의 경우에는 비교적 장기간을 허용하는 방법도 있

다. 다만, 국내법상으로는 수령 후 6개월 이내 통지를 요구한다.

3. 물품의 하자 통지시한, 클레임제기시한은 별도의 개념이므로, 따로 규정하는 조항을 둔다.
4. 보험계약 또는 운송계약의 경우에는 정식 클레임 제기시한과 별도로 사고 통지 항이 규정되는 것이 보통이므로 이에 대한 주의를 요한다.

10) Duration/Validity(계약기간/유효기간)

계약기간을 연장하든지, 종료하는 경우에 기간을 명시하는 조항이다.

☞ 예 문

This agreement shall be valid and in force for a period of ( ) year commencing from the date written upon the signing of this agreement and shall be automatically renewed hereafter on a year bases, unless either of the parties hereto gives the other party at least ( ) days prior written notice to terminate this agreement before the expiration of the original term or any extended period. The same procedure shall apply for subsequent renewals.

▶유의할 점

1. 계속적 공급계약, 판매상, 대리상 계약 등 일정기간 계약을 이행해야 하는 경우에는 계약기간을 반드시 명시하여야 한다.
2. 순차적 연장 문구를 삽입하는 경우, 약정된 기간 내에 통보가 없는 경우 계약이 자동 갱신되므로 사후 계약관리의 측면에서 계약의 갱신을 원하지 않는다면 반드시 약정기간 이내에 갱신하지 않겠다는 의사를 통지해야 한다.
3. 본 계약의 목적을 달성하기 위해서 별도의 의사표시가 없으면, 자동적으로 갱신이 되도록 할 것인지, 양자가 갱신에 합의하지 않으면 종료되도록 할 것인지 판단하여야 한다.

11) Termination(종료)

장기물품 공급계약 등 계속적인 계약관계에서 계약을 지속하기 어려운 사유가 발생하면 계약을 해지하거나 종료시킬 수 있다는 조항이다.

Termination은 Cancellation, Expiry와 구별된다.

※Termination : 계약기간 중간에 특정한 사유가 발생하면, 장래에 있을 계약관계를 부정하는 것

※Cancellation : 계약의 효력자체를 처음부터 부인하는 것이다. 그러나, Cancellation과 Termination은 양자가 혼용하여 쓰인다.

※Expiry : 시간의 경과에 따라 계약기간이 만료되는 것이다.

☞ 예 문

The agreement may be terminated by written notice in the following instances ; By either party, in the event that any material breach of the agreement is not cured to the satisfaction of the other party within ( ) days of written notice to the other party.

A. By either party, if the performance of the agreement is prevented or substantially interfered with by an event of force majeure for a period of more than (ex. 90) days : or

B. By either party, if the other party is dissolved or liquidated, becomes insolvent or bankrupt, or

C. By either party, if the other party ceases to do business or is sold or merged for any reason.

▶유의할 점

1. 상대방이 계약을 위반하거나 신용상태가 악화되면 계약을 해지할 수 있는 권리가 양당사자가 모두에게 공평하게 있음을 명시한다.
2. 물품을 이미 공급한 당사자의 입장에서는 계약을 해지했음에도 불구하고 이미 발생한 물품대금 청구권은 영향을 받지 않는다고 규정하여야 한다.
3. 국내법상 공정거래법과 관련하여 분쟁의 소지가 많은 부분이므로 해지 · 해제 통보방법, 시전최고기긴, 사유의 명확화 등에 유의해야 한다.

12) Assignment(양도)

준거법에 따라 또는 계약의 성격에 따라, 계약 또는 계약상 지위의 양도가 가능한 것으로 판단될 위험을 방지하기 위한 조항이다. 즉, 계약 또는 계약상의 지위를 양도하는 행위를 양당사자 모두에게 금지하는 것이다.

☞ 예 문

Actual assignment or other transfer of this agreement in whole or in part by either party without the prior written consent of the other party is expressly prohibited and shall be null and void. In the event and assignment is consented by the other party, this agreement shall inure to the benefit of and be binding upon the successor or the assignee.

▶유의할 점

1. 상대방의 능력이나 신용을 기준으로 체결하는 국제거래의 속성상 계약 또는 계약상 지위를 양도하는 것은 바람직하지 못하다.
2. 상대방의 영업능력, 제조능력 등을 신뢰하여 계약하는 Agent, Distributorship 계약에선 이 조항을 필수적으로 삽입한다.
3. 어떤 경우에는 상대방에게 상대방 회사의 양도까지 금하는 경우가 있는데, 이는 Mergers and Acquisition이 필요할 때 이를 방해할 수 있으므로 거부해야 한다.

13) Force Majeure(불가항력)

양 당사자의 책임이 아닌 불가항력적인 사유로 계약이 지체 또는 이행이 불가능할 경우 이에 대한 위험부담을 누가 할지 정하는 조항이다. 채무자 위험부담주의, 채권자 위험부담주의, 소유자 위험부담주의 등이 있다.

☞ 예 문

No party shall be deemed in default or be liable for any failure or delay of performance caused by such circumstances of Force Majeure as acts of God, war, acts or orders of government, other causes beyond the reasonable control of the Party affected. Immediately after the occurrence of Force Majeure, the Party claiming inability to perform due to such event shall notify the other Party of such event with the certificate of such event issued by the relevant Chamber of Commerce. In the event that Force Majeure no longer exist, the Party affected shall immediately notify the other party that such circumstances no longer exist. If the performance of this Agreement is prevented or substantially interfered with by an event of Force Majeure for a period of more than ninety(90)days, either Party may terminate this Agreement. The parties agree that the payment obligation under this Agreement shall not be affected by event of Force Majeure.

▶유의할 점

- 이 조항의 혜택을 보는 입장인 급부를 이행하는 자의 입장

1. 상대방의 대금지급 의무에는 불가항력 조항이 적용되지 않음을 명시함.
2. 제공될 급부를 상대방이 수령할 수 없는 상태가 어떤 경우에 발생할 것인지 알아본다. 재해 빈발정도, 정치, 경제 사정, 노사분규, 지정학적 상황까지 모두 고려하여 발생가능성이 높은 것을 예시적 사유로 나타내는 것이 유리하다.
3. 갑작스런 유가인상, 전력공급의 중단, 운송사고, 하도급 업체를 포함한 노사분규 등 발생예상 가능한 모든 사유는 모두 불가항력의 예시로 명시한다.

- 급부를 제공받는 당사자의 입장

1. 상공회의소 등 해당 불가항력의 발생을 인정할 수 있는 공인기관의 확인서를 요구한다. 비록 불가항력 기간 중이더라도 상업적으로 가능한 범위내에서 이행을 계속하거나 손실을 축소할 의무를 상대방에게 부과한다.
2. 불가항력이 일정기간 이상으로 지속될 때의 계약해지권을 명시해야 함.
3. 불가항력이 발생 시 자신의 이행도 연기할 수 있음을 명시해야 한다.

4. 불가항력 사유 중에서 논쟁의 여지가 많은 사유는 불가항력으로 간주되지 않는다고 규정하도록 한다.

14) Notice(통지)

계속적인 의사전달이 필요한 경우, 의사전달의 수단 및 효력 발생시기 등을 사전에 규정한다. 그리하여, 의사전달의 효력을 둘러싼 상대방의 부당한 주장을 방지한다.

☞ 예 문

Any notice given by either party to the other party shall be in English and shall be sent to the respective addresses by a registered air mail, telegram, or E-mail. Any notice sent by a registered air mail as provided above shall be deemed to have been served after posting.

▶유의할 점

1. 준거법에 따라 발송 시 또는 도달 시 등으로 효력 발생시기가 달라질 가능성이 있다.
2. 외국과 거래를 할 때 DHL등을 이용하면, 의사전달이 되었는지의 여부에 증거를 쉽게 확보할 수 있다. 국내에서는 "내용증명"을 통한 송달이 유용한 방법이 된다.

15) Language(언어)

영어권이 아닌 상대방과 계약을 할 때는 이 조항을 삽입한다.

영어 외에 다른 외국어로도 작성된 계약서가 있으면, 영어본이 우선한다고 규정한다.

☞ 예 문

This agreement has been executed in two copies with equal force and effect in English language. No translation into other language shall be taken into consideration in the interpretation of this agreement.

16) Article Captions(조항제목)

각 조항의 제목은 조항의 해석과 무관하다는 조항이다. "heading"으로 표기하기도 한다.

☞ 예 문

All article caption contained herein are inserted for convenience of reference only and shall not affect in any way construction or interpretation of the provisions to which they refer.

17) Trade Terms(무역거래조건)

FOB, CIF 등 인도조건은 INCOTERMS에 따라 해석하는 것이 일반적이다. 그러나, 이 조항을 명시하지 않았을 경우, 만약 준거법이 소유권의 이전시기, 훼손에 관한 위험 등을 달리 규정할지 모를 위험을 방지하기 위해 삽입하는 조항이다.

☞ 예 문

The trade terms hereof shall be governed and interpreted by the provisions of the latest international commercial terms.(INCOTERMS)

▶유의할 점

1. "Unless otherwise specified in agreement"라는 단서를 기재한다. 만약 INCOTERMS와 달리 규정된 내용이 있다면, 규정된 내용에 따라 해석되는 것이 당사자의 의사에 합치할 것이기 때문이다.
2. 물품에 관한 위험, 소유권의 이전을 직접 기재하기도 하지만, INCOTERMS가 당사자의 의무분담까지도 규정하고 있으니 직접 기재하는 방법은 바람직하지 않다.
3. 대개의 경우 물건을 받는 사람 입장에선, 해상위험이 늦게 이전되는 것이 안전하므로 해상에서 발생될 위험을 반드시 부보하든지 아니면 위험 및 소유권의 이전시기를 달리 규정하는 조항을 명시한다.

4. 물품공급자의 입장에선, 상관례인 본 조항을 거부하는 경우 다른 인도조건으로 바꾸고 이에 상응하는 물품대금의 인상을 요구해야 한다.

18) Governing Law(준거법)

계약과는 달리 규정된 바가 없거나, 계약의 내용이 명확하지 않은 경우에 어느 나라 법에 따라서 해석할 것인가를 명시하는 조항이다.

☞ 예 문

This validity, performance, construction and effectiveness this agreement shall be governed by and construed in accordance with the laws of the Republic of Korea.

▶유의할 점

1. 예기치 못한 분쟁이 발생하면 그 승패를 좌우하는 것이 준거법이다. 준거법 규정이 없으면 법정지의 섭외사법에 의해 준거법이 지정된다. 상대가 특정한 준거법을 반대하는 경우 이를 참고해야 한다.
2. 준거법을 자국법으로 하는 노력이 필요하다. 만약, 상대방이 거부하면 제3국법을 준거법으로 채택하는 것이 공평하다.

19) Resoution of Disputies(Arbitration) -분쟁해결(중재)

분쟁 시 중재로 해결하겠다는 의사를 나타내는 조항이다. 중재는 소송보다 시간과 비용 측면에서 경제적일 뿐만 아니라, 판정집행이 쉬우므로 많이 이용되는 방법이다.

☞ 예 문

Any and all dispute, controversies, claims of differences which may arise between the parties hereto out of, in relation to, or in connection with this Agreement, or the breach hereof, shall be finally settled by arbitration in accordance with the rules of Conciliation and Arbitration of the international

Chamber of Commerce.

The arbitration shall be held in(도시명, Seller의 국가명).

The award rendered by the arbitrator shall be final and binding on both parties concerned. The language of the arbitration proceeding, the award and all documents filed or submitted in connection therewith shall be in English language.

▶유의할 점

1. 국내 기업의 경우는 대한상사 중재조합에서의 중재가 가장 최선이다.

"shall be finally settled by arbitration in Seoul, Korea in accordance with Commercial Arbitration Rules of the Korean Commercial Arbitration Board and under the laws of the Republic of Korea"라는 문구를 계약서에 삽입하는 것이 좋겠다.

만약 Purchaser가 이를 거부하면, 피고지주의 또는 제3국에서 중재로 하는 것이 좋다.

중재조항에는 중재지, 중재규칙, 중재기관, 중재의 최종성, 중재언어 등이 명시되어야 한다.

2. 중재규칙을 상대방 국가의 중재규칙으로 선택하는 경우 중재인의 선임을 상대방에게 유리하게 되어 있는 경우가 있으니, 중재인의 선임방법 중에서 appointing authority를 공평한 국제기구 등으로 정해야 한다.
3. 중재판정을 해당국가에서 집행시키기 위해서는 해당국가 법원으로부터 그 중재 판정에 관한 승인 및 집행 판결을 다시 받아야 한다. 외국 중재판정의 승인 및 집행을 보장하기 위해 70여개 국가가 "외국 중재판정의 승인 및 집행에 관한 국제연합협약(The United Nations Convention on the Recognition and Enforcement of Foreign Arbitral Awards-일명 New York Convention)에 가입하고 있으며, 상대방이 동협약의 가입국인 경우에는 그 집행까지 보장받을 수 있다. 만약 상대방이 이 협약에 가입한 나라가 아니고, 한국에도 재산이 없으면 피고지주의 또는 상대방의 재산이 있는 제3국에서 소송이나 중재에 의한 해결이 바람직하다.

4. 우리나라와 수교하지 않은 국가의 상대방과 계약하는 경우에는 한국 및 그 국가와 수교관계가 있는 제3국-New York Convention에 가입한 국가를 통한 중재 또는 소송으로 하는 것이 좋다.
5. 이 협약과는 별도로 대한민국은 중재협정을 개별 나라들과 체결하고 있는 바, 이 협정의 골자는 상인간의 분쟁시 불만있는 당사자가 상대방의 국가에서 그 나라 중재기관에 의해 동기관의 중재규칙에 따라 중재하는 것을 서로 권장한다. 따라서 계약상대방이 중재협정국가의 상인이라면, 동협정 문구를 인용하는 것도 바람직하다.

20) No Waiver(기권 없음)

계약 상대방이 계약을 위반했을 때, 이의를 제기하지 않았다면, 이의를 영구히 포기하는 것인가?

☞ 예 문

The failure of either party to enforce at any time any provision of this agreement shall not constitute a waiver of the right to enforce such provision, or to claim damages or to terminate this agreement for an subsequent or continuing default of such or any other provision.

▶유의할 점

어느 일방이 계약을 위반하는 경우, 상대방이 이에 대해 이의를 제기하지 않았다고 해서 이것이 곧 이의제기를 포기하는 것 등으로 해석되어서는 안 된다는 조항이다.

21) Severability(분리성)

특정조항이 무효이더라도 다른 조항은 영향을 받지 않는다는 조항이다.

☞ 예 문

If any provision of this agreement should be found legally invalid, void or unenforceable in whole or in part, the remaining provisions hereof shall not be affected thereby, and the parties shall promptly replace such provision by a reasonable new provision.

▶유의할 점

준거법에 따라 중요 조항이 무효인 경우, 계약서 전체가 무효가 되는 것을 방지하기 위해 동 조항을 넣는다.

22) Entire Agreement(완전조항)

본 계약체결 이전의 구두약속 또는 Letter of Intent or Memorandum of Understanding 등의 문서 효력을 부인하고자 할 때 삽입하는 조항이다.

☞ 예 문

The agreement represents the entire agreement between the parties hereto and supersedes any and all prior discussions, negotiations, representations, and agreements, whether written or oral that the parties may have had.

▶유의할 점

1. 본 계약체결 이전에 부담이 되는 약속 또는 문서를 작성한 사실이 있다면, 이 예문을 계약서에 명시하도록 한다.
2. 만약 계약서 이외의 문서로서 계약서의 일부로 간주될 만한 문서가 있는 경우에는 해당문서를 계약서에 첨부하여 이를 계약서에 언급하여 (Document Name) attached hereto shall be an integral part hereof라고 명시하도록 한다.

23) Witness Clause(증거조항 - 말미문언)

상기 내용을 증거로 하여 정당한 권한자가 모두 기재된 일자에, 어느 장소에서 계약을 체결했다는 조항이다. 관용적 문구에 불과하다.

☞ 예 문

IN WITNESS WHEREOF, both parties have caused this agreement to be executed by their duly authorized representative in the city of Seoul, Korea as of the date first above written.

▶유의할 점

1. 관용적 문구일 뿐이다.
2. 지역을 게재하는 이유는 계약 체결지를 표시하여 국제사법상 준거법 지정 또는 관할의 문제에 대해 표시해야만 의미를 가질 수 있다. 그러나, 계약서에 이런 조항들을 명시하게 마련이므로 본구문은 별 의미가 없다.

24) Signature(서명)

☞ 예 문

For and on behalf of Petrotech Inc. for and on behalf INDUK Corp.

By : _ _ _ _ _ _ _ _ Name : Title :	By : _ _ _ _ _ _ _ _ Name : Title :

▶유의할 점

1. 계약당사자를 대표할 수 있는 법적 권한을 부여받은 자(대표이사 또는 계약체결권을 부여받은 대리인 등)가 서명을 해야 한다.
2. 원칙적으로 대표이사 이외의 임직원은 회사업무를 집행할 권한이 없으므로 계약서 상에 서명을 할 수 없다. 이를 위해서는 Proxy(위임인) 등을 요구한다. 다만 이사의 행위는 대표이사의 행위로 간주될 여지가 있으므로 그 업무에 회사를 대표하여 지속적으로 관여를 해 온 이사의 경우는 위임장 없이도 서명이 가능할 것이다.
3. 반드시 자필로 서명을 하고, 성명과 직위를 표기한다.
4. 국내에서 계약체결을 할 때는 계약서 전체의 일체성을 확보하기 위해 페이지

와 페이지 사이에 겹치게 간인을 찍지만 도장(서명)에 대한 개념이 없는 외국과의 계약서 체결 시는 매 페이지마다 당사자가 서명을 한다.

제2장 무역실무 사례 연구

2-1. 폐기물이 되어버린 폐기물 수입

사건개요

A물산은 K합성의 의뢰에 따라 기존 취급상품이 아닌 새로운 상품을 수입하여 K합섬에 판매하려고 한다. 그러나 해외공급선의 저질품 공급으로 인해 K합섬에의 판매는 수포로 돌아가고 타 업체에게도 그 판매가 불가능해진다. 이에 A물산은 물품을 SHIP BACK하고 해외공급선에게 구상을 시도하지만 실패하고야 만다.

결국 K합섬에 손해배상을 청구하지만 품질에 관한 서면합의가 없어서 아무런 보상도 받지 못하고 수입대금 전액을 고스란히 날려버린다.

업무규칙

MAKER가 아닌 무역상사도 별도의 특약이 없는 한 MAKER와 똑같이 품질에 대한 담보책임이 있으므로, MAKER가 제시한 품질 및 CLAIM 제기방법·기간등 제조건을 그대로 END USER에게 전가하든지, 역으로 END USER가 요구하는 조건을 그대로 MAKER에게 요구해야 한다.

▶K합섬 상담실의 오후3시

K합성 L부장과 A물산 T대리가 오후의 나른함을 서로 이겨가면서 상담을 계속하고 있었다.

"T대리, 요즘 우리회사에서는 공장 근로자들의 임금을 무리하게 인상해주는 바람에 도대체 제품의 가격경쟁력이 없어요. 이러다간 공장문을 닫아야 할 지경입니다."

"그거야 요즘 우리나라 전체의 일반적인 상황이 아닙니까? 현재 우리나라 산업전체가 임금인상, 자재값 앙등 등으로 인해 어려운 상황에 있지만, 우리민족은 워낙 우수한 민족이니만큼 기술개발과 경영합리화를 통해서 이러한 난관을 잘 극복할 수 있을 것입니다. K합성도 잘 될 겁니다."

"T대리처럼 우수한 인재가 모여 있는 A물산이야 문제가 있겠습니까마는 우리 같은 중소기업이야 정말 살아갈 길이 막막합니다."

▶K합섬의 유혹

"T대리, 그래서 우리회사는 이제 원가 절감을 위해 새로운 원료를 쓰기로 했습니다." "그게 무엇입니까?" L부장의 '새로운 원료' 라는 말에 T대리의 두 눈은 번뜩이기 시작했다. "POLYESTER WASTE LUMP를 압니까?" "POLYESTER WASTE LUMP라?" "한마디로 말하면, 합섬실을 만들고 남은 찌꺼기입니다. 이것을 녹이면 다시 실을 만들 수 있는데, 이렇게 하면 원가가 삼분의 일 정도 밖에 먹히지 않습니다." "그것 아주 좋은 데요!"

▶재앙의 씨앗은 잉태되고

"그러면 어디서 그 새로운 원료를 구매할 수 있습니까?" T대리는 재빠르게 L부장의 의중을 떠보았다.

"그래서 이번에도 T대리가 도와주셔야 하겠습니다.

POLYESTER WASTE LUMP가 가장 싸고 좋다는 곳이 인도인데, 우리가 이미 공급선을 물색해 놓았지만 아시다시피 우리회사의 자금사정이야 뻔한 것이고, 또 인도 현지사정을 잘 모르고 하니 대기업인 A물산 같은 곳에서 현지지점과 연락하여 수입을 추진해 주시면 물건이 도착하는 대로 인수하겠습니다."

노련한 L부장은 자신이 T대리에게 오더를 주는 입장인데도 이렇게 겸손해하면서 T대리에게 사뭇 부탁조로 이야기하였다.

이러한 L부장의 겸손한 태도에 T대리는 선뜻 응락을 하였다. "기꺼이 해드리겠습니다."

적어도 T대리의 경험에 의하면 이렇게 신뢰가 두터운 사이에서는 절대로 사고가 날 염려가 없었다. 왜냐하면 K합섬과 오랫동안 별탈 없이 많은 거래를 해왔기 때문이었다.

그러나 사고는 항상 예기치 않는 곳에서 발생한다는 지극히 당연한 이치를 염두해 두고 T대리가 그날 간단한 계약서라도 한 장 작성해 놓았다면 그는 그 후 닥쳐올 지긋지긋한 고통의 나날을 보내지 않아도 되었을 것이다.

▶A물산 수입부의 오후8시

회사로 돌아온 T대리는 인도지점과 통화하기 위해서 퇴근시간이 지났는데도 국제통화에 매달리고 있었다.

"여보세요. 인도지점이죠? 아! 과장님이세요? 본사 수입부 T입니다."

"T대리! 별일 없습니까? 그런데 무슨 일입니까?"

"다름이 아니고, 이번 K합섬에서 ...(중략)... 그래서 말이죠, 공급선인 P로부터 OFFER를 받아서 알려주십시오. 이번 件은 확실합니다. 안심하고 밀어붙여도 될 것입니다."

T대리는 의기양양하게 U과장에게 설명했다. U과장은 유능한 T대리의 자신 있는

말투와 상세한 설명을 듣고는 '또 한건 했구나' 하고 기뻐하면서 유쾌하게 응답했다.

"그럼 내가 P를 만나서 OFFER를 받아주겠으니 한 번 잘해봅시다. 요즘 같은 어려운 때는 지점도 먹고 살아야 되지 않겠습니까?"

▶해외공급선 P의 OFFER

며칠 후 인도지점을 통해 들어온 P로부터의 OFFER 앞면에는 대단히 낮아 보이는 물품명세(SPECIFICATION)가 T대리의 눈에 선명하게 들어온다.

T대리는 뛸듯이 기뻐하면서 슬쩍 OFFER SHEET 뒷면을 살펴보았다. 뒷면에는 어려운 용어를 사용한 영문으로 된 이면약관이 답답할 정도로 빽빽하게 나열되어 있었다.

T대리는 즉시 앞면을 다시 보면서 '뒷면에 있는 거야 아무 것도 아니겠지 뭐! 흔히 계약서 뒤에 습관적으로 붙는 것이니까?' 하면서 앞면만 기쁜 마음으로 다시 바라보았다.

빨리 L부장에게 연락해야겠다고 생각하면서 흡족하게 담배를 피워 물었다.

그러나 T대리가 인내심을 가지고 이면약관을 조금만이라도 읽어보았다면 그곳에 자신을 위협할지도 모를 날카로운 비수가 숨어 있음을 발견했을 것이다.

즉, 계약서 이면약관에는, 품질에 하자가 있는 경우에는 10일안에 서면으로 CLAIM을 제기해야 하며 서면 CLAIM을 제시하지 않은 경우에는 CLAIM을 제기할 수 없다는 내용과 모든 분쟁은 인도에서 중재에 의해 해결한다는 내용이 자리잡고 있었던 것이다.

문제발생시 상대방이 발뺌을 하기 위한 온갖 구체적 내용이 보통 계약서 이면에 표시되어 있는 경우가 많으므로 항상 이면약관을 주의깊게 살펴보아야 한다는 것을 T대리는 간과했던 것이다.

▶A물산의 OFFER SHEET

그 후 T대리는 L부장에게 공급선인 P의 OFFER에 의거하여 중간 MARGIN을 붙인 자체 OFFER를 제시했으며, L부장의 구두 CONFIRM을 받은 다음 P에게 L/C를 개설하여 주었다.

그러나 A물산의 OFFER SHEET에는 품질하자 발생 시 어떻게 한다는 내용은 그 어디에도 없었다.

즉 납기와 수량, 명세가 전부였던 것이었다. 더욱이 잘 진행되고 있는 상황 (적어도 외형상으로는)에서 품질하자를 이야기 한다는 것은 L부장과의 사이에 얼굴을 붉힐 수도 있는 것이었으므로 사고가 나면 협의에 의해 처리하면 되지 않겠느냐라는 식의 통상적인 방법에 의존하고 싶었던 T대리의 잠재의식의 발로였던 것이다.

▶쓰레기의 부산 입항

A물산의 L/C개설에 따라 해외공급선인 P는 물품을 선적하였고, 물품이 부산항에 도착하자마자 T대리와 L부장은 물건을 조사했다.

"아니, 이걸 물건이라고 보냈나! 이XX들…T대리! 이런 물건은 도저히 못쓰겠는데!"

평소 착 가라앉아 있던 L부장의 언성이 높아지면서 상스러운 말까지 나온다.

일부러 T대리의 기선을 제압하기 위한 것인지, 정말 P를 욕하는 것인지 분간할 수가 없었다.

"예! 물건이 나쁘다고요?"

T대리의 가슴은 철렁 내려앉았다. T대리가 정신을 가다듬기도 전에 L부장은 큰 소리로 중얼거리듯이 이야기 했다.

"이런 물건은 공짜로 줘도 아무도 안 쓸거야. 기계만 망가뜨리고 치우는데 비용이 더 들 뿐이지."

T대리는 L부장의 극단적인 말투에 할 말을 잃었다. 지금 당장 L부장에게 책임을 지라고 하고는 싶었지만, 일단 감정을 억누르고 후에 정식으로 이야기하기로 마음먹었다. 그 후 T대리가 사무실에 돌아와 K합섬에게 책임을 전가하기 위해 인수를 요청하려고 하였으나 이를 강제할 근거는 아무것도 없었다. OFFER SHEET에도 없었고 구두로 합의한 적도 없었기 때문이었다. 그러나 이미 A물산은 P에게 대금을 지급하였기 때문에 손실을 보전하기 위해, 40%나 깎아준다는 파격적인 제안을 애걸하듯이 K합섬에게 제시하였지만 K합섬은 막무가내였다.

▶T대리를 당혹하게 만든 P의 OFFER SHEET

T대리가 L부장과 씨름하는 동안에 이럭저럭 열흘이 지나가자 T대리는 K합섬에 대한 더 이상의 설득을 포기하기로 작정했다. 한편 P에게는 분노에 찬 단호한 CLAIM LETTER를 보냈지만 황당한 내용의 답신을 받고 말았다.

즉, 물품은 정상이며 설령 하자가 있다고 해도 CLAIM 제기기간이 지났고, CLAIM의 해결은 인도에서 중재에 의해 해결하기로 되어 있으니 인도로 오라는 답변이었다. T대리는 그제서야 부랴부랴 P의 OFFER SHEET를 자세히 살펴보았다. 과연 그 이면에 깨알 같은 글씨로 품질하자와 중재에 관한 문구들이 P의 말처럼 인쇄되어 있었다.

▶T대리의 또한번의 좌절

P와의 해결이 불가능해지자 T대리는 손해를 보전하기 위해 백방으로 전매를 시도하였다. 아무도 나서지 않았다.

T대리는 독기를 품고, 비록 인도에서 패소하는 한이 있더라도 중재를 해보기로 마음을 먹고 물품을 SHIP BACK하려 하였지만 이미 그때는 P의 행방을 더 이상 찾을 수 없었다.

▶교 훈

본 건에서 보는 바와 같이 사고가 발생하는 경우에 계약서가 허술하거나, 당사자의 재력이 없는 경우에는 보상을 받을 길이 전혀 없다. 따라서 모든 거래에서는 첫째, 계약서를 반드시 만들어야하고 분쟁의 소지가 있을 경우 이에 대한 명백한 해결방안을 계약서상에 명시해야 하겠으며, 둘째, 상대방이 만든 계약서의 경우 그 이면약관까지도 자세히 검토해 보고 불리한 조항은 사전에 거절하든지 아니면 다른 상대방에게 그대로 전가시켜야 하며, 셋째, 거래 상대방의 신용을 반드시 사전에 조사해야만 한다. 특히 품질에 관한 분쟁이 항시 일어나고 있음에 유념하고 품질에 관한 책임을 누가 어떻게 부담할 것인지를 계약서상에 명백히 규정해야 할 것이며, 수입자가 책임을 져야 하는 경우가 없도록 MAKER나END USER중 어느 일방이 요구한 품실소선을 다른 일방에게 그대로 전가시켜야만 할 것이다.

본 사례에서 만일 국내 K합섬이 물품을 인수한 경우에도 K합섬은 한국법에 따라서 A물산에게 상당한 기간 내에 하자통지를 하고 6개월 이내에 CLAIM 제기를 하면 A물산은 꼼짝없이 CLAIM을 해결해 주어야 하는 반면, 위에서 나타난 바와 같이 인도의 공급선인 P에게는 CLAIM을 제기 약정기간에 걸려 이야기도 꺼낼 수 없는 X같은 꼴을 당하게 되는 것이다.

2-2. 한국인의 아들

사건개요

두개의 부서가 수주업무와 MAKER에 대한 발주업무를 각각 분담하여 SWEATER수출을 하였으나 품질상이로 CLAIM이 발생하였다.

원인은 MAKER에 대한 발주 시 작업지시를 잘못한데 있었으며, 이후 구두로 수정키로 하였으나 MAKER가 이를 무시함에 따라 BUYER로부터 다시 CLAIM을 당한 것이다.

BUYER와의 화해로 CLAIM금액을 대폭 줄이고 MAKER에 대해 차후 ORDER 발주 시 이 금액을 보전키로 합의했으나, 실제로는 차기 ORDER를 이윤제고 등의 이유로 타 업체에 발주하고 CLAIM문제는 따로 처리하기로 하였다.

그러나 예상과 달리 MAKER측에서는 작업지시에 대한 귀책을 주장하며 이후의 합의사항들에 대하여 꼬투리를 잡아 장기간 미해결 건으로 남게 되어 결국 손해를 감수할 수밖에 없는 처지에 이르고 말았다.

업무규칙

구두합의는 후일 입증하기에 곤란한 경우가 많기 때문에 반드시 서면으로 증거를 남겨야 하며, CLAIM 발생시에는 계약서상에 명시된 CLAIM 제기기간을 준수해야 하며, CLAIM 제기기간의 명시가 없는 경우라도 무한정 연장하여 아무 때라도 CLAIM을 청구할 수 있는 것은 아니다. 즉 청구권 자체로 법적소멸시효 기간을 준수하여야 한다.

어언 10年에 가까운 세월을 몸담던 S종합상사를 떠나 이제 자신의 사업에 눈코 뜰새 없는 L씨는 아직도 마음 한 구석 미진하게 남아 있는 소위 "한국인의 특성(?)"에 기인했던 너무도 어처구니없었던 한 사건을 생활의 큰 교훈으로 느끼며 뼈

오얀 담배연기 속으로 과거를 회상하여 본다.

▶악몽의 직후

석유의 부국, DOLLAR획득의 황금밭이던 중동의 열기가 서서히 식어가기 시작하던 해 겨울. 아직껏 성하의 여름기분을 만끽하며 영영 빙하의 시절이 오지 않으리라는 환상 속에서 밤잠을 설치며 폭주하는 업무 속에서 즐거운 비명을 지르던 L과장에게 T부서로부터 협조요청이 들어왔다. T부서가 상당량의 스웨터 주문을 받았는데 이의 발주·생산 측면을 이 업무의 경험이 풍부한 L과장 소속부서와 공동업무로 처리하자는 제안이었다.

L과장으로서는 항시 하던 주 업무로써 가만히 앉아서 실적을 올릴 수 있는 이 제안에 그저 즐거움만 더해 갈 뿐 반 십년을 끌고 갈 악몽의 먹구름이 서서히 드리워지기 시작할 줄은 꿈에도 생각할 수 없었다.

▶무관심이 잉태한 것은?

L과장은 풍부한 경험을 바탕으로 일필휘지로 발주주문 및 작업 지시서를 만들어 협력업체에 넘기고 끊임없이 밀려오는 다른 주문에 하늘 높은 줄 모르고 쌓여가는 실적을 보며 24시간이 너무도 짧다고 한 성현의 말씀을 몸으로 느끼며 T부서 件은 까맣게 잊어버리고 있었다. 그러던 어느 날 T부서에서 헐레벌떡 뛰어와 생산품이 문제가 많아 전량 재생산을 해야 한다는 청천하늘에 날벼락 같은 통보를 하는 것이 아닌가?

벌써 반이상 생산된 스웨터가 BUYER가 요구한 용도에 부적합하다는 것이었다.

L과장은 아차 싶었다. 전혀 견장의 용도를 고려치 않고 일반 장식품으로 생각하여 작업지시한 자신의 실수를…

천부적 협상력을 지닌 L과장은 협력업체를 설득하여 보상없이 전량 수정키로 구두로 합의하고 안도의 한숨을 쉬며 잠시나마 놀라게 했던 이 일을 기억 속에서 서서히 지워갔다. 이제 아무런 문제없이 생산될 것이고 선적 등 기타 업무는 T부서의 일이기에…

▶장미에는 가시가 있다

노랗게 물들어 가는 은행잎을 바라보며 새삼스레 가을의 정취에 젖어 있던 L과장에게 T부서로부터의 격앙된 목소리의 전화가 평온한 가을하늘을 찌푸리게 했다.

작년말 생산한 스웨터가 전혀 수정이 되지 않아 전량 CLAIM청구를 받고 있다는 것이었다. L부장, T부서 그리고 지점까지 동원되어 그 명성에 걸맞는 뛰어난 섭외 능력을 발휘하여 CLAIM 금액을 대폭 삭감하는 데 성공하였다.

그러나 CLAIM이 명예롭지 못한 잔해는 남아, 자신과의 약속을 어기고 이러한 결과를 낳은 협력업체에 대한 배신감에 L과장은 무척이나 흥분하였으나 자신의 귀책사유도 있고 하여 순탄한 인간적 해결을 위해 차후 ORDER시 협력업체에서 손실을 보전키로 합의하며 일단락을 지었다.

▶소탐대실

다음해 봄 T부서는 사고물량의 배에 달하는 같은 종류의 스웨터를 수주받아 L과장에게 CLAIM 구상과 연계한 발주를 의뢰하였다. L과장은 이정도의 CLAIM은 S종합상사의 이름과 자신의 협력업체와의 유대관계정도를 감안할 때 다른 건처럼 쉽게 풀릴 수 있으리라는 영업적 판단하에 이익률 제고 등 기타여건상 유리한 다른 협력업체에 발주하고 CLAIM은 별도로 처리키로 마음먹었다. 그러나 차기 ORDER분은 무제없이 생산·선적되어 수출되었으나 CLAIM구상은 L과장 뜻대로 이루어지질 않았다. 협력업체는 최초의 L과장의 실수를 들추며 그 후 합의한 사항들에 대하여는 부인할 뿐만 아니라 오히려 차후 ORDER시 보전키로 합의한 내용을 주장하며 어언 반 십년을 끌고 있었다.

▶계약서 몸으로 이야기 한다

단추를 처음부터 잘못 끼웠던 것이다. 그러나 중도 탈출기회도 있었건만 그 기회를 활용 못하고 아무런 대책 없이 행동하였던 것은 L과장의 너무도 인간적 성격때문이었을까? 협력업체와의 수정합의 시 단 한장의 서면약정이라도 남겨 놓았으면 L과장의 과오는 서면증거의 그림자 뒤로 숨어 사라질 수가 있었건만 법없이도 살(?)L과장의 믿음은 구두확약으로 충분하였다. 아마 L과장의 이러한 믿음에는 협력업체가 제품불량으로 S종합상사에 손해를 야기시킨 경우 협력업체가 일체의 손해를 배상하여야 한다는 손해배상조항을 두고 있는 협력업체와 S종합상사간의 전형계약서에 대한 신뢰 또한 그 배경에 있었다. 허나 아무리 유리한 조항을 규정한 계약서라 할지라도 상황에 따라 그 적용 여부는 달라질 수 있는 것으로 손해의 원인이 S종합상사에 있는 경우까지 이 조항의 효력을 주장할 수 없는 것이다. 그리고 손해배상조항도 그 청구기간 내에 충분한 증빙을 확보하여 제기하였을 때 그 효력을 발휘할 수 있는 것이다. CLAIM제기기간은 일반적으로 계약서상 명시되어 있으나 이 사례처럼 없는 경우일지라도 제기기간의 제한이 없는 것이 아니라 계약준거법에 따라 상당한 기간 내 또는 특정기일로 법으로 정해져 있다. 법원은 제3자로서 판단을 한다. 따라서 유형화되지 않은 구두 확약은 기억에만 존재할 뿐 다른 사람에게 보여줄 수는 없는 것이다. 비록 몇 자의 약정일지라도 법원은 그 몇 자만을 신임한다.

▶진흙인가? 모래인가?

우린 종종 외국인으로부터 '한 명일 때는 현명하고 강하나, 모이면 약해진다'는 말을 자주 듣는다. 이를 한국인의 미덕인 겸양의 자세에서 비롯된 것이라 강변하기에는 오히려 쑥스럽다.

L과장의 무관심. 이는 공동작업의 T부서에 대한 묵시의 의지일까? 아니면 일상적 업무에 대한 타성일까? 문제의 발원이 무엇이건 간에 차후 관리의 미비는 호미로 막을 것을 가래로 막는 결과를 초래한다.

▶내일이 오면

우리의 격언에 '오늘 할 일을 내일로 미루지 말라'는 말이 있다. 어느 독설가가 이야기하듯 격언은 지켜지지 않기에 그 존재가치가 있으며 인구에 회자되는 원인이라고 치부하기에는 부끄러움이 앞선다. '어려운 일은 나중에' 또는 '시간이 가면 해결되겠지' 하는 도피적 사고방식이 본 CLAIM에서 손실만 초래한 채 여전히 미해결로 남게 만든 주원인이라 할 수 있겠다. 각 단계마다 그 해결방법이 있었으며 특히 2차분 생산을 CLAIM과 연계하여 처리했었으면 하는 아쉬움이 남는다. 또한 이

윤제고를 위해 다른 협력업체를 택한 것은 결과적으로 소탐대실이었다고 할 수 있다. L과장을 비롯, 본 CLAIM에 관련된 사람들이 모두 S종합상사를 떠나 그간의 경험을 바탕으로 수출전선에서 열심히 일하고 있다. 아마도 본 사례로부터 얻게 된 교훈은 그들 모두에게 더 큰 발전을 위한 초석이 되었으리라 믿는다.

2-3. 배반의 검사보고서

사건개요

A종합상사는 망간괴 수입을 추진하면서 MAKER와의 계약에서는 순도를 99.99%로 하고 품질에 관한 CLAIM은 SGS의 INSPECTION REPORT를 첨부하여 제기하도록 약정하였으나, 국내 END USER와의 계약에서는 순도가 99.99%라는 품질보증만 하였을 뿐 위와 같은 단서조항을 두지 않았다. 그 후, 가격의 하락으로 망간괴를 인도받은 END USER는 품질에 관한 불만을 제기하였고, 당사자는 SGS에 검사를 의뢰하여 순도가 99.99%라는 결과를 얻었으나, END USER는 여전히 인수를 거부하였다. 지방공업시험소에 재검사를 의뢰하면서 검사결과에 승복한다는 각서를 교환하였으나 재검사 결과는 99.99%가 아니었다. 당연한 결론으로 A 종합상사는 END USER에게 계약이행을 요구도 못했으며, MAKER에 대해서도 CLAIM 제기 근거인 SGS의 검사결과까지 MAKER가 보증한 순도와 같았으므로 어떠한 이의도 제기할 수 없었다. 그렇다고 해서 검사기관인 SGS의 정확하지 못한 검사행위에 대한 손해배상청구를 위해서는 입증책임이 A종합상사의 부담으로 되었다.

결국 품질에 관한 전적인 책임은 A종합상사의 것으로 되었고, 문제의 망간괴는 헐값에 전매됨으로써 이 분쟁은 종결되었다.

업무규칙

검정기관에 따라 검사결과가 다르게 나올 가능성이 있는 물품 거래시에는 MAKER 및 END USER와의 각 계약서상에 품질검사 또는 CLAIM조항의 내용을 동일하게 해야 하며 검정기관을 동일하게 특정해야 한다.

A종합상사 M과장은 타고난 주력과 원만한 인간관계 그리고 저돌적인 업무추진력으로 인해 사내외에서 체질적인 상사맨으로 널리 인정받고 있는 훌륭한

BUSINESS MAN이다.

어언 8년간의 빠듯한 상사생활을 하면서 회사에 많은 이익을 남겼으며 그 또한 이를 자랑스럽게 여긴다. 그렇지만 자부심에 꽉찬 그에게도 기억하기 싫은 별(?)이 있다.

▶M과장의 고백

이제 몇 잎 남지 않은 가로수 잎새도 끝내 낙엽이 되어 어지러이 나뒹구는 87년 늦가을 태평로의 아스팔트 위로 쥐색 르망을 급히 몰고 A종합상사로 돌아가는 M대리의 양빰은 갈노을 때문인지 오늘따라 유난히 짙게 물들어 보였다.

그러나 M대리는 고등학교를 마치며 서정까지 함께 졸업한 사람이었다. 그의 빰이 상기된 이유는 오직 S금속과 체결하게 될 시베리아산 망간괴 계약건 때문이었다.

A종합상사의 T지사를 통해 호조건의 망간괴 수입 OFFER를 받고 국내 판매처를 물색하느라 쏟았던 노고도 잊은 채, USD70만 상당에 이르는 이번 거래가 회사에 가져올 이익을 생각할 때 운전대를 잡은 M대리의 손에는 신바람이 절로 나는 듯하였다.

▶S금속 사장에 대한 기억

며칠 전에 만났던 S금속 F사장은 금속업계에서 잔뼈가 굵은 초로의 신사로 나이에도 불구하고 아직도 사업에 왕성한 의욕을 보였던 기억을 M대리는 떠올렸다.

그는 M대리가 만든 계약서를 조목조목 신중히 검토한 후 망간 순도가 99.99%라는 품질보장을 A종합상사가 해달라는 주문을 잊지 않았다.

M대리는 T지사가 보낸 OFFER SHEET에 동일 내용으로 품질보장이 되어 있으므로 품질에 관한 RISK는 MAKER에게 그대로 전가될 것이므로 순도99.99%를 A종합상사가 재확인해 주는 것은 무방하리라 생각하고 이를 계약조건에 반영하기로 승낙하였다. 그래서 그는 계약을 성사시켰던 것이다.

▶돌발사태

M대리는 그 뒤 MAKER와는 FAX를 통해서 계약서에 서명날인 하느라, 분주한

며칠을 보내고 물건이 도착하기만을 기다리고 있었다.

그런데 하루하루가 지날수록 망간괴의 국내외 가격이 하락하는 것이었다.

'정말 그 때 계약물량을 잘 팔았다' 고 M대리는 안도의 한숨을 내쉬었다.

비철금속의 시세는 동 업계 물을 6년이나 먹은 M대리의 예측을 항상 무색하게 만들곤 했다.

한 달이 지난 후 계약물량이 인천항에 도착하였으며 하역작업 역시 순조로이 진행되어 S금속이 지정하는 창고로 입고까지 약정기일내에 완결지었다.

그 다음날 S금속의 담당부장으로부터 전화가 왔다. 망간괴의 색깔이 이상하다는 것이었다.

▶별의 탄생

부랴부랴 S금속에 도착해보니, 순도에 대해 믿을 수 없으니 순도검사를 하지 않고는 망간괴를 인수 못하겠다는 것이 S금속 사람들의 변이었다.

'망간괴의 국내가격이 계약당시보다 25%가 하락하니 별의별 수를 다 부리는구나' 라고 M대리는 못마땅해 하면서도 책임 있는 당사자가 검사비용을 부담한다는 조건으로 검사기관으로 국제적 권위를 자랑하는 SGS에 검사를 의뢰하였다.

이는 MAKER와의 계약시에 QUALITY에 관한 CLAIM은 SGS의 검사보고서를 첨부하여 45일 이내에 제기하기로 한 단서조항을 염두에 두었기 때문이다.

망간괴에서 시편이 채취되어 검사결과가 나오기까지는 어언 한 달이 걸렸다.

▶순도 99.99%

역시 모든 시편에 대한 검사결과는 망간 순도가 99.99%였다. 물론 99.99%가 아니였다 하더라도 MAKER에 CLAIM을 제기하는 수고만 하면 될 것이므로 M대리는 검사결과에 대해 크게 걱정하지 않았던 것도 사실이었다.

순순히 승복할 줄 알았단 S금속은 또다시 검사결과에 이의를 제기하면서 여전히 인수를 거부하고 나왔다.

무슨 소리냐며 M대리는 SGS를 믿지 못하고 더구나 구두로 한 약속이지만 SGS 검사에 승복하기로 하지 않았느냐고 화를 내었다.

이미 그때 수면하에 잠재했던 RISK는 그 모습을 드러내고 있었던 것이다. 막무가내로 인수를 거부하던 S금속의 비신사적 MARKET CLAIM에 마지못해 또 다른 검사기관인 지방공업시험소에 다시 한번 검사를 의뢰하기로 하였다.

이번에는 이전의 경험을 되살려서 지방공업시험의 검사가 어떻게 나오더라도 무조건 양당사자는 승복키로 한다는 내용의 약정서를 체결하는 것을 잊지 않았다.

▶판이한 검사결과

다시 한 달이 흘렀다. 이제 망간괴의 국내시세는 30%나 하락하였다. 그런데 지방공업시험소는 감히 SGS의 국제적 명성에 정면으로 도전하는 결과를 발표한 것이었다.

70%에 달하는 시편의 망간순도가 99.98% 내지는 99.97%라고 결론지었던 것이다. 망간순도가 0.01%가 다르면 가격차이가 상당하다는 사실을 M대리는 잘 알고 있었으며, 지방공업시험소의 결과가 곧 A종합상사의 계약위반을 의미한다는 사실 또한 잘 알고 있었다.

S금속은 지방공업시험소에 검사를 의뢰하기 전에 체결한 약정서를 빌미로 망간괴 인수는 물론 대금지급을 거부하였다.

M대리의 그처럼 활발하게 작동하던 두뇌도 잠시 그 활동을 잊었다.

왜냐하면 이미 MAKER에게 CLAIM을 제기할 기회도 상실하였을 뿐만 아니라, 설령 CLAIM을 제기할 수 있는 기회가 있다 하더라도 당초 MAKER와의 계약체결 시 SGS의 검사보고서를 첨부하기로 약정하였으므로 순도가 99.99%라 되어있는 SGS의 검사보고서는 CLAIM제기 근거로서 더 이상 활용될 수 없었기 때문이었다.

▶허망한 탈출시도

계속된 M대리의 고민은 끝내 하나의 탈출구를 찾았다. SGS의 검사결과가 명백히 잘못된 것이라면 이를 상대로 어떤 손해배상을 청구할 수 있지 않을까?

법률전문가의 조언을 구한 끝에 M대리는 자기의 생각이 이론적으로는 옳다 하더라도 이를 법정에서 입증하기가 얼마나 어려운 사안인지를 쉽게 알게 되었다.

검사기관의 검사결과는 곧 어떤 검사과정을 거쳤는가를 그 전제로 한 필연적 결과를 의미하는 것이므로 설령 세계적 권위를 자랑하는 SGS라 할지라도 검사결과를 도출해내는 과정 즉 시편의 채취방법, 분석방법 분석기준의 상이, 분석자의 능력 등이 타검사기관의 그것과 다른 경우 얼마든지 상이한 결론 더 나아가 혼자만의 독단적인 결론의 도출도 가능하다는 것을 의미하는 것이었다.

따라서 SGS의 명백한 고의 내지는 과실을 입증하지 않는 이상 SGS는 전술한 검사방법상의 차이를 들어 항변을 할 것이며 이러한 항변은 충분히 설득력이 있다고 생각되어짐이 물론이다.

승소하기 어렵다는 것이 법률전문가의 조언이었다. 도대체 계약체결 시 무엇이 잘못되었다는 말인가? M대리는 평생 잊지 못할 교훈을 발견했다.

▶교 훈

M대리는 계약체결 시 자신이 순도라는 DELICATE한 품질문제를 수량, 용적률 등 명약관화한 계약조건과 동일시한 데에 잘못이 있었다는 것을 우선 알게 되었다. 즉 어느 검정기관이 검사하더라도 동일한 결과가 나오는 사안과는 달리 검사주체에 따라 그 결과가 달리 도출되는 순도 문제를 안일시하고 순도만 보장하였지 이를 판정할 주체가 누군지를 계약조건으로 명시하지 않았던 것으로 RISK는 자라고 있었던 것이다. MAKER와의 계약서에서 순도표시는 계약서 전면에 명기되어 있고 순도 검사 주체는 계약서 이면에 CLAIM 제기 방법란에 은유적으로 표시된 까닭에 간과하기 쉬웠다는 사실과 망간괴의 국내가격이 때를 맞추어 하락하였다는 여건도 RISK가 자라나기 좋은 토양을 제공하였음은 물론이다.

결국 35%나 인하된 가격으로 제3의 업체에게 문제의 망간괴를 전매하고야만 본 사례와 같은 위험을 방지하기 위해서는, 거래에 따를 계약서의 내용을 숙지하고 여러 경우의 발생 가능한 분쟁을 상상하여 이를 방지할 수 없는 때, 계약조건의 변경을 요구하든지 아니면 이러한 조항을 제3자에게 그대로 요구해야 할 것이다.

물론 이러한 요구를 모두 다 충족하려면 어떻게 장사를 하느냐고 목멘 소리도 있음직하지만은 계약조건에는 적당히 양보해도 좋을 사안이 있는 반면에 절대 양보해서는 안될 사안도 있는 것이다. 수량, 품질보증, 인도조건, 결제 통화율 등은 반드시 사전에 이의가 없을 정도로 확실히 해두어야 할 것이다.

아울러 본 사안의 경우는 SGS에 검사를 의뢰하기 전, SGS의 검사결과에 무조건 승복한다는 내용을 각서로 남기지 않았다는 사실과 나아가 재검사를 요구하는 S금속의 DIRTY PLAY에 너무나 순순히 응했다는 사실이 아쉬움으로 남는다.

2-4. 곶감보다 더 무서운 P. L.

사건개요

이른바 '제2의 경제공황'을 낳게 한 미국의 PRODUCT LIABILITY(P. L. 제조물하자책임)에 국내기업이 호되게 당한 대표적 사례이다. 국내의 오토바이 헬멧 제조업체인 H사는 어느 날 미국 유수의 딜러로부터 엄청난 물량의 P/O(PURCHASE ORDER)를 입수하고 계약체결을 서둘렀다. 가격은 PCS당 USD25.00 국내 시장가격보다도 PCS당 USD5.00가 높은 호조건이었으나 2번의 PL장벽에 부딪혀 막대한 손실을 입고야 만다. 그 첫 번째 벽은 보험료였으니, 우습게 알고 원가에도 포함시키지 않았던 PRODUCT LIABILITY INSURANCE(P.L.I. ; 제조물하자 책임보험)의 보험료가 PCS당 USD12.50이었으니 망연자실, 막대한 손해를 감수해야 했다. 차기 ORDER에서 단가를 상승시켜 보험에 부보하고도 연일 날아드는 P.L.사고로 보상한도는 초과되고 …

결국 H사는 P.L.의 장벽을 산 경험으로 체험하게 되었는데, 그 경험을 쌓는데 치른 대가는 너무나도 치명적이었다.

업무규칙

'PRODUCT LIABILITY'란 물건을 제조 · 판매한 자가, 그 물건의 결함으로 인하여 최종구입자 또는 사용자에게 인적 · 물적 손해를 입혔을 경우, 그 손해에 대하여 부담하게 되는 민 · 형사상의 결과적 책임을 의미한다. H사는 오토바이 헬멧을 제조하는 국내 중견업체로서 현재는 미국에서 상당한 시장점유율을 자랑하고 있다. 오늘의 H사가 있기에는, 막연히만 들리던 P. L.의 독화살이 H사의 심장에 수없이 적중하여 한때는 죽음까지 맞이한 순간도 있었지만 마침내 그 해독제를 찾아 소생하였으니…

▶낭 보

00년 10월의 마지막 밤, 경쟁사와의 가격경쟁으로 난항을 거듭하고 있던 H사에게 하늘에서 내려온 듯한 메일이 미국 유수의 DEALER로부터 전송되고 있었다.

"URGENT! PLEASE INFORM US IF YOU CAN SUPPLY 500,000PCS HELMET BY USD25.00 PER PCS A.S.A.P."

11월이 시작하는 날, 그날은 H사에겐 생애 최고의 날이었다. 새벽에 소집된 회의는 축제분위기 속에서 진행되었고, 드디어 출장자들이 결정되어 그날 오후 DELEGATION들의 몸과 마음은 이미 북태평양의 10,000피트 상공에 띄워져 있었다.

▶비보 = 함정

DELEGATION들은 현지에서 모든 조건을 자신의 뜻대로 관철시켜 성공리에 계약을 체결하였다. 동시에 서울에서는 공정의 생산 CAPA를 십분 투입하여 생산에 들어갔음은 물론이다. 모든 것이 순조로 왔다. 그러나 선적에 즈음하여 계약에 따라 무엇인지도 모르는 P. L. I.보험요율을 구득하였을 때 H사는 망연자실할 수 밖에 없었다. PCS당 단가가 USD25.00인데 보험료가 PCS당 USD12.50라니! 생산원가가 PCS당 USD15.00임을 감안하여 보험료를 포함하면 PCS당 USD27.50, 즉 PCS당 USD2.50씩 손해를 보는 장사였다. 화급히 BUYER에게 이와 같은 사실을 통보하고 호소하였으나, 이미 엎질러진 물이었다.

다만, 이후 거래에서는 보험료를 계산한 가격으로 구입하겠다는 답변에 만족할 수밖에 없었다. H사에서 조사한 결과, 미국의 11개 헬멧 제조업체가 P.L.사고로 인한 매상으로 모조리 파산을 하였다는 것이다.

장미의 향기에 눈이 어두워 숨은 가시를 미처 보지 못하였음을 알고 난 뒤 이미 그때는 손가락 마디마다 장미보다 더 붉은 핏방울이 맺혀 있었다.

▶낭보 2

막대한 손실을 감수하고 계약이행한 H사의 신의가 BUYER를 감동시켰음인지 아니면 P. L.에 무지몽매한 H사에 대한 연민이었는지, 다시금 엄청난 PURCHASE ORDER가 H사에 입수되었다. PCS당 USD37.00 드디어 기회가 온 것이다. H사는

P.L.I.요율을 PCS당 USD12.00로 구득하고 보상한도를 USD100만으로 정하였다. 헬멧의 품질에 자신이 있었을 뿐더러 설혹 불량품 몇 개가 나서 미국 친구 머리 몇 개쯤 깨져봐야 얼마나 되겠느냐는 계략적인 계산이 있었음은 물론이다.

▶비보 2

제품이 선적되고 약 6개월 후, 모든 것이 완벽하다고 생각했던 H사의 작은 심장에 P.L.의 독화살은 정확히 명중되었다. USD10M의 배상청구소송, 그것도 빗길에 오토바이가 트럭과 충돌하여 식물인간이 된 한 TEXAS 청년에 대한 배상이었으니, 사고와 직접 연관이 없는 헬멧 제조회사인 H사로서는 다시 한 번 망연자실할 수밖에 없었다. 그렇다면 H사가 피소된 근거는 무엇인가? 헬멧에 '비오는 날은 시야를 흐트러트릴 위험이 있으니 착용하지 마시오'라는 경고 문구가 없었다는 논지, 황당하기 그지없었다.

▶상식으로 넘기 어려운 P.L.의 벽

H사는 급히 미국의 유능한 변호사를 선정하여 억울함을 호소하고 가슴 깊숙이 박힌 독화살을 빼주기를 청하였다. 도무지 상식적으로 이해를 할 수 없었다. 운전부주의로 인한 빗길사고가 헬멧과 무슨 상관이 있단 말인가? 자신 있게 변호를 맡아 안심을 시켜줄 것이라 기대했으나 변호사의 대답은 의외였다. "협상을 통한 화해가 최선책임." 펄펄 뛰는 H사를 초로의 변호사는 차분히 설득시켰다.

"미국의 소송제도란, 참으로 우스운 것이죠. 법에 대해 무지한 동네 주민들이 배심원(JURY)이 되어 사안을 결정합니다. 생각해 보십시오. 원고는 전도양양한 TEXAS 청년인데 식물인간이 되어 TEXAS 주민들 앞에 서 있습니다. 반면에 피고는 외국의 기업으로 미국 내 시장점유율도 상당합니다. 이럴 때 사람들은 ROBINHOOD가 되고 싶어 하죠. 그리고 소송이 계속 진행될 경우 귀사의 기업 IMAGE에 끼칠 영향을 생각해 보시죠."

▶비싼 수수료

H사는 결국 USD2.5M에 화해를 하였다. 보험보상한도가 USD1M이니 USD1.5M

은 H사의 주머니에서 지불된 셈이다. H사로서는 P.L.로 인해 처음부터 끝까지 좋은 산경험을 하였으나 그 경험을 얻기까지 치른 대가는 너무나도 큰 것이었다. 우리는 H사의 쓰라린 경험을 타산지석으로 삼아야 할 것이다.

▶소송의 나라, U.S.A.

미국은 가히 소송의 천국이라 할 수 있다. 한국적 사고방식으로는 정으로 해결할 수 있는 모든 일들이 법정에서 한없이 다루어진다. 심지어는 DATE에서 바람맞은 여자가 남자를 고소하여 USD1,500의 배심판정을 받는 정도이다. 수치로 보면 더욱 이해하기 쉬워질 것이다. 미국 성인의 15명중의 1명이 소송을 했던 경험이 있다고 대답한다. 한편 P.L.소송은 1987년에만도 16,000件이 발생하였는데, 그 중 300명 이상의 소비자가 USD1M이상의 승소판결을 받고 이른바 'P.L. MILLIONAIRE'가 되었다. 그렇다면 소송의 천국 미국에서도 소송의 꽃이라 일컫는 P.L.소송의 독화살을 막을 수 있는 방법은 없는 것인가?

▶해독제, P.L.I.

우선 사전예방으로 품질관리에 만전을 기하고 경고문 부착 및 그 문구 작성에 신중을 기하여야 함은 물론이다. 그리고 나서도 P.L. 소송의 무서운 독화살을 맞았을 때는 P.L.I란 해독제가 있다는 사실은 다행이 아닐 수 없다. 앞서 H사의 경우 해독제를 사전 복용하였으나 함량 미달이었음은 이미 기술한 바 있다. H사의 경우 보상한도 USD1M과 USD5M의 보험료 차이가 PCS당 USD0.5에 불과하였음을 차후에 알고 땅을 치고 통곡한 바 있었다. P.L.I.에 부보하게 될 경우 첫째, 해독제의 역할을 해주고, 둘째, P.L.소송 및 CLAIM 처리까지 보험사가 맡아주므로 복잡하고 골치 아픈 일에 기업이 시간을 낭비하지 않게 해주고 셋째, PLI에 부보했다는 사실이 기업의 IMAGE제고와 매출신장에 보이지 않는 기중기 역할을 해준다. 언제 우리의 넓은 과녁에 명중할 지모를 P.L.의 무서운 독화살, '설마'라는 요행심에 사로잡혀 과녁을 계속 넓혀줄 것인가? 모두가 생각해 보아야 할 문제일 것이다.

제 3 장

신용장(L/C)

3
chapter

신용장(L/C)

제 1 절 신용장의 이해

1. 신용장의 정의

신용장 개설의뢰인의 요청과 지시에 따라 행동하는 개설은행이 신용장에서 요구하는 서류의 제시가 있고, 제시된 서류가 신용장 조건과 일치하는 경우, 직접 또는 간접적으로 지급·인수 또는 매입하겠다는 것을 약정하는 증서이다.

2. 신용장의 기능

- 원격지 거래에 따른 대금회수 문제를 해결
- 신용(외상)거래를 하는 경우에도 안전
- 수입자의 물품인수 거절에 따른 위험 배제

3. 신용장 거래의 특성

(1) 매매계약과 무관계 (독립성)
(2) 상품거래와 무관계 (추상성)
(3) 서류에 의한 거래　(한계성)

4. 신용장의 효용

(1) 수출상

1) 대금회수 확실
2) 거래확실
3) 선적 후 즉시 대금회수
4) 무역 금융 융자

(2) 수입상

1) 납기확실
2) 대금결제연기가능

5. 신용장의 한계

(1) 신용장의 추상성 때문에 선적서류상의 사소한 오류를 트집잡아 거절하거나 할인을 요구할 수 있다.

(2) 품질이 나쁜 상품을 선택하여 놓고 서류를 위 · 변조하여 문면상 신용장대로 작성하여 제시하더라도 대금을 지급하여야 한다.

(3) 신용장 요건대로 제시된 서류를 매입한 매입은행이 개설은행의 파산 등으로 대금을 회수하지 못한 경우 수출상에게 이를 회수하여야 한다.

6. 신용장의 기본요건

(1) 지급보증문구

(2) 서류의 명세

(3) 취소가능 또는 불능의 표시

(4) 신용장 사용방법 표시

(5) 유효기일

(6) 서류제시기간

제 2 절 신용장의 순환

1. 신용장의 순환과정표

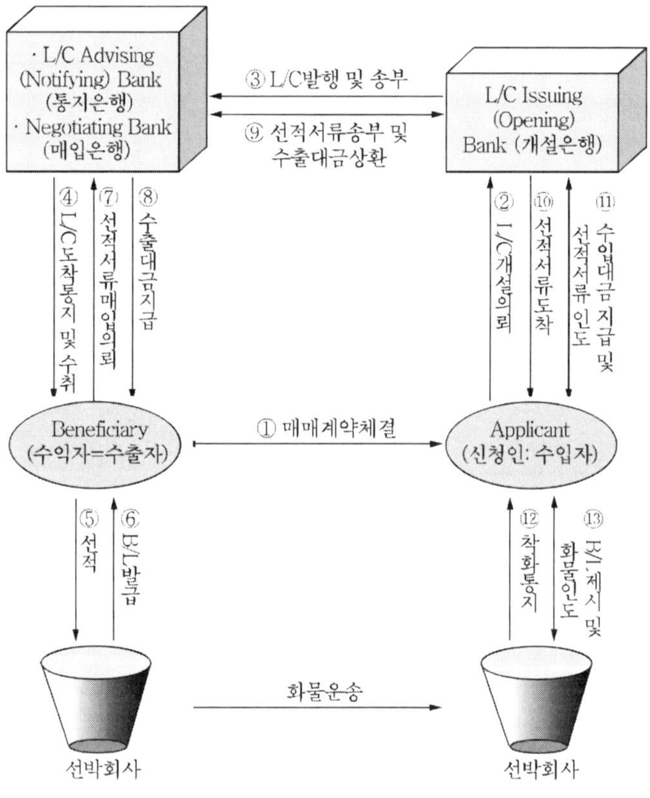

2. 신용장의 순환과정의 이해

① 매매계약의 체결

수출자는 수입자와 매매계약을 체결, Sales Note(또는 Offer Sheet)를 교환

② 개설의뢰

수입자는 거래은행에 L/C 개설을 의뢰

③ L/C 발행 및 송부

수입자로부터 L/C개설 의뢰를 받은 개설은행은 L/C를 발행, 수출지 소재의 환거래은행에 L/C를 송부(통상 Skeleton에 의해 주요 사항만 통보)

*Skeleton :수출지 거래은행에 이미 통보된 신용장 양식

④ L/C 도착 통지 및 수취

L/C를 접수한 통지은행은 수출자에게 L/C도착을 통지하고 수출자는 이를 수취

⑤⑥ B/L 발급 및 선적

수출자는 수출물품을 확보하여 수출 통관을 거친 후 선박회사에 수출물품을 선적하고 B/L(Bill of Lading : 선하증권)을 교부받는다.

⑦ 선적서류 매입의뢰

B/L을 교부받은 수출자는 보험증권(필요시), 상업송장, 환어음 등 선적서류를 준비, 환어음을 발행하여 매입은행에 매입을 의뢰

⑧ 수출대금 지급

선적서류를 첨부한 환어음은 매입의뢰 받은 매입은행은 서류의 일치성을 검토하고 수출자에게 수출대금 지급

⑨ 선적서류 송부 및 수출대금 상환

수출대금을 지급한 매입은행은 지급한 수출대금을 결제받기 위해 L/C 개설은행에 선적서류를 송부하고 환어음 대금을 상환받는다.

⑩ 선적서류 도착통지

선적서류를 받은 L/C 개설은행은 수입자에게 선적서류 도착을 통지

⑪ 수입대금지급 및 선적서류 인도

선적서류도착을 통지받은 수입자는 L/C 개설은행에 수입대금을 지급.

⑫ 착화통지

선박회사는 화물이 도착하면 수입자에게 화물도착을 통지

⑬ B/L 제시 및 화물인도

화물도착 통지를 받은 수입자는 수입통관 후 선박회사에 B/L을 제시하고 화물을 인도받음으로써 수출입 거래가 완료된다.

견본4. 전신수출신용장(L/C)

수출신용장통지서
(Export Document Credit Advice)

Except so far otherwise expressly stated, this documentary credit is subject to the "Uniform Customs and Practice for documentary credits" (1993 Revision) International Chamber of Commerce (publication no. 500)

문서/전자문서 번호 : ADV 700 - 9990 - 009688

통지일자 : 2009 / 09 / 05
통지번호 : A190180903224

개설(전문발신)은행 : TOKYOXXX
TOKYO BANK, TOKYO, JAPAN

통지(전문수신)은행 : WOORIKRSEXXX
WOORI BANK SEOUL, KOREA, 02-259-8172

기타정보 : 통지수수료

40A Form of Documentary Credit : IRREVOCABLE/TRANSFERABLE
20 Documentary Credit Number : ILC9019800642
31C Date of Issue : 2009 / 09/ 04
31D Date and Place of Expiry : 2009 / 10/ 05 AT THE NEGOTIATING BANK

50 Applicant : SAMSUNG JAPAN CORPORATION, TOKYO

59 Beneficiary : SAMSUNG ELECTRONICS CO, LTD. KOREA

32 Currency Code, Amount : JPY 234 739.120,00

41a Available With ... By... : ANY BANK BY NEGOTIATION

42c Drafts at.. : AT SIGHT
42a Drawee : TOKYO BANK, JAPAN

43P Partial Shipments : ALLOWED
43T Trans Shipments : NOT ALLOWED

44A Loading on Board/Dispatch/Taking in Charge at/from : KOREAN PORTS
44B For Transportation to : JAPANESE PORTS
44C Lates Date of Shipment : 2009 / 09 / 25

45A Description of Goods and/or Service :
COLOR MONITOR
+ 6546 - 6BN(JP) 1,100PCS AT YEN18,627 YEN20,489,700
+ 6546 - 0BN(JP) 5,500PCS AT YEN17,493 YEN96,211,500
+ 8547 - 3BN(JP) 3,872PCS AT YEN30,485 YEN118,037,920
+ TOTAL AMT : YEN234,739,120
+ Price Term : FOB KOREA

46A Documents Required
FULL SET CLEAN ON BOARD OCEAN BILLS OF LADING,
MADE OUT TO THE ORDER OF TOKYO BANK TOKYO BRANCH,
MARKED FREIGHT COLLECT AND NOTIFY ACCOUNTEE,
SIGNED COMMERCIAL INVOICE : TRIPLICATE
PACKING LIST IN : TRIPLICATE

47A Additional Conditions
1. THIS CRDEIT IS TRANSFERABLE AT ADVISING BANK
2. T. T. REIMBURSEMENT NOT ALLOWED

71B Charges
ALL BANKING CHARGES INCLUDING
POSTAGE OUTSIDE JAPAN ARE
FOR ACCOUNT OF THE BENEFICIARY

48 Period for Presentation : 10DAYS AFTER THE DATE OF SHIPMENT
49 Confirmation Instructions : WITHOUT

78 Instruction to the Paying/Accepting/Negotiating Bank :
UPON RECEIPT OF YOUR DRAFT(S) AND DOCUMENTS WE WILL
REMIT PROCEEDS OF YOUR NEGOTIATION TO THE ACCOUNT
WITH THE BANK DESIGNATED BY YOURSELVES STAMP.
THE AMOUNT OF EACH DRAFTS MUST BE ENDORSED ON THE
REVERSE OF THIS CREDIT BY THE NEGOTIATING BANK
ALL DOCUMENTS MUST BE FORWARDED DIRECTLY TO US BY
AIRMAIL IN ONE LOT STAMP.
WE HEREBY AGREE WITH YOU THAT ALL DRAFTS DRAWN
UNDER AND IN COMPLIANCE WITH THE TERMS AND CONDITIONS
ON THIS CREDIT SHALL BE DULY HONORED ON DUE PRESENTATION
AND ON DELIVERY OF DOCUMENTS TO US AS SPECIFIED STAMP.

통지은행 : WOORI BANK SEOUL KOREA
명 의 인 : 이 관 우
식별부호 : 1362999701
(c)주 소 : 130. 2-GA, NAMDAEMUN-RO CHUNG-GU
00 000 SEOUL KOREA, REPUBLIC OF

이 전자문서는 무역업무자동화촉진에 관한법률 제2조 제 7호, 제 10조 제 1항 및 동법 시행령 제 12조에 의거 발행된 전자문서입니다.

3. 신용장 당사자의 책임과 의무

(1) 신용장 관계 당사자

신용장의 개설 및 이행에 결정적인 역할을 담당하고 있는 신용장 당사자는 다음과 같다.

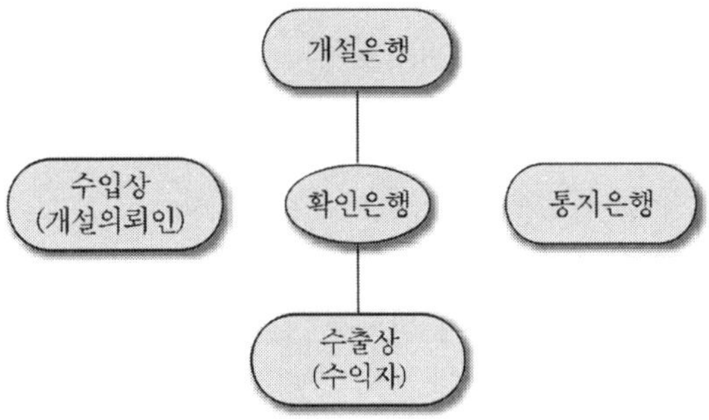

(2) 신용장 당사자의 책임과 의무

신용장 당사자들은 다음의 의무가 있다.

1) 수입상(신용장 개설의뢰인)

- 신용장의 개설은 매수인의 대금 지급 채무를 소멸시키는 것이 아니다.
- 신용장 개설은행의 지급불능, 파산의 경우에도 모든 책임을 부담한다.
- 매수인의 신용장 개설은 매도인의 물품공급의 선행요건이다.
- 신용장은 선적서류의 매입을 용이하게 할 뿐 아니라 안심하고 상품의 제조 또는 선적을 할 수 있게 하므로 상품의 선적 전까지 개설, 통지해야 한다.

2) 수출상(수익자)

- 매수인이 신용장을 개설하지 않은 경우 매매계약 해제 가능하다.
- 신용장을 받은 매도인은 물품을 공급해야 한다.
- 공급된 물품에 대한 책임은 선적서류가 은행에 제시된 것과 무관하게 매도인에

게 있다. 즉, 화물 고유의 하자, 성질에 의한 하자, 선적지연에 따른 손해, 포장에 관한 손해 등에 대해서 책임 있다.

3) 개설은행(확인은행)

- 신용장의 조건과 일치하는 서류가 제시되면 지급, 연지급, 인수 또는 매입의 의무 있다.
- 어음의 매입에 있어 소구권을 행사하지 않는 조건으로 지급한다.
- 확인은행의 경우 개설은행에 추가해서 지급, 연지급, 인수 또는 매입의 의무가 있다.
- 취소불능 신용장은 개설은행, 확인은행, 수익자의 동의 없이 변경 또는 취소 불가.

* **확인은행** : 개설은행에 대한 연대책임은행

- 조건변경서 발급 시 자기은행이 발행한 조건변경서를 개설은행은 발급 시점부터 임의로 취소할 수 없다.
- 확인은행은 확인시점부터 임의로 취소할 수 없다.
- 은행은 천재지변, 폭동, 내란, 전쟁 또는 기타 불가항력적 원인 또는 파업, 직장폐쇄로 인한 업무중단에서 발행하는 결과에 대해 아무 책임도 없다.
- 은행은 서류의 송달지연 또는 분실로 인해 발생하는 결과 또는 훼손이나 용어의 번역, 해석오류 등에 대해 책임지지 않는다.
- 개설은행이 자의적으로 선정한 타 은행이 지시사항을 이행하지 않은 것에 대해 책임지지 않는다.

4) 통지은행

- 개설은행과의 환거래 계약에 의하여 신용장을 신속하게 수익자에게 전달할 의무가 있다. 따라서 고의 또는 과실로서 신용장 통지를 지연시켜 수익자에게 손실을 발생케 하였다면 손해배상을 청구 받는다.
- 통지은행은 신용장의 내용을 정확하게 통지해야 하며 잘못된 통지에는 책임이 따른다.
- 통지은행은 신용장의 전문용어의 번역 또는 해석상의 오류 및 우편사고로 인한

신용장 분실이나 도착지연을 책임지지 않는다.

제 3 절 신용장의 형식

1. 신용장의 표준양식

신용장의 형식은 엄격한 기재내용을 요구하는 국내외 법규가 없었기 때문에 신용장의 취급 시 여러 가지 혼란과 어려움이 있었다. 국제상업회의소(ICC : International Chamber of Commerce)는 이러한 혼란과 어려움을 극복하고자 신용장 통일규칙에 따른 표준양식을 제정하여 전 세계의 여러 나라 은행에 그 양식의 채택을 권고하고 있다.

2. 신용장의 내용

국제상업회의소(ICC)에서 1986년 제정한 표준양식을 살펴보면 나음과 같다.

서두

본문 : - 신용장의 사용방법
- 어음에 관한 명세
- 서류에 관한 명세
- 상품에 관한 명세

기타사항

제4절 신용장의 종류

1. 신용장의 종류

신용장은 그 쓰임이나 조건에 따라 다음과 같이 분류할 수 있다.

(1) 무역거래의 종류에 따라	상업 신용장(Commercial L/C) 클린 신용장(Clean L/C)
(2) 운송서류 첨부여부에 따라	화환 신용장(Documentary L/C) 무화환 신용장(Non-Documentary L/C)
(3) 취소가능 여부에 따라	취소불능 신용장(Irrevocable L/C) 취소가능 신용장(Revocable L/C)
(4) 결제방법에 따라	지급 신용장(Straight L/C) 매입 신용장(Negotiation L/C)
(5) 결제기간에 따라	일람출급 신용장(Sight L/C) 기한부 신용장(Usance L/C)
(6) 회전여부에 따라	회전 신용장(Revolving L/C) 비회전 신용장(Non-Revolving L/C)
(7) 확인여부에 따라	확인 신용장(Confirmed L/C) 미확인 신용장(Unconfirmed L/C)
(8) 양도가능여부에 따라	양도가능 신용장(Transferable Credit) 양도불능 신용장(Non-transferable Credit)
(9) 발행지기준여부에 따라	원 신용장(Master Credit) 내국 신용장(Local Credit)
(10) 상환가능여부에 따라	상환가능 신용장(With Recourse Credit) 상환불능 신용장(Without Recourse Credit)
(11) 기타 신용장	구상무역 신용장(Back to Back L/C) 기탁 신용장(Escrow L/C) 보증 신용장(Stand-by L/C) Baby L/C Tomas L/C Bank L/C

(1) Commercial(or Open) L/C(보통 신용장)

- 어음매입을 특정은행으로 제한하지 않고 아무 은행에서나 매입할 수 있도록 되어 있는 신용장이다.

Clean L/C(무담보 신용장)

- 환어음에 운송서류가 첨부되지 않고 어음 하나만으로 지급, 인수 또는 매입을 확약하는 신용장을 말한다.

(2) Documentary L/C(화환 신용장)

- 수익자가 발행한 환어음에 선하증권 등의 운송서류를 첨부하여, 개설은행이 지급, 인수 또는 매입할 것을 확약하는 신용장이다.

(3) Revocable L/C(취소가능 신용장)

- 개설은행이나 수입업자가 수출자에게 사전통지 없이 신용장을 취소하거나 변경할 수 있는 신용장이다.

"Revocable" 또는 "Irrevocable"의 표시가 없으면 취소불가능하다.

그러나 매입, 인수, 지급을 위해 은행에 환어음을 제시한 후에는 취소할 수 없다.

Irrevocable L/C(취소불능 신용장)

- 신용장이 수익자에게 통지된 후 유효기간 내에 관계당사자 전원의 합의 없이는 신용장을 취소·변경할 수 없는 신용장이다.

(4) Negotiation L/C(매입 신용장)

- 개설은행이 환어음의 매입을 예상하고 환어음의 발행인, 배서인 및 선의의 소지자에게도 정히 지급할 것을 확약하는 신용장이다.

Straight L/C(지급 신용장)

- 신용장에 의한 환어음의 매입여부는 언급하지 않고 개설은행 또는 그의 지정은

행에 환어음을 제시하면 지급하겠다고 확약하는 신용장이다.

(5) Sight L/C(일람출급 신용장)

- 신용장에 의거 발행되는 환어음이 일람출급인 경우를 말한다.

Usance L/C(기한부 신용장)

- 신용장에 의거 발행되는 환어음의 기간이 기한부인 경우이다.

(6) Revolving L/C(회전 신용장)

- 일정기간동안 일정한 금액의 범위 내에서 신용장 금액이 자동적으로 갱신되도록 되어 있는 신용장이다. 동일한 물품의 거래가 빈번할 때 많이 이용된다.

(7) Confirmed L/C(확인 신용장)

- 개설은행 이외의 제3의 은행이 개설은행의 요청에 따라 수익자가 발행한 환어음의 지급, 인수 또는 매입을 확약한 신용장으로 가장 안전하다고 볼 수 있다.

Unconfirmed L/C(불확인 신용장)

- 개설은행 이외의 제3의 은행에 의한 확약이 없는 신용장이다.

(8) Transferable L/C(양도가능 신용장)

- 수익자가 신용장 금액의 전부 또는 일부를 1회에 한하여 국내·외의 제3자에게 양도할 수 있는 권한을 부여하는 신용장이다.

Non-transferable L/C(양도불능 신용장)

- 위와 같이 제3자에게 양도할 수 없는 신용장을 말하며 수익자만이 해당 신용장에 의거 수출할 수 있다. 신용장에 양도가능(Transferable)의 표시가 없으면 양도할 수 없는 것으로 간주한다.

(9) Local L/C(내국 신용장)

- 수출업자의 요청으로 수출업자 앞으로 내도한 원신용장(Master L/C)을 견질로 하여, 국내의 원료공급자·하청업자 또는 생산업자를 수익자로 하여 개설한 신용장이다.

(10) With Recourse L/C(상환청구가능 신용장)

- 환어음을 매입한 은행이나 선의의 소지자가 환어음 발행인에게 상환청구를 할 수 있는 신용장이다.

Without Recourse L/C(상환청구불능 신용장)

- 매입은행이나 선의의 소지자가 환어음 발행인에게 상환청구를 할 수 없는 신용장을 말하며 신용장상에 "without recourse to drawer"와 같이 기재한다.

(11) 기타 신용장

1) Back to Back L/C(구상무역 신용장)

- 외국에서 내도한 수출신용장을 담보로 그 신용장의 수익자가 거래은행에서 동액의 수입신용장은 개설할 때 이 신용장을 말한다. 연계 무역에 이용되며 동시개설신용상이라고도 한다.

2) Escrow L/C(기탁 신용장)

- 환어음의 매입대금이 수익자에게 지급되지 않고 수익자 명의의 Escrow 계정에 입금했다가 그 수익자가 원 신용장 개설국가로부터 수입하는 상품의 대금결제에만 사용하도록 규정한 신용장이다.

3) Stand-by L/C(보증 신용장)

- 국내상사의 해외지사의 운영자금, 국제입찰 참가에 수반되는 입찰보증(Bid Bond), 계약이행보증(Performance Bond)등에 필요한 자금을 해외 현지은행에서 받고자 할 때 이들 채무를 보증할 목적으로 국내 외국환은행이 해외의 은행 앞으로 발행하는 무담보신용장이다.

4) Baby L/C

- 외국에서 원·부자재를 수입하여 제조·가공후 상품을 수출하고자 할 때 원래 받는 신용장(Master L/C)에 대해서 원·부자재 수입용으로 새로이 개설되는 신용장을 말하며, 국내에서 조달될 때는 Local L/C가 된다.

5) Tomas L/C

- 구상무역의 경우 수출입 당사자 한쪽, 예컨대 A국의 수입업자가 먼저 신용장을 개설하고 B국의 수출업자는 일정기간 내에 수입하겠다는 보증서를 발행해서 B국 수출업자의 매입은행에 제출함으로써 A국의 수입업자가 발행한 수입신용장이 유효하게 되는 신용장을 말한다. Tomas는 중국과의 거래에서 이 방식을 사용했던 일본 회사의 전신약호다.

6) Bank L/C(은행 신용장)

- 수출업자가 발행한 환어음을 개설은행, 확인은행 또는 특정은행이 지급 또는 인수하겠다고 확약하고 있는 신용장이다. 위의 은행 대신 개설의뢰인이 지급 또는 인수를 확약하면 Customer L/C라고 한다.

2. 내국 신용장 제도

내국 신용장(Local L/C)이란 "원신용장(Original L/C or Master L/C)의 수익자가 수출품 또는 원자재 공급자에 대한 대금지급을 보증하기 위해 원신용장을 견질로 하여 원신용장의 통지은행 또는 거래은행에 의뢰하여, 위의 공급자를 수익자로 해서 개설되는 신용장을 말한다."

내국 신용장의 거래에 의할 경우, 개설의뢰인인 수출업자는 당해 완제품이나 원자재를 원활하게 조달받을 수 있으며 소요결제자금에 대한 수출금융수혜도 가능하다. 또한 수익자인 공급자로서는 물품공급대금을 은행에서 회수보장을 해주며 금융수혜는 물론 공급실적을 수출실적으로 인정받을 수 있다.

한편 구매승인서는 외화획득용 원료를 국내 생산업자나 공급업자로부터 구매하고자 하는 경우, 내국 신용장 취급규정에 준하여 수출업자의 의뢰에 따라 거래외국환은행장이 수출업자 및 공급자 앞으로 발급하는 승인서이다. 이 제도는 수출금융 한도부족, 비금융대상 수출과 같은 내국 신용장 발급 규정상 제한적으로 원자재의 공급을 받기 어려운 수출업자를 지원하기 위해 마련된 것이다.

(1) 내국 신용장의 절차

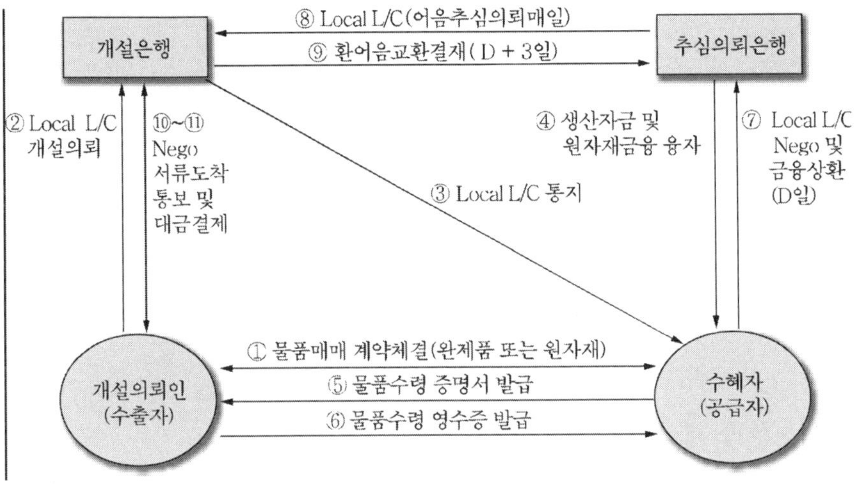

(2) 내국 신용장의 주요기능

1) 개설의뢰자(당사자)

- 원자재 구매자금 수혜(중소기업의 경우에만 가능)
- 은행지급 보증기능
- 원자재의 확실한 조달보장

2) 협력회사(수혜자)

- 대외무역법상 수출실적 인정
- 부가가치세 영세율 적용
- 은행의 지급보증으로 물품공급대금 회수보장
- 무역금융수혜

(3) 내국 신용장의 발급 조건

구 분	조 건
일반조건	양도불능 취소불능 신용장
신용금액	물품대여 전액
어음조건	일람출급 환어음(지급인: 개설의뢰인, 지급장소: 개설은행)
인도기일	대응수출 또는 물품공급이 원활히 이루어질 수 있는 범위 내
서류제시기간	물품수령증명서 발급일로부터 최장 5일 영업일 범위 내 (원격지는 7일 영업일)
유효기일	물품인도기일에 10일 가산한 기일 내 (원신용장의 선적 또는 인도기일 전)

제 5 절 신용장 선적서류

1. 신용장의 해석

신용장통일규칙 제5조에서는 '신용장을 발행하기 위한 지시, 신용장 자체, 신용장에 관련된 조건변경지시 및 조건변경서 자체는 완벽하고 정확하여야 한다.'고 규정되어 있다.

그리고 신용장 해석 시 준수하여야 할 사항은 다음과 같다.

(1) 수량 및 금액의 증감

기재사항		해 석
about, circa, approximately		표시 수량의 ±10% 과부족 허용 (단, 타 항목에 유추 적용되지 않음)
maximum not exceeding		하한선에 대한 규제 없음
bulk상태로 공급되는 물건		과부족허용규정이 없더라도 ±5% 과부족 허용 (단, 포장단위 공급 시 제외)
금액 앞에	by	순증(순감)분만 표시
	to	증감분 포함, 전체금액 표시

(2) 시기에 관한 해석

기재사항		해 석
선적 기간 관련	prompt, as soon as possible, immediately	무 시
	on or about	기재된 일자의 전후로 각 5일간 이내에 선적
신용장 기일 관련	명시되지 않은 경우	유효기일이 선적기일
	유효기일에 for one month	개설일자를 기산일로 그 날부터 말일 하루 전이 유효기간 만료일
	to, until, from	그 기재일을 포함
	after	당해 일자 제외
기일이 은행 휴업 일에 해당		선적기일은 자동연장 유효기일은 휴업 일에 이은 제1영업일로 연장

(3) 서류제시기간

- 선하증권 또는 기타 운송서류의 발행일자 이후 이들 서류의 지급・인수・매입을 위해 제시를 요하는 특정기간.
- "Presented within 10 days after shipment date"
  → 실제 종료일은 유효기일의 범위 내에서 실제 선적일로부터 서류제시 기간이 끝나는 날.
- 서류제시기간이 명시되지 않은 경우에는 실제 선적일로부터 21일 이내에 제시하여야 유효.

(4) 원본과 사본

- 운송서류나 보험서류 등과 같이 관련기관에서 작성한 핵심서류를 제외한 기타 서류를 여러 통 요구하는 경우 1개의 원본과 사본들로 충당 가능하다.
- 원본은 'Original'이라는 표시와 함께 발행일자의 서명이 필요하다.
- 서명은 육필, 천공, 스탬프, 기계 및 전자방식으로 하여도 무방하고, 이러한 조건을 갖추면 복사한 서류도 원본으로 인정한다.

(5) 서류상호 간의 모순

- 제출되는 각종 서류는 신용장 조건과 일치해야 한다.
- 서류상호 간의 동일한 사항을 서로 다르게 표현하는 등의 모순성만 없으면 수리하게 된다.

(6) 신용장에 명시되어 있지 않은 서류

- 신용장에 조건만 있고 명칭이 없는 서류는 신용장에 그러한 조건이 기재되지 않은 것으로 간주하고 조건 자체를 무시한다.
- 신용장에서 요구하지 않은 서류를 수출상이 제시한 경우, 은행은 그 서류를 검토하지 않고 수출상에게 되돌려 주어야 한다.

2. 환어음(BOE-Bill of Exchange)

(1) 환어음의 정의

환어음이란 국제상거래 상 채권자가 채무자에 대하여, 채권자가 지시하는 해당자가 그 어음상의 표시금액을 일정한 기간 및 장소에서 제시할 경우 무조건 지급할 것을 요구하는 요식의 유가증권이다.

- 환어음의 성질
  - 채권자가 채무자 앞으로 작성, 서명
  - 일람출급 또는 기한부로 작성
  - 서면으로 작성
  - 조건을 부기할 수 없는 무조건적 작성

(2) 환어음의 필요기재사항

환어음은 요식증권이므로 반드시 일정한 형식을 구비하여야 하는데 그 내용은 다음과 같다.

1) 환어음의 표시

- 어음용지 맨 위 중앙부에 "Bill of Exchange"라는 문언을 기재하여 환어음임을 표시한다.
- 환어음은 보통 2매를 발행하는데 "Duplicate"라 표기된다.

2) 무조건 지급위탁문구 및 금액

- 'pay to A the sum of B'
  - A에게 B의 금액을 무조건 지급하라는 어음발행인의 지시다.
  - B에는 문자와 숫자를 같이 기재하는데, 둘이 서로 틀릴 경우엔 문자가 우선하며 이 경우 문자의 철자가 틀리면 그 환어음은 무효이다.
  - 금액을 쓸 때는 그 앞에 화폐의 종류 명시한다.

3) 지급인 및 지급지 표시

- 환어음은 지급위탁증권이므로 지급인의 기재가 있어야 하며, 대부분 신용장 개설은행의 명칭을 기재한다.
- 지급인은 환어음의 맨 끝 'To' 이하에 기재한다.
- 지급지는 지급인이 실제로 지급을 이행할 장소를 의미하며, 보통 도시이름으로 표기한다.

4) 지급 만기일의 표시

만기는 어음금액이 지급되는 일자를 말하며, 본문 맨 위의 발행지 표시, 다음 줄 'at_______'에 다음의 4가지 방식으로 기재

① at sight ;

지급인에게 어음을 제시하는 즉시 지급

② at~days after sight ;

지급인에게 어음이 제시된 날로부터 일정 기간이 경과한 날이 만기

③ at~days after date ;

환어음 작성일 또는 B/L 발급일과 같이 확정된 어느 기준일로부터 일정기간이

경과한 날이 만기

④ on~date ;

미래의 특정 일자를 미리 만기일로 지정

5) 수취인의 표시

수취인은 어음에 정한 금액을 지급받을 자로 'pay to' 다음에 다음과 같이 기재.

- 기명식 : pay ×× Bank, Ltd.
- 지시식 : pay to the order of ×× Bank, Ltd.
- 소지인식 : pay to bearer
- 선택적 무기명식 : pay to ×× Bank, Ltd. or bearer

6) 발행일 및 발행지의 표시

- 발행일 : 어음이 발행된 날로 어음상에 기재된 날
- 발행지 : 어음이 발행된 장소
- 우측 상단의 'Bill of Exchange' 다음에 발행일과 발행지를 나란히 기재하며 이는 어음법의 적용근거가 됨.

7) 발행인의 서명날인

- 발행인은 발행이라는 어음행위를 하는 자로 수출입거래에서는 수익자인 수출자가 발행인
- 서명날인은 화환 어음약정 시에 은행에 제출된 서명감과 일치해야 함.

8) 임의기재 사항

기재가 생략되더라도 어음의 효력에 영향을 미치지 않는 사항.

- 어음 및 신용장 번호
- 거절증서작성 면제문구
- 복제번호
- 이자
- 수취문구

(3) 환어음 작성 시 주의사항

- 가능한 정정하지 않아야 하며 금액이 정정된 경우에는 환어음자체가 무효이다.
- 은행명 기재 시 'The'를 사용하고 있는 경우 이를 생략해서는 안 된다.
- 발행인이 서명하여야 하며 서명만 하고 날인하지 않으면 그 어음이 무효 환어음일 경우에는 국제관례에 따라 Stamp등으로 기명날인을 대신하고 있다.
- 개설의뢰인 앞으로 발행한 환어음은 엄격히 규제된다. 만일 그러한 어음을 신용장에서 요구하고 있다면 이는 선적서류의 일종으로 간주한다.

견본 5. BILL OF EXCHANGE(환어음)

BILL OF EXCHANGE NO:7000032749 2009/09/18 SEOUL. KOREA

_AT LC AT SIGHT SIGHT OF THIS **ORIGINAL** BILL OF EXCHANGE(DUPLICATE UNPAID)

PAY TO THE ORDER OF

THE SUM OF **JAPANESE YEN NINETY ONE MILLION TWENTY EIGHT THOUSAND SIX HUNDRED THIRTY ONLY**

VALUE RECEIVED AND CHARGE THE SAME TO ACCUNT OF	DRAWN UNDER L/C NO AND DATED ILC9019800624 2009/08/28
SAMSUNG JAPAN CORPORATION TOKYO JAPAN	ISSUED BY TOKYO BANK, TOKYO JAPAN

TO TOKYO BANK, TOKYO JAPAN

SEC-86-9(86.9.23)

BILL OF EXCHANGE NO:7000032749 2009/09/18 SEOUL. KOREA

AT LC AT SIGHT SIGHT OF THIS **DUPLICATE** BILL OF EXCHANGE(ORIGINAL UNPAID)

PAY TO THE ORDER OF

THE SUM OF JAPANESE YEN NINETY ONE MILLION TWENTY EIGHT THOUSAND SIX HUND RED THIRTY ONLY

VALUE RECEIVED AND CHARGE THE SAME TO ACCUNT OF	DRAWN UNDER L/C NO AND DATED ILC9019800624 2009/08/28
SAMSUNG JAPAN CORPORATION TOKYO JAPAN	ISSUED BY TOKYO BANK, TOKYO JAPAN

TO TOKYO BANK, TOKYO JAPAN

SEC-86-9(86.9.23

BILL OF EXCHANGE NO:7000032749 2009/09/18 SEOUL. KOREA

AT LC AT SIGHT SIGHT OF THIS **DUPLICATE** BILL OF EXCHANGE(ORIGINAL UNPAID)

PAY TO THE ORDER OF

THE SUM OF JAPANESE YEN NINETY ONE MILLION TWENTY EIGHT THOUSAND SIX HUND RED THIRTY ONLY

VALUE RECEIVED AND CHARGE THE SAME TO ACCUNT OF	DRAWN UNDER L/C NO AND DATED ILC9019800624 2009/08/28
SAMSUNG JAPAN CORPORATION TOKYO JAPAN	ISSUED BY TOKYO BANK, TOKYO JAPAN

TO TOKYO BANK, TOKYO JAPAN

SEC-86-9(86.9.23

3. 선적서류

(1) 선적서류의 정의

1) 넓은 의미 : 신용장에 요구되는 서류(Document)

2) 좁은 의미 : 운송서류

(2) 선적서류의 종류

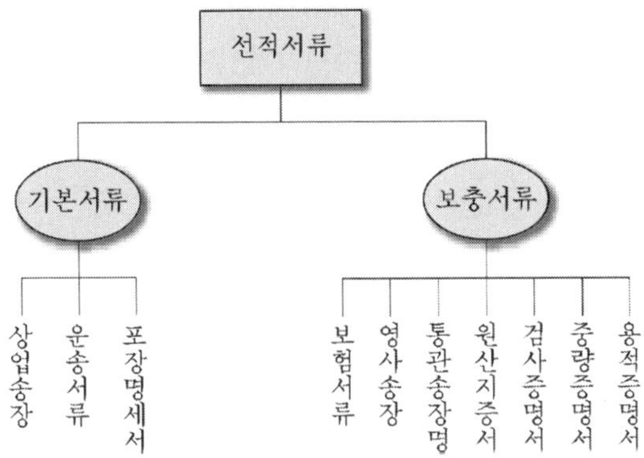

1) 상업송장(Commercial Invoice)

수출자가 수입자 앞으로 작성하는 물품선적 명세서이다. 상업송장은 물품신적 명세서와 가격계산서를 포함한다.

2) 운송서류(Transport Document)

한 지점에서 다른 지점까지 일정한 상품을 운송함을 증명하는 서류이다.

- 해상운송서류(해상선하증권, 해상운송장)
- 항공운송서류(항공운송장, 항공화물 수령서)
- 육상운송서류(철도화물 상환증, 트럭회사 운송화물 상환증)

3) 보험서류(Insurance Policy)

① 보험증권

피보험자가 확정보험사실을 보험회사에 부보(보험에 드는 것) 하였음을 증명하는 서류이다.

② 보험증명서

선박회사가 선적했음을 통지하는 서류에 보험회사가 포괄예정 보험에 부보되었음을 배서한다.

4) 포장명세서(Packing List)

상업송장의 보조가 되는 서류로써 상품의 포장내역을 표시한다.

5) 영사송장(Consular Invoice)

수입국과 수출국간에 관세협정 등이 있어 수입세가 감면되는 경우에 징구되는 서류이다. 수입세 경감을 위하여 고의로 수입가격이 조작된 송장이 작성될 염려가 있으므로 수출국에 자국 영사관이 가격의 진위를 확인하는 송장이다.

6) 통관송장(Customs Invoice)

영사송장과 같은 목적으로 징구되는 서류이다.

- 관세부과의 목적으로 작성되는 송장이다.
- 원산지란에 반드시 '한국'이라는 말이 들어있는가를 살펴보아야 한다.

7) 원산지 증명서(Certification of Origin)

① 일반용

수입세 감면 및 금지국가로부터의 수입방지를 위해서, 또는 쿼터품목의 경우 수입량의 통계를 위해 요구되는 서류(대한상공회의소에서 발급)이다.

② GSP용

후진국에게 인정되는 일반특혜관세제도(Generalized System for Preference)에 해당됨을 증명하는 서류(시, 도에서 발급)이다.

8) 검사증명서(Inspection Certificate)

수입자가 선적된 물품을 검사 한 후, 선적을 하도록 하는 경우에 징구되는 서류이다. 수입자의 대리인, 독립된 검사기관, 또는 수출자 자신이 작성한다.

*NTB(Non-Tariff Barrier) : 비관세장벽, 즉 정규관세 이외의 비관세 장벽으로 Quota, 외환배정, 복수환율제도, 수입허가, 복잡한 통관절차, 검역차별운영, 원

산지규정 등이 있다.

(3) 선적서류의 작성 시 주의사항

1) 상업송장의 작성

- 개설의뢰인 앞으로 작성한다.
- 신용장 금액 초과 금물이다.
- 송장상의 상품명세서는 신용장의 상품명세서와 엄밀히 일치해야 한다.
- 여러 통의 상업송장을 요구하는 경우 : 원본 1매에 사본사용이 가능하다.
- '서명된 송장'을 명문으로 요구하지 않는 경우 : 서명 없는 원본도 유효하다.

2) 운송서류(선하증권)의 작성

- 해상 선하증권은 보통 3통이 원본 : 도착지에서 한 본을 선박회사에 제출
- Clean B/L을 사용 : 화물에 이상이 있는 경우 선박회사가 이를 B/L에 기재 이 B/L은 Foul 또는 Dirty B/L이라 하여 수리 거절된다.
- Notify Party(착화통지처) 기입 : 목적항에 화물 도착 시 수취인의 도착사실 통지서로 지정될 사람은 신용장에서 정한 대로 기입한다.

3) 보험서류의 작성

- 선하증권에 기재된 선적일보다 일찍 발급해야 한다.
- 보험금 지급통화는 신용장 상의 통화와 일치해야 한다.
- 부보금액은 상업송장 금액의 110%를 포용한다.

4) 기타서류의 작성

- 모든 서류는 신용장 조건과 일치해야 한다.
- 서류 상호간의 기재사항은 서로 모순이 없도록 주의해야 한다.

견본 6. C/I-COMMERCIAL INVOICE

COMMERCIAL INVOICE

SELLER SAMSUNG ELECTRONICS CO., LTD. SEOUL. KOREA	INVOICE NO. AND DATE 7000032749 2009/09/02 LC NO. AND DATE ILC9019800624 2009/08/28
CONSIGNEE TO THE ORDER OF WOORI BANK TOKYO BRANCH	BUYER(IF OTHER THAN CONSIGNEE) SAMSUNG JAPAN CORPORATION TOKYO JAPAN
DEPARTURE DATE SEP. 03, 2009	OTHER REFERENCES
VESSEL/FLIGHT SKY DUKE 836T FROM: BUSAN, KOREA TO : YOKOHAMA, JAPAN	TERMS OF DELIVERY AND PAYMENT FOB KOREA LC AT SIGHT

SHIPPING MARKS	NO & KINDS OF PKGS: GOODS DESCRIPTION	QUANTITY	UNIT PRICE	AMOUNT
N/M	COLOR MONITOR 6546-0BN(JP)(G54WHITE)			
	6546-OBN(JP)	2.750 PCS	17.493,00 JPY	48.105.750,00 JPY
	COLOR MONITOR 6547-3BN(JP) (G74WHITE)			
	6547-3BN	1.408 PCS	28.537,00 JPY	40.180.096,00 JPY
	TOTAL	4.158 PCS		88.285.846,00 JPY

///end of data//

견본 7. P/L-PACKING LIST

PACKING LIST

SELLER SAMSUNG ELECTRONICS CO., LTD. SEOUL, KOREA	PACKING LIST NO. AND DATE 7000032749 2009/09/02 LC NO. AND DATE ILC 9019800624 2009/08/28
CONSIGNEE TO THE ORDER OF WOORI TOKYO BRANCH	BUYER(IF OTHER THAN CONSIGNEE) SAMSUNG JAPAN CORPORATION TOKYO JAPAN
DEPARTURE DATE SEP. 03, 2009	OTHER REFERENCES
VESSEL/FLIGHT SKY DUKE 836T FROM: BUSAN, KOREA TO : YOKOHAMA, JAPAN	

SHIPPING MARKS	NO & KINDS OF PKGS : GOODS DESCRIPTION	QUANTITY OR NET WEIGHT	GROSS WGT	MEASUREMENT
N/M	COLOR MONTIOR 6546-0BN(JP)(G54WHITE)			
	6546-OBN(JP)	2.750 PCS	39.325 KG	269,50 CBM
	COLOR MONITOR 6547-3BN(JP) (G74WHITE)			
	6547-3BN	1.408 PCS	28.160 KG	232,32 CBM
	TOTAL	4.158 PCS	67.485 KG	501,82 CBM
		4.158 C/T(Carton)		
		347 P/T(Pallet)		

//end of date///

견본 8. C/O-CERTIFICATE OF ORIGIN

<table>
<tr><td>1. Seller
SAMSUNG ELECTRONICS CO., LTD.
SEOUL, KOREA</td><td rowspan="2">ORIGINAL
CERTIFICATE OF ORIGIN
issued by
THE KOREA CHAMBER OF COMMERCE & INDUSTRY
Seoul, Republic of Korea

원산지 증명서
대한상공회의소</td></tr>
<tr><td rowspan="2">2. Consignee

TO THE ORDER OF WOORI BANK
TOKYO BRANCH</td></tr>
<tr><td>4. Buyer (if other than consignee)
SAMSUNG JAPAN CORPORATION
TOKYO JAPAN</td></tr>
<tr><td rowspan="2">3. Particulars of Transport (where required)

From : BUSAN, KOREA
TO : YOKOHAMA, JAPAN
Carrier : SKY DUKE 836T
On board date : SEP.03,2009</td><td>5. Country of Origin
The Republic of Korea</td></tr>
<tr><td>6. Invoice Number and Date

7000032749 2009/09/02</td></tr>
</table>

7.Shipping Marks	8. Number and Kind of Packages: Description of Goods	9. Quantity. Gross Weight or Measurement
N/M	COLOR MONITOR 6546-0BN(JP)(G54WHITE)	
	6546-0BN(JP)	2.750 PCS
	COLOR MONITOR 6547-3BN(JP)(G74WHITE)	
	6547-3BN	1.408 PCS
	TOTAL	4.158 PCS

//

10. Other Information

The Korea Chamber of Commerce & Industry hereby certifies, on the basis of relevant invoice and other documents, that the above mentioned goods originate in the country shown in column 5.

THE KOREA CHAMBER OF COMMERCE & INDUSTRY

견본 9. GSP-GENERALIZED SYSTEM OF PREFERENCES

1.Goods consigned from (exporter's business name, address, country) SAMSUNG ELECTRONICS CO.,LTD. SEOUL, KOREA	Reference NO GENERALIZED SYSTEM OF PREFERENCES CERTIFICATE OF ORIGIN (Combined declaration and certificate) FORM A REPUBLIC OF KOREA Issued in (country) See notes overleaf
2.Goods consigned to(consignee's name, address, country) TO THE ORDER OF WOORI BANK TOKYO BRANCH	
3.Means of transport and route(as far as known) FROM : BUSAN, KOREA TO : YOKOHAMA, JAPAN On Board Date : SEP. 03, 2009	4.For official use

5.Item number	6.Marks and numbers of packages	7. Number and kind of packages: description of goods	8. Origin criterion (see notes overleaf)	9. Gross weight or other quantity	10.Number and date of invoice
	N/M	COLOR MONITOR 6546-0BN(JP)(G54WHITE) 6546-0BN(JP) COLOR MONITOR 6547-3BN(JP)(G74WHITE) 6547-3BN TOTAL /	847602021	2.750 PCS 1.408 PCS 4.158 PCS	7000032749 1998/09/02

11. Certification It is hereby certified, on the basis of control carried out, that the declaration by the exporter is correct.	12. Declaration by the exporter The undersigned hereby declares that the above details and statements are correct: that all the goods were. REPUBLIC OF KOREA Produced in (country) and that the comply with the origin requirements specified for those goods in the generalized system of preferences for goods exported to JAPAN (importing country) SEOUL, KOREA & 2009/09/17
Place and date, signature and stamp of certifying authority	Place and date, signature of authorized signatory

견본 10. S/A-SHIPPING ADVICE

SHIPPING ADVICE

TO : SAMSUNG JAPAN CORPORATION
Attn :
cc :
Reference :

From : Samsung Electronics Co., LTD.
Department :
Name :

Purchase order number : 4500020580
Letter of credit number : ILC9019800624
(OR CONTRACT NUMBER)
Invoice number : 7000032749

On board date : 2009/09/03
E.T.A final destination : 2009/09/06
Port of loading : BUSAN, KOREA
Port of discharge : YOKOHAMA, JAPAN
Final destination : YOKOHAMA, JAPAN

Shipping company : NAMSUNG SHIPPING CO., LTD
Vessel name & voyage : SKY DUKE, 836T

Bill of lading number : NSSLBSYKC9801108

Container number & seal number :
GSTU6533635 / 27152
Description of goods

Model	Q`TY	Amount
6547-3BN(JP)	352,000 Piece	10.045.024,00 JPY

Container number & seal unmber :
GSTU9081462 / 27160
Description of goods

Model	Q`TY	Amount
6546-0BN(JP)	550,000 Piece	9.621.150,00 JPY

*ETA : Estimated Time of Arrival
ETD : Estimated Time of Departure

제 6 절 신용장의 영수 및 조건변경

1. 신용장의 영수 및 검토

신용장 영수 시에는 다음과 같은 사항을 검토한다.

(1) 신용장의 진위를 확인한다.

- Cable에 의한 신용장 개설의 경우에는 가짜 신용장이 거의 없다.
  (test key, cypher, 서명감 등 사전 확인 과정이 있으므로)
- 만일 통지은행이 신용장의 진위여부를 모르겠다고 하는 경우나 신용장이 직접 우송되는 경우에는 취급에 상당한 주의가 필요하다.

(2) 형식요건 및 계약내용과의 일치여부를 확인하라.

- 신용장통일규칙 준수문언의 존재여부
- 지급확약 문언의 존재여부
- 품목, 선적기일 등 계약서 내용과의 일치여부
- 장애를 초래할 수 있는 특별요구사항에 유의
  ex) Shipment is subject to further instruction.
  Negotiation is subject to further instruction.
  The invoice must be counter-signed by buyer's agent, ×× Co.

(3) 취소불능 표시가 있는가를 확인한다.

(4) 개설은행의 신용상태는 어떠한가를 확인한다.

(5) 오자, 탈자는 없는가를 확인한다.

(6) 단가 및 계산은 정확한가를 확인한다.

2. 신용장의 조건변경

신용장의 원인이 되는 매도인과 매수인 사이의 매매계약이 사정에 따라 취소되거나 내용이 변경될 수도 있다.

신용장도 매매계약의 취소나 변경에 따라 조건변경되어야 한다.

(1) 조건변경의 절차

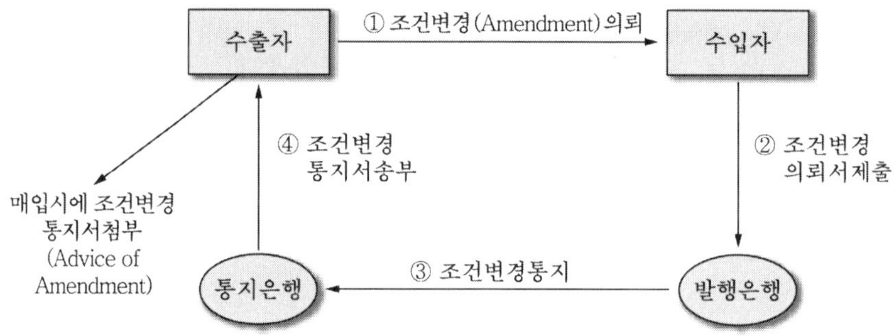

1) 조건변경 (Amendment)의뢰

신용장의 발행의뢰인이 그 취지를 서면(신용장 조건변경 신청서)으로 발행은행에 의뢰한다.

2) 조건변경 의뢰서 제출

조건변경 의뢰서를 제출받은 은행이 취소 또는 조건변경내용을 검토, 승낙한다.

3) 조건변경 통지

은행은 전신 또는 우편으로 통지은행을 경유, 수익자에게 신용장의 취소 또는 조건변경 통지한다.

4) 조건변경 통지서 송부

수익자는 조건변경 통지서를 송부 받고 이에 동의 시 취소불능 신용장의 취소 또는 조건 변경이 성립된다.

(2) 신용장의 조건변경

- 취소 또는 조건변경 당사자들인 개설은행, 수익자, 확인은행 등의 합의로 성립
- 개설은행이 신용장 변경신청서에 대한 수익자의 동의를 통지은행으로부터 접수
- 조건변경시에는 반드시 원신용장을 통지한 은행을 통해 조건변경을 통지
- 개설은행은 조건변경서를 발급한 시점부터 이를 임의로 취소불가
- 확인은행은 조건변경서를 확인한 경우 이를 임의로 취소불가

(3) 조건변경사항

대표적인 신용장의 조건 변경사항은 다음과 같다.

1) 금액의 감액 또는 증액

증액은 개설은행의 여신증가를 의미하므로 개설의뢰인에게 증액분 만큼의 추가 담보를 요구한다.

2) 기한의 연장

선적기일을 연장하면 연장기간 만큼 유효기일은 자동 연장된다.

3) 환적 및 분할선적

당초에 금지되어 있던 것을 허용하는 변경이 대부분이다.

4) 선적항 및 도착항

선적 및 도착국가가 바뀌는 경우 이에 따른 기타서류(원산지증명서, 영사송장 등)도 변경된다.

5) 품명, 단가, 인도조건, 어음의 만기일

수익자에 불리한 경우 수익자는 서면동의를 받아두는 것이 바람직하며 조건변경 후 수출입승인사항 변경신청을 반드시 후속 조치하여야 한다.

제7절 신용장의 양도

1. 신용장의 양도

- 수익자가 자신의 권리 중 일부 또는 전부를 제3자에게 이양시키는 것
- 원 신용장에 Transferable이라는 표시가 있어야 가능

(1) 양도의 사유 및 조건

1) 양도의 사유

- 수익자가 무역업에 등록이 되어 있지 않은 경우
- 수익자가 공급능력이 없거나 양도 차익을 목적으로 신용장을 받은 경우
- 수익자가 수출품 쿼터를 보유하지 못한 경우
- 수익자가 개설의뢰인의 Agent역할을 하는 경우

2) 양도의 조건

- 수익자 소재지의 지정된 은행만이 양도 취급 가능
- 양도는 1회에 한해서만 가능
- 분할양도는 분할선적이 허용된 경우에만 가능
- 양도로 개설되는 신용장은 원신용장보다 금액, 수량, 선적기한 조건이 적거나 같음

(2) 양도의 종류

1) 분할 여부에 따른 양도의 종류

① 전부양도(Total Transfer)

- 원신용장 금액 전액을 양수인에게 이전하는 것
- 양도은행은 전부양도 통지서를 원신용장에 첨부하여 양도인에게 교부
- 양수인은 양도인의 권리를 모두 행사하므로 자기명의로 권리 행사 가능

② 분할양도(Partial Transfer)

- 원신용장의 금액 중 일부만 양도하거나 원신용장을 여러 개로 쪼개서 수 명의 양수인에게 양도하는 것이다.
- 특징
  - 원신용장이 분할선적을 허용할 때 가능하다.
  - 양도은행이 원신용장 뒷면에 분할양도 내용 기재한다.
  - 양수인은 개설의뢰인에게 자기명의 조건변경신청 불가능하다.

2) 양수인의 거주지 여부에 따른 양도의 종류

① 국내양도(Domestic Transfer)

- 양도인과 양수인이 모두 동일 국내에 거주한다.

② 국외양도(Overseas Transfer)

- 양도인이 타국의 제3자에게 신용장 양도한다.
- 양수인은 신용장이행과 관련한 제반경비를 부담한다.

2. 양도인의 권리

(1) 송장대치란 양수인이 양도인 앞으로 작성된 송장을 회수하고 원신용장 개설의뢰인에게는 자기명의로 작성된 송장을 대치하는 것이다.

(2) 송장대치로 양도차익이 생기는 경우 양도인은 차액만큼 새로운 어음을 발행, 개설은행 앞으로 송부하고 차익은 자신이 수령한다.

(3) 양도지에서 매입을 요구할 권리이다.

(4) 송장대치 및 추가어음 발행 권리의 보장을 위해 양수인에게는 Nego시 양도가 이루어진 장소(양도은행)에서 특정 일시에 매입토록 요구할 권리 보장한다.

(5) 원신용장 개설의뢰인과 양수자의 직접거래 위험방지를 위해 양도차액을 목적으로 한 양도인의 이익 등 양도관련 상세 사항을 은행은 비밀로 유지한다.

제 3 장 무역실무 사례 연구

3-1. 비오는 날의 텔렉스

사건 개요

연말 실적유치에 쫓긴 S상사는 거래선으로부터 L/C를 TRANSFER 받아 대행수출을 하지만, BUYER의 도산으로 인해 L/C는 지급거절을 당하고 게다가 물품마저도 BUYER가 이미 착복한 뒤인지라 찾을 수 없게 된다. 대행의뢰자는 책임을 못 지겠노라 배짱이고…

그러나 S상사는 관련 당사자들에 대한 책임을 집요하게 추적한 결과 Consignee의 배서(ENDORSE)도 없이 B/L 제시자에게 물품을 인도해 준 선사에 과실이 있음을 발견하고 손해배상을 청구하여 끝내는 선사로부터 배상을 받는다.

업무규칙

CONSIGNEE의 ENDORSE가 없는 경우, 선사는 'CONSIGNEE의 B/L소지인'에게 물건을 인도해서는 안 된다.

▶비오는 날의 텔렉스

빗방울이 떨어진다. 바쁜 상사업무에 숨 돌릴 틈조차 없었던 K사원은 그날따라 감미로웠던 지난 일들이 하나씩 유리창에 부딪혀 부서져 내리는 빗방울에 아로 새겨져 자신의 눈앞에 다가오는 것을 보았다. 잊혀졌던 아득한 기억들에 울음이 나올 것만 같았다.

그 순간 누군가가 자신의 코앞에 메일을 내밀었다. 깨알 같은 활자! 또 돈이 오가는 내용이리라…

철학을 전공했던 K사원은 메일을 쥐고선 곧 상사맨의 세계로 되돌아와 빗방울에 잠시 현혹되었던 자신의 약한 면모를 후회했다.

"Your Documents contain various discrepancies …(중략)…Documents held at your disposal and responsibility."

어이쿠! 알량한 몽상의 대가였던가? 잠시 빗방울의 환상에 젖었던 탓인지 얼마 전 NEGO했던 L/C가 지급거절 되있다는 비보였다.

▶길 잃은 양

불과 5일 늦은 선적이라서 L/C가 지급 거절되리라고는 생각치 못했었다. 우선 BUYER에게 무슨 사정인지를 알기 위해 문의했다. 그러나 며칠 후 지사로부터 'BUYER가 화물을 인수한 채 도산했다'는 더 나쁜 소식만 접했을 뿐이었다.

BUYER가 물품을 찾아갔다! 은행은 BUYER의 도산을 알고 L/C를 지급 거절한 것이다. 돈 못 받고 물건도 잃어 버렸다. 억울했다. K사원은 대행의뢰자인 M을 만나 협상을 요청하였더니, 그는 예전의 표정과 달리 딱 잡아떼면서 '우리가 무슨 책임이 있냐! 할 테면 해봐!' 히고 하면서 안년몰수 할 따름이었다. 설상가상이었다.

이제는 더 이상 무슨 방도를 취해야 할지 막막했다.

▶함 정

'돈 안주면 물건은 돌려 주여야 하는 것'이므로 대금을 지급하지 않은 은행은 물품을 찾을 수 있는 B/L과 관계서류를 돌려주게 되어 있다. 그러나 B/L을 은행에 NEGO하지 않고 BUYER에게 직송하는 '1/3 B/L' 방식이어서 돈도 못 받고 물건마저 잃어버렸던 것이다.

그러나 포기하기에는 너무도 억울했다. K사원은 서류를 챙겨 법무부서의 문을 두드렸다.

법무부서의 서류점검 결과, 해결할 방도가 정말 완벽할 정도로 없었다. 마지막으로 선사의 실수를 기대(?)해보자는 의견 외에는…

▶지푸라기 잡기

법무부서와의 협의 결과, 즉시 지점에 연락을 보내 선사에 항의하기로 하였다. S상사의 목적하는 바는 물론 다른 곳에 있었다. 선사에서는 B/L소지인에게 물품을 내준 것이 너무나 당연(?)하다는 논리를 내세우며 S상사의 항의 겸 확인 사항에 대해 성실하게 답했다. 그 결과, B/L상의 물품수하인(CONSIGNEE)의 배서가 없었음에도 불구하고 선사가 BUYER에게 물건을 인도해 주었음이 발견되었다. B/L 상의 물품하수인은 BUYER가 아닌 다른 사람으로 되어 있었던 것이다.

▶비 개인 오후

이후 S상사가 정식의 항의를 하여 선사로부터 물품대금 상당액을 배상받기까지 의외로 어려운 점이 없었다. 유리창은 맑게 개인 햇살로 반짝였다. K사원은 빗방울에 유혹되었던 자신을 비웃었다. K사원은 사건의 해결과정에서 법무부서로부터 얻은 귀중한 KNOW-HOW(교훈)를 다음과 같이 정리를 해보았다. 후배사원의 OJT(On the Job Training)자료로 활용하기 위해서…

▶교 훈

1. 신용장 통일규칙(UCP) ARTICLE 16에 따르면, 신용장 대금 지급거절(UNPAID)시 L/C개설은 아래와 같은 절차를 준수해야 한다.
   1) 서류만으로 UNPAID 여부를 결정해야 함. (L/C의 독립추상성)
   2) 상당기간 내(대개 3-30日 해설됨)에 통보해야 함.
   3) 통보에는 DISCREPANCY내용과 DOCUMENT HOLDING여부에 관해 언급되어야 함

2. 1/3(ONE THIRD) B/L

원래 L/C란 대금지급을 은행이 보증하는 제도이므로 SELLER가 L/C NEGO시 제출한 B/L등 선적서류를 받은 은행은 BUYER가 대금을 결제할 때까지 동서류의 인도를 보류함으로써 BUYER의 대금 미지급의 위험을 방지할 수 있는데, BUYER의 신용이 양호할 때 SELLER는 선사로부터 ORIGINAL B/L을 3개 발급받아 그 중 하나를 BUYER에게 직송함으로써 대금지급 전에 화물을 BUYER가 인수할 수 있도록 편리를 봐주는 것이 실무상의 관행이라 하겠지만 L/C의 본래 기능이 반감되므로 SELLER로서는 지양해야 할 제도이다.

3. B/L과 화물인수

B/L에는 화물을 특정 CONSIGNEE에게 인도하도록 되어 있는 기명식 B/L(STRAIGHT B/L)과 CONSIGNEE의 지명인에게 인도하도록 되어 있는 지시식 B/L(ORDER B/L)이 있는데 양자는 어느 것이나 CONSIGNEE의 배서(백지식이라도)를 필요로 한다. CONSIGNEE가 배서하지 않은 B/L에 대해서는 선사는 화물인도 의무가 없고 또한 선사가 화물을 인도했을 때는 CONSIGNEE에 대해 화물 분실책임을 진다.

3-2. 홍콩에서 온 편지

사건 개요

A사는 HONG KONG의 P사로부터 원단을 수입하는 계약을 맺고 A사는 황급히 HONG KONG지사를 통해 P를 BENEFICIARY로 하는 L/C를 개설한다.

P가 보낸 물품의 품질이 불량하다는 것을 발견한 A사는 황급히 HONG KONG 지사에게 L/C개설은행이 대금지급을 거절하도록 할 것을 지시한다.

이에 P는 A사의 HONG KONG지사를 상대로 HONG KONG법원에 대금지급 청구 소송을 제기한다. A사는 단순한 L/C APPLICANT인 HONG KONG지사로 하여금, 계약당사자가 아니므로 대금지급 의무가 없다는 항변을 하도록 한 끝에 본건은 결국 화해로 종결된다.

업무 규칙

1. L/C거래와 실물거래(수출입거래)는 별개의 거래로서 실물거래상의 거래당사자가 아닌 단순한 L/C 개설의뢰인을 거래 당사자로 간주하여 손해배상을 청구할 수 없다. 단 신용장의 조건들은 실물 거래조건을 보충·해석해 주는 유력한 증거가 되는 경우가 있음을 유념해야 한다.
2. 물품에 관한 품질불량이 발생하여 관계당사자가 품질검사를 하기로 하는 경우, 지정검사기관의 검사결과에 승복하겠다는 것을 사전에 서면으로 합의하고 그 결과를 서면으로 작성하여 증거를 남겨야 상대방의 CLAIM제기 시 그 검사결과를 가지고 항변할 수 있다.

▶A WRIT OF SUMMONS FROM 홍콩 COURT

00년 어느 봄날, A사 J과장은 홍콩법원의 소환장(THE WRIT OF SUMMONS)

을 손에 들고 법무 부서를 방문하였다. 소환장은 'A사 홍콩지사는 소환장을 받은 후 14일 이내에 CLAIM 금액을 전부 물어주든지, 아니면 항변의 취지를 적어 홍콩 법원에 제출하든지 하라고 무겁게 말하고 있었다.

▶사건의 시작

J과장이 털어 놓은 사건의 내막은 이러하였다. A사는 홍콩의 BUYER인 M으로부터 오더를 받아 봉제옷을 수출하는 거래를 해오고 있었는데, M은 봉제옷을 만드는데 필요한 원단을 M이 지명한 P(홍콩소재)로부터 구매해줄 것을 요청하였다.

이에 A사는 일면식도 없는 P에게서 원단을 구매하기 위하여 M의 서울사무소로부터 P가 발생한 PROFORMA INVOICE를 전달받아 홍콩지사에 신용장개설(L/C OPEN)을 의뢰하기 이르렀다. A사의 홍콩지사는 본사의 요청에 따라 P를 수익자로 하는 신용장을 개설하였고, P는 드디어 선적을 하게 되었다. 그러나 문제는 바로 여기서 발생하였다. 원단의 품질이 불량하여 옷을 만들 수가 없었던 것이다.

▶P의 배반

이에 A사는 급히 홍콩지사에 연락하여 대금지급을 중지할 것을 요청하였고 홍콩지사는 선적서류상의 하자를 이유로 L/C 개설은행에 부탁하여 대급지급을 거절하였다. 그리고 A사는 M과 P와 함께 서울에서 공동으로 원단을 검사하고, A사는 이내 P에게 원단을 반송할 테니 이에 필요한 신용장을 A앞으로 개설하라고 강한 어조로 요청하였다. 그리고 P는 홍콩으로 돌아갔다. A사는 이제 신용장이 개설될 것을 기대하고 있었다.

그러나 웬일인가? 기대하던 신용장은 오지 않고 오히려 법원으로부터 소환장이 날아온 것이었다. 소환장을 살펴본 결과 약 10여 일간의 여유가 있음을 확인하고, P의 변호사가 홍콩법원에 제출했던 진술서(STATEMENT OF CLAIM)를 자세히 살펴보았다.

▶수출입계약 당사자와 신용장 개설의뢰인

진술서에는 '신용장상에 규정되거나, 신용장에 의해 입증되는 계약(A CONTRACT

CONTAINED IN OR EVIDENCED BY DOCUMENTARY LETTER OF CREDIT)에 따라 A사 홍콩지사에 대금청구 하는 것이다.'라는 문구가 있었다. 즉 P의 변호사는 신용장에 근거해서 A사 앞으로 발행되었다는 것을 발견했을 것이다. 그랬다면 P의 변호사가 성급히 신용장에 근거해서 A사 홍콩지사(현지법인)를 상대로 訴를 제기하지는 않았을 것이다.

왜냐하면 신용장 개설의뢰인이 보통은 실물계약의 당사자가 되지만, 반드시 실물계약의 당사자가 되는 것은 아니기 때문이다.

즉, 신용장은 신용장 개설은행(OPENING BANK)이 신용장 수익자(BENEFICIARY)에게 신용장상의 금액을 지급하겠다는 확약의 의미일 뿐이고, 신용장 개설의뢰인(APPLICANT)은 신용장 개설은행에게 일정내용의 신용장을 개설하여 달라는 요청을 하였을 뿐이므로, 신용장 개설의뢰인과 수익자 사이에는 신용장을 중심으로 한 서류상의 직접적 관계도 없을 뿐더러, 신용장 개설의뢰인과 수익자 사이에 실물거래의 당사자를 의미하는 계약관계가 성립한다고 단정할 수 없기 때문이다.

물론 A사의 홍콩지사가 신용장 개설을 의뢰하였다는 사실이 A사의 홍콩지사와 P 사이에 어떤 거래관계가 있었으리라는 것은 추측하게 할 수 있지만, 그것만으로 실물거래 관계가 성립하는 것은 아니며, 반대의 증거(본건에서는 PROFORMA INVOICE)로 인해 쉽게 번복될 수 있는 것이다.

▶성급했던 P의 변호사

결국 신용장 개설의뢰인은 은행과 서류상으로 거래를 하는 것이며, BUYER와 실물거래 관계가 없는 이상 신용장 개설의뢰인은 실물계약상의 물품대금 지급의무가 없으므로, P가 A사 홍콩지사에게 물품대금지급을 청구한 것은 다소 성급했던 처사였다. 차라리 P의 입장에서는 NEGO서류의 경미한 하자를 이유로 대금지급을 거절한 신용장 개설은행을 상대로 신용장상의 대금지급의 訴를 제기했으면 이길 가능성도 있었고, 그렇게 되면 패소한 은행에게 A사 홍콩지사는 물품대금을 지급하지 않을 수 없었을 것임에도 불구하고, 성급했던 P의 변호사는 은행에서 대금지급을 거절하자 바로 A사 홍콩지사를 상대로 실물계약을 추정하여 물품대금 청구소송을 제기하였던 것이다.

실제로 1920년대에는 계약물품 대신 쓰레기를 선적한 수출업체가 운송서류를 완벽하게 작성하여 은행으로부터 챙긴 사례였다.

위 두 사례에서 L/C APPLICANT는 물품을 구경도 못하고 L/C개설은행에 고스란히 지급하였던 것이다.

▶책임 없는 A사의 홍콩지사

A사 홍콩지사가 수출계약의 당사자인지 여부의 문제에 대하여 '매입(NEGO)서류의 INVOICE상에 홍콩지사가 기재되어 있으므로 당사자가 된다'는 홍콩 모변호사의 의견도 있었지만, 'A사 홍콩지사는 신용장 개설의뢰인으로서 신용장계약의 당사자는 될지언정 물품수출계약의 당사자는 아니다. 왜냐하면 비록 INVOICE상에 홍콩지사의 명의가 있다 해도 그것은 이미 개설된 신용장에 의거, 매입을 위해 P가 만든 서류 일뿐이지 계약서는 적극적으로 홍콩지사를 위해 당사자 항변을 해줄 것을 요청하였다.

▶굴복하는 P

그 후 P는 A사 홍콩지사의 계약물품대금 지급의무의 유무에 관한 정답을 구하기 위해 상당한 돈과 시간을 소비한 결과, 결국 A사 본사 소재지인 외국에 송달하는 절차는 더욱 복잡하기 때문에 위의 법적의견을 즉시 실행에 옮길 수 있는 입장이 못 되었다. 결국 P는 변호사는 제쳐두고 A사와 테이블에 마주 앉아 화해함으로써 이 분쟁을 마무리하고야 만다. 만일 A사 홍콩지사가 당사자 항변을 하지 않았더라면 본안에 들어가 상대방의 주장을 부인해야 하는 부담을 져야 했을 것이고, 이러한 입증도 그렇게 쉽지는 않았을 것이므로, A사는 꼼짝없이 외국에다 거액의 돈을 지급하고 불량품을 수령해야만 했을 것이다.

▶교 훈

전술한 바와 같이 본 사례는 신용장 거래의 형식성과 독립성을 다시 한번 일깨워주고 있다. 그러나 한편 아쉬운 점은, P가 한국에서 물품검사를 한 사실에 관해 A사에서 이에 대한 아무런 증거를 남기지 않았기 때문에, 만일 본안 소송으로 갔을 경우 A사는 심각한 위기를 맞았을 것이다. 따라서 물품검사 합의와 그 결과는 반드시 서면으로 증거를 남겨야 한다.

또한 P는 지명된 공급자 (NOMINATED SUPPLIER)이기 때문에, P를 지명한 M도 책임을 부담하여야 하지만 A사는 지명에 관한 근거를 남기지 않아서 M에 대한 책임추궁이 어려웠을 것이라는 점이다. 따라서 거래상에 있어서 품질검사·지명행위와 같은 중요한 사안에 대해서는 반드시 서면으로 그 근거를 남겨주는 치밀함은 갖출 필요가 있다고 하겠다.

3-3. 한잔 술의 대가

사건 개요

M상사 법무실에 근무하는 K는 입사동기인 P와의 술자리에서 최근 수출대금의 UNPAID로 인한 그의 고민거리를 듣는다. BUYER로부터 제품의 단가를 감액한다는 신용장 조건변경 통지를 받은 P는 이를 무시하고 원래의 단가대로 서류를 작성하여 매입시켰으나 결국 개설은행의 부도통보를 받았다는 것이다. 다음날 K는 개설은행에 신용장 통일규칙에 따라 수익자가 동의하지 않는 신용장의 조건변경은 무효라는 주장을 했으며 이렇듯 논리적이고도 강력한 항변을 받은 개설은행은 자신의 과오를 인정하고 서류를 인수하여 대금을 지급하기에 이르렀다.

업무 규칙

신용장의 조건변경은 신용장 관계당사자 전원의 합의를 요건으로 하고 있으며 수익자의 조건변경에 대한 명시적 의사표시가 없는 한 침묵이 곧 동의를 암시하는 것은 아니다.

▶입사동기의 고민

찌는 듯했던 더위도 어느덧 지나가고 제법 시원한 바람이 간간히 불어오는 초가을 오후였다. M상사 법무실에 근무하는 K는 침울한 목소리로 '퇴근 후 만나자'는 P의 느닷없는 전화를 받고서 궁금함을 달래며 사무실을 나섰다. 입사동기인 P는 영업부서에서 근무하고 있었으며 그동안 종종 K와 만나 술잔을 기울이곤 했지만 이번에는 예전과는 달리 뭔지 심각한 문제가 있는 듯했다.

생맥주집에 먼저 와 있던 P는 K가 들어서자 반갑게 맞이했다. 술잔이 서너 잔 돌자 P는 입을 열었다. 그는 요즘 은행으로부터 받는 UNPAID 통보에 적잖이 고심하고 있다고 말하면서 이의 해결을 위해 노력하던 중 법무실에서 근무하는 K가 생각나서 혹시나 조언을 얻을 수 있을까 하는 마음에서 전화를 걸었다고 하였다. 그의 얼굴에서 그동안 혼자 전전긍긍하던 모습을 상상할 수 있었던 K는 웃음을 터뜨리고 말았다.

▶신용장 조건변경

다음날 법무실로 찾아온 P의 이야기는 다음과 같았다. 그는 호주의 BUYER에게 개당 단가가 USD9.00인 봉제완구제품 5,000PCS을 수출하기로 계약을 체결하였으며 이에 따라 6월 20일자로 개설된 신용장을 수취하였다.

그러나 그로부터 약 2개월 후 제품의 제작이 거의 완료된 시점에서 P는 조건변공 통지를 받았는데 그 내용은 제품의 단가를 USD7.00로 감액한다는 내용이었다.

즉시 BUYER에게 조회하여 본 결과 그들은 M상사의 경쟁업체가 똑같은 제품을 역시 USD7.00로 판매하고 있다며 변경된 단가대로 서류를 작성하여 매입시키지 않으면 지급을 거절하겠다고 통보해온 것이다.

그러나 P는 변경된 가격으로 수지를 맞출 수가 없어 조건변경서의 내용을 무시하고 원신용장의 단가대로 INVOICE를 작성하고 환어음을 발행하여 9월 21일 거래은행에 매입시키고 개설은행으로 서류를 발송하였다. 그러자 개설은행은 자신의 조건변경 통지서의 단가와 상이함을 이유로 부도를 통보해온 것이다. P의 고민은 바로 이것이다.

▶논 쟁

P의 고민에 대한 자초지종을 들은 K는 즉시 개설은행에 대해 "신용장통일규칙 제10조 'd'항의 규정에 따라 수익자가 동의하지 않는 일방적인 조건변경서의 조건불이행을 이유로 개설은행이 지급을 거절하는 것은 부당하다."고 항변하는 FAX를 매입은행을 통하여 보냈다. 그러자 개설은행은 수익자가 조건변경의 통지를 받은 후 1개월이 경과하여 매입시점에 이르도록 자신의 거절의사를 밝히지 않은 것은 그 조건변경에 대한 묵시적인 동의를 나타내는 것으로 간주된다고 주장하며 재차 UNPAID의 정당성을 고집하였다. 그러나 K는 신용장 통일규칙의 어떠한 조항에도

수익자가 조건변경통지서의 내용을 거절하는 의사표시를 명시적으로 일정한 기간내에 하도록 되어 있지 않고 다만 'CAN NOT BE AMENDED WITHOUT THE AGREEMENT OF THE BENEFICIARY'라고 규정되어 있기 때문에 수익자가 명시적 동의표시를 한 그 조건변경은 무효이며, 명시적으로 동의표시를 하는 순간부터 유효한다고 주장하였다. 더구나 국제상업회의소 은행기술 실무위원회(ICC COMMISSION ON BANKING TECHNIQUE AND PRACTICE)도 ICC DOCUMENTS 470/371, 470/373을 통하여 '~THE CONSENT BY THE BENEFICIARY TO AN AMENDMENT TO A DOCUMENTARY CREDIT HAD TO BE AN EXPRESS ACCEPTANCE AND COULD NOT BE IMPLIED MERELY FROM SILENCE OF THE BENEFICIARY'라고 하여 수익자가 조건변경에 대하여 동의여부를 명시적으로 표시하지 않았다고 해서 자동적으로 수락되는 것은 아니라는 해석과 함께, 만일 수익자가 의사표시를 않고 있다가 조건변경의 내용에 일치시켜 서류를 작성하여 지급, 인수 또는 매입을 위하여 제시한다면 그때가 조건변경에 대하여 수익자가 동의한다는 명시적 의사표현 시점이 된다는 유권해석을 함으로써 K의 주장이 타당함을 잘 나타내고 있었다.

▶작은 승리

여하튼 매입은행을 통한 M상사 법무실의 공식적이면서도 강력한 항변에 개설은행은 결국 자신의 과오를 인정하고 원신용장상의 단가대로 작성된 서류를 인수하고 대금을 지급하였다.

신용장 거래에서 수익자는 자신이 동의할 수 없는 조건변경 통지서를 접수하게 되는 경우 가급적 빨리 통지은행을 통하여 개설은행에 자신의 거절의사를 분명히 밝혀두는 것이 후일의 분쟁을 방지하는데 도움이 된다는 교훈을 남기고서 P의 고민은 해결된 것이다. K의 도움으로 예상했던 것과는 달리 쉽게 고민거리를 해결한 P는 다시 K에게 전화를 걸어 퇴근 후 시간을 내어달라고 요청하였다. 전화 속의 그의 목소리는 예전처럼 밝고 명랑하였다.

3-4. 어떤 전설

사건 개요

평소 중동지역의 국가들에게 폴리에스터 직물을 수출하여 오던 S상사는 이집트 A사로부터 PROFORMA INVOICE(견적송장)를 받았고 동 INVOICE상에서 BY END JULY, AUG, SEP, 00년으로 명기된 3회 분할 선적기일을 준수하지 않고 다만 L/C상의 LATEST SEP, 00년만을 믿고 PROFORMA INVOICE상의 기일보다 빨리 선적하였다. 그 후 물품가격이 폭락하자 A사는 2,3차분의 인수를 거절하였고 L/C개설은행인 SAID BANK는 L/C상에 AS PER PROFORMA INVOICE라는 문구가 삽입되어 있어 동 문구를 L/C의 SPECIAL CONDITION으로 해석하여 L/C상 대금지급을 거절하였다. 이에 S상사는 인수 거절된 물품을 이집트 내에서 전매처분 후 전매차손에 대하여 이집트의 COURT OF PORT SAID에 제소하여, 평소 파행적 사법관행으로 악명 높은 중동지역 국가라는 선입견 때문에 우려하였지만 승소 판결을 얻어냈다. 그러나 S상사는 계약서인 PROFORMA INVOICE상의 선적기일을 준수하지 않은 것이 사실이기에 항상 국제무역거래를 할 때는 계약서와 L/C의 내용을 일치시켜 사전에 분쟁의 소지를 불식하고 분할선적 시 각각의 선적기일보다 빠르게 선적하여도 계약위반의 여지가 있다는 교훈을 알게 된 S상사의 김과장은 본 사례를 자신만의 전설로 간직하고 있다.

업무 규칙

L/C에 근거하여 지급하는 개설은행은 L/C자체만으로 판단하여 비록 L/C상에 '계약서에 따른다'라고 기재되어 있어도 해당 계약서는 L/C의 일부분이 아니며 개설은행은 계약서 내용을 따지지 않는다.

▶비 보

S상사의 김과장은 평소 중동지역의 이란이나 사우디로는 수출을 많이 하였지만 이집트 시장을 갖지 못하고 있다는 것에 종합상사 10년 경력을 가진 고참 과장으로서 부끄럽게 생각하고 있던 차에 이집트 A사로부터의 폴리에스터 직물을 보내달라는 BIG ORDER를 받았다. 국내 섬유산업의 불황으로 많은 봉제공장들이 문을 닫거나 싼 인건비를 찾으러 저개발국으로 치닫고 있을 때 그나마 폴리에스터 직물에 대하여는 그 동안에 넓혀놓은 발 때문인지 조기에 선적한 후 느긋하게 수지를 챙기고 있던 차였다.

그런데 A사가 1차 선적분에 대하여는 아무 말이 없더니 2, 3차 선적분에 대하여는 인수를 거절하며 동시에 L/C 개설은행인 SAID BANK는 대금을 지급거절 하겠다는 통지를 발송하였던 것이다. 뜻밖에 A사로부터 황당한 비보를 접한 김과장의 머리속에는 지난 몇 달간의 일들이 두루마리처럼 펼쳐졌다.

▶공 모

S상사는 00년 5월 15일 이집트의 A사로부터 폴리에스터 직물 USD150만 어치 구매에 관한 PROFORMA INVOICE와 이집트 SAID BANK로부터 AT SIGHT REVOLVING L/C를 접수한 후 1차분은 7월 중순, 2, 3차분은 각각 7월말, 8월말에 선적한 후 국내 상업은행을 통하여 NEGO 한 상태에 있었다. 최초 PROFORMA INVOICE로 계약할 시는 YARD당 1$씩 하였는데, 1차 선적시에는 이집트내의 가격의 변동이 없는 상태에서 A사는 불평 없이 인수했으나 8월 들어 폴리에스터 가격이 현저하게 하락하자 A사는 거래은행인 SAID BANK를 부추겨 악의적으로 지급거절 하도록 하였던 것이다.

▶흰 두건속의 흑심

세계의 화약고, 세계의 점성가들이 3차 세계대전의 발원지로 점찍은 곳, 항상 머리에 흰 두건을 감고 검은 눈을 반짝이며 한때 세계의 상 교류의 일익을 담당하던 중동 국가의 BUYER이고 은행이기에 문제해결에 있어서 S상사의 잘잘못을 떠나서 일방적으로 불리하게 될 염려가 있었다. 이러한 기본적 지위의 우위를 벗 삼아 A사는 향후에 시장상황이 호전될 기미가 없음을 판단하고 PROFORMA INVOICE상의 선적기일을 준수하지 않았다는 이유를 들어 물품인수를 거부했으며, SAID BANK는 PROFORMA INVOICE상에서 선적기일이 BY END JULY, AUG, SEP 00년으로 되어 있으나 실제 물건이 선적된 것은 2, 3차분이 각각 JULY.30, / AUG.24, 00년에 이루어진 것으로 B/L과 COMMERCIAL INVOICE상에 기입되어 NEGO되었기에, 결국 계약서인 PROFORMA INVOICE상의 선적기일을 지키지 않았고 L/C상에서도 AS PER PROFORMA INVOICE라는 문구가 삽입되어 있기에, 선적기일의 불이행은 L/C상의 SPECIAL CONDITION 을 위반한 것이라는 논리를 주장하며 S상사의 물품대금을 지급하지 않겠다고 버티었다.

▶마각을 드러내다

이와 같은 주장을 접한 김과장이 다시 L/C를 살펴본 결과 L/C상에는 선적기일이 LATEST 9월 9일로 되어 있기에 L/C상의 하자는 없으므로 SAID BANK는 대금을 지급해야 한다는 LETTER를 보냈다. 세가 불리하면 본색을 드러내기 마련인 듯, 그 후 A사는 AT SIGHT L/C를 120DAYS USANCE L/C로 변경하면 물품을 인수하겠다고 스스로의 마각을 드러내기 시작했다. 김과장은 L/C변경으로 인해 부담해야 하는 이자가 물품 전매차손보다 훨씬 크다는 사실을 알아차리고 2,3차분에 대하여 이집트 내에서 전매하기로 결정하고 사건발생일 50일 만에 이집트 내의 K사에게 전매처분하고 말았다.

▶정면 돌파

헐값에 전매처분까지 하고만 김과장은 허탈한 마음으로 이집트 시장에 가졌던 미련과 아쉬움을 뒤로하고 발생한 전매차손을 A사와 SAID BANK측에서 지불하지 않으면 법적조치를 불사하겠다는 CLAIM LETTER를 발송하였으나 이미 예상했던 대로 아무 응답이 없었다. 김과장은 S상사 법무팀과 협의하여 이집트 지방법원인 COURT OF PORT SAID에 전매차손 및 부대비용과 판결시까지의 이자의 지급을 청구하는 소송을 A사와 SAID BANK를 공동피고로 하여 제소하였다. 사실 이 소송을 진행하면서 김과장은 상당한 부담을 가지지 않을 수 없었다.

이집트 법원이 자국민 보호의 명목을 내세워 이유여하를 막론하고 S상사에게 불리한 판결을 내릴지도 모르고, 설사 공정하게 판결을 내린다 해도 L/C상에 기입된 AS PROFORMA INVOICE라는 문구가 자꾸 걸렸다.

▶무 기 I

그러나 전쟁에서 적진에 뛰어드는 용사가 만반의 준비를 한 이상 두려울 게 없다는 생각을 한 김과장은 근본적으로 이 소송은 신용장에 대한 해석에 달려있다는 인식하에, 신용장 통일규칙의 유권해석기관인 ICC BANKING COMMISSION에 본 사건에 관한 답변을 받아두는 것이 법정에서 S상사의 지위를 변론할 때 유리할 것이라는 조언을 얻은 김과장은 법무팀과 협의하여 파리의 ICC 본부로 LETTER를 보냈다.

그 후 약 2달 후 소송이 세 차례 연장되면서 미궁 속으로 빠져들고 있을 때 COURT OF PORT SAID의 EXPERT DEPARTMENT에서 유력한 검사보고서를 법원에 제출하였다. 선적은 L/C상의 선적기일을 준수했으며 S상사는 L/C 개설은행에 신용장 조건과 일치하는 서류를 NEGO BANK를 통하여 제출했음을 웅변하는 말과 함께, 김과장은 너무도 당연한 검사보고서였지만 너무나도 먼 곳에서 이루어졌기에 다시 한 번 L/C변경을 통하여 A사와 타협하지 않은 것이 잘한 일이라고 스스로를 격려했다.

▶무기 II

그 후 며칠이 지난 후 김과장의 손에는 국제상공회의소(ICC)의 발송날인이 선명하게 찍힌 LETTER가 들려져 있었다. "본 위원회의 신용장 전문가들이 회의한 바에 의하면 PROFORMA INVOICE는 신용장의 일부분이 아니기에 은행은 P/I상의 기재내용과는 무관하며 비록 L/C상에 AS PER PROFORMA INVOICE라고 기재되어 있어도 은행은 COMMERCIAL INVOICE상에 상품은 P/I에 따른 다는 말이 있는지만 확인하면 되지 P/I상에 기재된 제반 조건이 준수되었는지를 검사할 의무는 없다는 결론에 이르렀다.

이제는 누가 뭐래도 승리는 우리 것. 오랫동안 소송의 진행과정에 개입하느라 피곤에 지친 김과장의 주름진 눈가에는 상사맨만이 느끼는 고독한 그림자가 늦가을 햇살에 아른거렸다.

▶판 결

소송서류가 아라비아어로 번역되지 못했다는 이유로 5차례나 변론 날짜가 연기되더니 드디어 00년 11월 11일에 제1심 판결이 선고되었다.

'SAID BANK는 S상사에게 USD215,000.00을 지급하라'는 너무나 당연하고 간단한 내용이었다. 단지 S상사가 요구한 판결까지의 이자지급은 거부된 채로.

▶교 훈

김과장은 이집트 A상사의 일방적이고 근거 없는 대금지급 거절로 인해 곤욕을 치렀지만, 평소에 분쟁이 생기면 적당히 양보하는 선에서 마무리 지으려고 하는 구태의연한 태도에서 벗어나 당당히 적지에 뛰어들어 정확하고 세련된 근거를 제시하면 아무리 신뢰가 가지 않는 나라의 법원이라고 해도 정의 앞에서는 무릎을 꿇지 않을 수 없다는 것을 알았다. 그리고 항상 국제무역거래를 할 때에는 계약서와 L/C의 내용을 일치시켜서 사전에 분쟁의 소지를 불식해야 할 것이며 분할선적 시에도 각각의 선적기일보다 빠르게 선적하여도 계약위반의 여지가 충분하다는 교훈을 비싼 경험을 통하여 터득했다. 또한 김과장은 문제를 해결하는 와중에 ICC등 국제거래유관기관과 연결하여 평소에 등한시했던 L/C의 구석구석의 의미에 대하여도 공부하여 향후 L/C거래에 관한한은 BUYER가 어떠한 꼬투리를 들고 나온다 해도 물리칠 자신이 생겼다.

제 4 장

Nego

4
chapter

Nego

제 1 절 Nego의 이해

1. Nego의 개념

수출자가 물품 선적 후, 수출대금을 회수하기 위하여 은행에 선적서류를 제시하면, 은행은 수출자가 제시한 선적시류를 그에 해낭하는 대가를 지급하여 매입한다. NEGO란 수출자와 은행 간의 이러한 행위를 말한다.

Nego = Negotiation of Shipping documents

2. Nego의 절차

BL수취 및 전달 B/L체크 및 수정 Nego 여부 결정자금 계획수립 등의 절차는 다음과 같다.

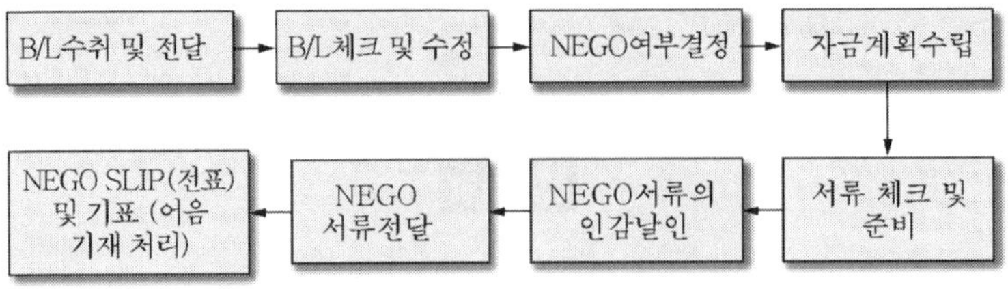

(1) NEGO 후 각 해당 항목 보는 방법

- NEGO DATE
- NEGO 후 매입은행의 Reference Number
- NEGO 금액
- 회사, 외화구좌로 대체된 금액
- NEGO 금액 중 외화대체 금액을 제외한 외화금액에서 NEGO 일의 전신환 매입률(T/T Buying)을 곱한 원화금액
- 결재조건 및 지역별로 날수가 달라진다.
- 서류발송비용 및 NEGO시 발생비용
- 여러 건의 타 공제금액의 합계

(2) 대금회수 절차

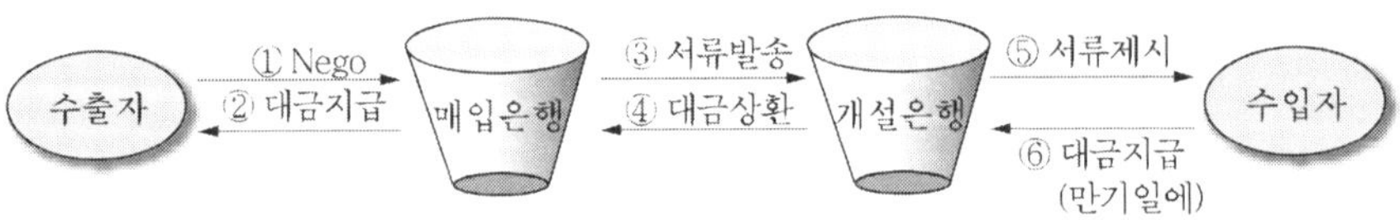

① 수출자가 매입은행에 NEGO를 한다.
② 매입은행은 수출자에게 수출대금을 지급한다.
③ 매입은행은 개설은행에 서류를 발송한다.
④ 개설은행이 매입은행에 대금상환을 한다.
⑤ 개설은행이 수입자에게 서류를 제시한다.
⑥ 수입자는 개설은행에만 만기일에 대금지급을 한다.

3. Nego의 유형 및 심사

NEGO는 무역결제방식과 하자의 유무에 따라 다음과 같이 구분된다.

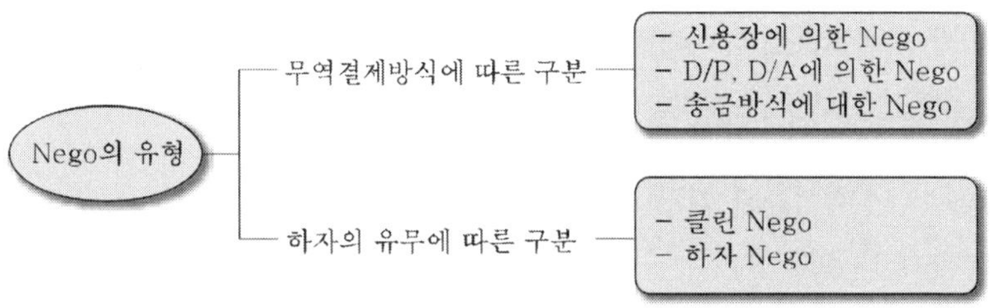

(1) 무역결제방식에 따른 구분

1) 신용장에 의한 NEGO

무역결제를 신용장에 의하기로 약정한 경우 신용장에서 요구하는 서류를 제시하고 매입을 의뢰한다.

2) D/P, D/A에 의한 NEGO

① D/P(Document against Payment)

운송서류와 환어음을 제시함과 동시에 대금결제

② D/A(Documents against Acceptance)

선적서류 인도 시 인수 의사표시만 하고, 실제지급은 일정기간 후에 일어나는 외상거래

3) 송금방식에 의한 NEGO

- CWO(Cash With Order) : 주문시 대금 지불
- COD(Cash On Delivery) : 물품인도와 동시에 대금결제
- CAD(Cash Against Documents) : 운송서류인도와 동시에 대금결제

(2) 하자의 유무에 따른 구분

1) 클린 NEGO(CLEAN NEGO)

- 외국환 은행에서 선적서류의 매입을 의뢰하면 서류가 신용장조건에 일치하는가를 심사하여 아무런 하자 없이 매입하는 것을 의미한다.
- 우리가 일반적으로 이야기하는 NEGO는 CLEAN NEGO를 의미한다.

2) 하자 NEGO(L/G-Letter of Guarantee NEGO)

- NEGO시 선적서류의 하자(Discrepancy)로 인하여 수출신용장 개설이나 신용장 개설자가 대금의 입금을 지연하거나 부도, 인수거절을 할 경우 이에 대해 책임을 지겠다는 보증각서를 첨부하여 매입하는 것을 말한다.
- 매입은행은 신용장의 내용을 엄격히 점검한 후에 제시된 환어음 및 선적서류가 신용장에 규정된 조건과 일치하는지의 여부를 엄밀히 심사하며, 신용장 조건과 선적서류 등의 내용이 서로 불일치될 경우를 하자 NEGO라 한다.

(3) 매입은행의 위험부담

매입은행이 선적서류를 매입하게 되면 개설은행으로부터 신용장 대금을 상환 받게 된다. 이때 다음과 같은 위험이 있게 된다.

1) Country Risk

개설은행 소재국의 외환사정 악화로 인하여 대외지급이 정지되거나, 전쟁, 폭동으로 인해 개설은행으로부터 대금상환을 받지 못하는 위험이다.

사 례 : 미국의 경제제재 조치의 일환으로 이라크 은행 명의로 된 미국내 예금계좌에 대하여 미국이 동결조치를 취함으로써 미국내의 상환은행으로부터 대금상환을 받지 못했던 경우가 있다.

2) 개설은행의 신용위험

개설은행이 파산하거나 지급불능상태에 빠지는 경우 매입은행이 수출자에게 지급한 신용장 대금을 상환 받지 못한다.

3) 개설의뢰인의 신용위험 악화에 기인한 거절

수입상들이 시장가격이 하락한다든지 또는 개설의뢰인의 신용이 악화된 경우에 개설은행은 매입은행이 송부한 선적서류에 하자를 찾기 위하여 총력을 기울여 사소한 하자에도 대금지급을 거절하는 경우를 말한다.

4) 위조신용장

유명한 외국은행 이름을 도용하여 정교하게 위조된 신용장(위조신용장의 대부분은 우편신용장이다)에 의하여 서류를 매입한 은행은 위조신용장에 개설은행으로 표시된 은행으로부터 대금을 상환받을 수 없다.

5) 선적서류의 신용장 조건과의 일치를 둘러싼 분쟁

매입은행이 서류가 신용장 조건과 일치하여 이를 매입하고 개설은행으로 송부하였으나 개설은행으로부터 서류가 신용장 조건과 일치하지 않는다는 것을 이유로 대금상환을 거절하는 경우이다.

6) 서류심사의 곤란

신용장통일규칙 제13조 a항에서는 개개의 서류가 문면상 신용장 조건을 충족시켜야 할 뿐만 아니라 서류 상호간에도 모순이 없어야 서류가 신용장 조건과 일치한다는 것이 된다.

그러나 엄격한 일치의 기준에 의하면 자구(字句)까지도 완전히 일치하여야 하나, 서류를 신용장 조건에 자구까지 완전히 일치시킨다는 것이 실제적으로 불가능한 경우가 많다. 따라서 이로 인한 분쟁이 많다.

사례로는 신용장에서 선하증권상의 화물도착시의 통지처를 Mohammed Sofan으로 기재하라고 명시하였는데 실제로는 Mohammed Soran으로 기재하여 철자 한자만 틀렸음에도 불구하고 선하증권이 신용장 조건과 일치하지 않는다는 판결을 받은 경우가 있다.

(4) 수출거래약정과 매입신청

수출자가 매입은행에 NEGO하기 위해서는 거래개시 전에 수출거래 약정을 체결해야 한다.

1) 수출거래 약정 시 필요서류(선적거래)

- 수출거래 약정서
- 외환거래 기본약관
- 무역업등록증
- 인감증명서
- 사용인감신고서
- 사업자등록증

신규거래시의 서류와는 별도로 선적서류 매입신청시에는 다음과 같은 서류가 필요하다.

2) 매입 신청 시 필요 서류

- 선적서류 매입의뢰서
- 선적서류(선하증권, 보험증권, 상업송장, 포장명세서)
- 수출신고필증, 신용장, 환어음

제 2 절 서류심사

1. 선적서류

선적서류는 넓은 의미에서 서류(Document), 좁은 의미에서는 운송서류(Transport Documents)로 규정한다.

- 개설은행은 NEGO시 **제시된 서류가 신용장조건을 충족시키는 경우에만** 대금지급을 보증한다.(신용장 통일 규칙 제3조)
- 신용장 거래는 **상품거래와는 직접적인 관계가 없는 서류거래이며**, 그 서류와 관련된 물품, 용역 또는 기타 의무이행을 취급하는 것이 아니므로, 서류가 차지하는 비중이 매우 크다.(신용장 통일 규칙 제4조)

(1) 선적서류의 종류

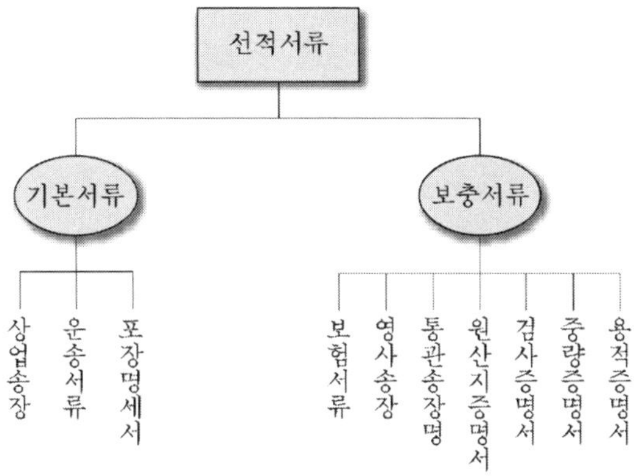

- 위의 표에 대한 설명은 제3장. 신용장 (3. 선적서류) 참조요망.

(2) 선적 서류 심사

은행은 신용장에 명시된 모든 서류를 주의 깊게 심사하여 문면상(On the face of the documents alone)신용장 조건과 일치하는가를 검토한다. 서류심사의 목적은 서류가 신용장 조건과 일치하는가를 확인하는 것이며, 그 범위는 서류의 문면상이지 그 배후에는 관여하지 않는다.(신용장 특성)

1) 선적서류 심사 사항

선적서류의 심사 사항은 신용장 조건과 일치하는가를 보는 것이다.

따라서, 주로 다음의 사항을 심사한다.

① 취소가능 여부

- 취소가능 신용장은 신용장 개설 후 수익자에게 언제라도 취소 변경이 가능하기 때문에 추심 또는 Cable Nego를 하는 것이 안전하다.
- 신용장에 취소가능 또는 취소불능의 표시가 없을 때에는 취소불능으로 간주한다.

② 유효기일과 종료지점

- 유효기일(Expiry Day) : 지급, 인수 또는 매입을 위하여 서류가 제시되어야

하는 최종일을 말한다.

• 종료지점 : 서류가 제시되어야 하는 지점을 말한다.

• 유효기일 해석

- 1개월간 유효 등의 해석 : This credit is valid for 1 month ; 신용장의 개설일은 기산일로 간주

예) 신용장 개설일이 4월 20일이고, 1개월간 유효한 것으로 된 경우 5월 20일에 검토하는 것으로 계산된다.

- "to" 및 "until" 등의 해석 :

This credit is valid (or till) May 20. 19××.

The expiry date is extended to May 30. 19××.

: "to" "until" 뒤에 기재된 일자도 유효기일에 포함된다.

신용장의 유효기일이 은행의 정상적인 휴업일에 종료하는 경우에는 다음 영업일까지 자동으로 연장된다. 그러나, 천재지변, 폭동, 내란, 반란, 전쟁 또는 기타 불가항력적인 사유 또는 동맹파업, 직장폐쇄 등의 휴업한 경우에는 유효기간이 자동연장되지 않는다.

③ 신용장 원본제시

유효한 신용장증서가 아닌 예고통지서나 우편확인서에 의해서는 매입할 수 없으므로 매입은행은 신용장 원본을 확인해야 하며, 신용장에 출자은행의 접수 스탬프가 찍혀 있는가도 확인하여야 한다.

④ 신용장의 금액

신용장의 금액은 문자와 숫자를 병기하는 것을 관습으로 하는데, 양자가 불일치할 경우 문자가 우선하나 개설은행에 문의하여 확인하는 것이 좋다.

예) US Dollar One Million Only(US$ 1,000,000)

때론, 금액 앞에 about, circa 또는 approximately 등이 기재된 경우 상하 10% 편차 허용한다.

⑤ 지정은행, 신용장의 사용방법

- 신용장에는 지급, 인수, 매입이 수권된 은행이 표시되어야 한다.
- 지급, 인수신용장인 경우 지정은행이 지급한다.
- 비지정은행이 매입한 경우에는 지정은행으로 재매입해야 한다.

⑥ 기타 심사사항

- 서류는 몇 통이 필요한가?
- 어음과 선적서류는 일치하는가?
- 서명권자의 서명과 소정의 형식을 갖추고 있는가?(선적서류의 정규성)
  서류상의 권리가 적법하게 은행, 수익자 앞으로 양도되었는가?
  (권리양도의 적법성)
- 서류의 기재 내용이 수출승인 사항과 일치하는가?
  (수출승인서와의 대조)

2) 5가지 개별서류의 심사사항

환어음
상업송장
해상선하증권
항공운송장
보험서류

위의 각 사항을 하나씩 살펴보자.

① 환어음(BOE-Bill of Exchange)

- 환어음의 필수 기재사항
  - 환어음의 표시(Bill of Exchange)
  - 무조건 지급위탁문구(Pay to ~the Sum of ~)
  - 지급인의 명칭(To~)
  - 지급지

- 수령인(Pay to~)
- 발행일 및 발행지
- 발행인의 기명날인

• 환어음의 임의 기재사항
- 어음번호
- 신용장의 번호
- 어음발행수의 표시
- CHARGE TO ACCOUNT OF

• 환어음의 통수 : 2통

• 환어음의 금액은 상업송장과 일치하는가?

• 통화의 종류는 구체적으로 명시("Us Dollar" "Canadian Dollar")되었는가?

② 상업송장(C/I-Commercial Invoice)

• 상업송장의 심사사항
- 피발행인 : 신용장에 별도의 표시가 없는 한 수익자가 신용장 개설의뢰인 앞으로 작성되어야 한다.

• 송장금액
- 신용장금액에 대하여 작성
- 상업송장이 신용장금액을 초과하여 작성된 경우 매입은행이 선택권 행사

• 상품의 명세

• 기타검사 사항
- 단가×수량 = 송장금액이 정확한가?
- 신용장이 상업송장에 증명 또는 사증(Visa)을 요구하는 경우 그 표시가 있는가?
- 화인(Shipping Mark)은 일치하는가?
- 송장 상에 작성일자는 정확히 기재되어 있는가?

③ 해상선하증권(B/L-Marine Bills of Lading)

• 해상선하증권의 심사사항

- 운송인, 명칭을 표시하고 있는 운송인의 대리인, 선장 또는 선장의 대리인이 발행, 서명된 서류
- 기명된 선박에 상품이 본선적재 또는 선적되었음을 표시하는 서류
- 신용장에 명시된 선적항, 양육항의 표시가 있는 서류
- 발급된 원본 모두 제시된 서류
- 운송조건의 일부 또는 전부가 운송서류 자체 이외의 자료 또는 서류에 근거하고 있다는 문구가 표시되어 있는 약식선하증권(Short Form B/L)

• 수리 거절되는 해상선하증권
- 용선계약 선하증권
- 범선 선적선하증권
- 예정표기 선하증권

• 자동수리가 인정되는 선하증권
- 무 고장 선하증권
- 부지약관 선하증권 : "Shipper's Load and Count"라는 문구가 표시되어 있는 선하증권으로 컨테이너 운송의 경우
- 제3자 선하증권 : 선적인이 수익자가 아닌 제3자인 Third Party B/L

• 자동수리가 인정되지 않는 선하증권
- 갑판선적 선하증권 : "Stowed on Deck"(컨테이너 운송의 경우 해당 안 됨)
- 고장 선하증권(Foul B/L)

• 수하인과 배서

배에 물건을 선적한 후 선하증권에 수하인이 배서를 한다.

이 때 배서는 두 가지 방식이 있는데,
- 지시식(To order of~) : 배서양도 가능한 B/L
- 기명식(To~) : Consignee가 지정되어 있는 경우 배서양도가 불가능하나, 우리나라, 일본 등지에서는 B/L에 배서양도를 금지하는 문구가 없으면 기명식이라 할지라도 배서양도가 가능하다.

• 서류제시기간

신용상에 선적서류 제시기일이 명시되지 않은 경우에는 운송서류의 선적일자 후

21일 이내에 제시되어야 한다.

- 선적에 관련된 해석 : 무역계약시에 지정된 방법으로 실시한다.
  - 분할선적 / 할부선적 / 환적
- 기타 검토사항
  - 신용장에서 특정 선박에 선적하도록 요구(Nomination)하는 경우 이행하고 있는가?
  - 신용장에서 통지처를 지정한 경우 선하증권에 바르게 기재되어 있는가?
  - 선적항과 도착항이 신용장의 그것과 일치하는가?
  - 신용장의 가격조건과 선하증권 상의 운임지급여부가 일치하는가?
  - 선하증권 상의 상품명세가 신용장의 그것과 일치하는가?
  - 선하증권에 정정한 곳이 있으면 선하증권 발행인의 정정인 또는 정정서명이 있는가?

▶배 서

선하증권에 배서를 할 경우, 다음과 같이 한다.

만약 신용장에서 매입은행(여기서는 ABC Bank로 가정함) 앞으로 지시식 배서를 하도록 요구하였다면 수출상(여기서는 XYZ Co. Ltd로 가정함)은 다음과 같이 선하증권의 뒷면에 배서하여야 한다.

deliver to order of ABC Bank
XYZ Co. Ltd.
(서 명)
Manger

이 경우 매입은행은 다음과 같이 개설은행 앞으로 연속배서를 하고 개설은행에 서류를 발송하여야 한다.

delieverto order of(개설은행명)
ABC Bank
(서 명)

만약 신용장에서 백지배서를 요구하였다면 수출상은 신하증권의 뒷년에 다음과 같이 배서하여야 한다.

XYZ Co. Ltd.
(서 명)
Manger

선하증권에 백지배서가 되면 그 선하증권은 소지인식(무기명식)과 같아지므로 피배서인이 제3자에게 권리를 양도할 때 배서할 필요가 있다.

④ 항공운송장(AWB-Airway Bill)

• 항공운송장의 심사사항

- 운송인의 명칭은 표시되었는가?
- 화물이 운송을 위해서 인수되었음을 나타내는 표시는 있는가?

- 발송일자는 명확히 표시되었는가?
- L/C에 명시된 출발공항과 도착공항은 표시되었는가?
- '운송조건의 전부 또는 일부를 항공운송서류 이외의 다른 근거를 참조하라'고 표시한 서류는 수리 가능함.

⑤ 보험서류(Insurance Document)

• 보험서류의 심사사항
- 보험회사 또는 보험 인수업자 또는 그의 대리인이 발행한 서류인가?
- 보험서류의 발행매수가 모두 제시되었는가?
- 수출상의 배서는 되어 있는가?
- 보험서류의 표시통화가 신용장의 표시통화와 일치하는가?
- 최저보험금액이 부보되었는가?
- 신용장에서 요구하는 담보되어야 할 위험이 모두 커버되어 있는가?
- 보험구간은 전 운송구간을 커버하고 있는가? 선하증권의 기재사항과 일치하는가?
- 보험서류상의 부보일자는 상품의 본선적재일, 발송일, 수탁일과 같거나 그 이전 일자인가?
- 신용장에서 요구하는 보험서류가 제시되었는가?
- 보험서류상의 상품명세가 신용장 및 다른 서류와 모순되지는 않는가?
- 정정한 곳에 보험서류 발행자의 정정인 또는 서명이 있는가?

2. 은행의 면책사항

은행은 주의 깊게 서류를 심사하였음에도 불구하고 발견하지 못한 다음 사항에서는 면책된다.

(1) 형식(Form)

신용장에서 서류형식에 대하여 특별 요구사항이 없는 한, 은행은 제시된 서류형식을 상세하게 심사할 의무가 없다. 그러나 환어음, 선하증권, 보험증권 등에 대해서는 법정 필요기재사항을 외관상 만족시키는가를 점검하는 것이 좋다.

(2) 충분성(Sufficiency)

신용장이 구체적으로 요구하지 않는 한, 제시된 서류의 종류·통수 및 서류의 기재 사항이 개설의뢰인에게나 상거래 상 불충분하다고 하더라도 은행은 면책된다.

(3) 정확성(Accuracy)

정확성이란 서류의 기재내용이 ① 사실관계의 정확한 표현, ② 정확한 계산을 말한다. 그러나 이것이 부정확하더라도 은행은 면책된다.

(4) 진정성(Genuineness)

서류의 내용에 허위 기재가 없이 진실한 상태를 기재하고 있어 서류가 실물을 있는 그대로 표시하고 있음을 의미한다.

(5) 법적효력(Legal Effect)

제시된 환어음 및 선적서류가 각각의 관계법규에서 요구하고 있는 형식을 완전히 갖추고 있으며 그 내용도 유효하다는 것을 의미한다.

(6) 위조(Falsification)

서류를 권한이 없는 자가 작성하거나, 유효한 것으로 외관을 가장하여 서류를 작성하는 행위. 그러나 여기에는 권한이 없는 자가 진정한 서류를 변경하는 행위 즉, 변조도 포함한다.

제 3 절 하자있는 선적서류 매입 및 매입대금지급

1. 하자 발생원인

(1) 하자(Discrepancy)란?

- 제시받은 환어음과 선적서류에 신용장의 조건과 문면 상 일치하지 않거나, 서류 상호간에 모순이 있는 경우를 하자(Discrepancy)가 있다고 한다.
- 하자있는 선적서류에 대해서는 개설은행이 지급거절하기 때문에 신중하게 매입해야 한다.

(2) 하자는 왜 발생하는가?

- 담당자의 잘못으로 발생하는 하자

예) 미국 시카고의 수입상과 거래를 하는 경우 무역가격은 복합운송가격(FCA 등)으로 해야 하는데 해상운송 가격(FOB등)으로 계약을 체결하는 오류가 많다.

- 신용장 조건의 모순

예) 실제 무역가격은 FOB인데 "Freight Prepaid"로 기재되어 있거나, CIF인데 "Freight Collect"로 되어 있는 경우

(3) 하자의 종류

고객이 제시한 서류에 하자가 없으면 무하자 매입(Clean Nego)을 하게 되지만, 그렇지 않은 NEGO의 경우 하자가 있으면 몇 가지 주의할 사항이 있다.

- Unclean bills of lading : 고장부 선하증권
- No evidence of goods actual "shipped on board" : 본선적재 무증명
- Documents inconsistent with each other : 서류상호간 불일치

- Weights differs between documents : 서류 간 중량이 불일치
- Credit amount exceeded : 신용장금액 초과
- Late shipment : 선적지연
- Short shipment : 선적부족
- Absence of documents called for in the credit : 신용장 요구서류 미제출
- Bills of exchange drawn on a wrong party : 어음지급인 착오기재
- Absence of signatures, where required, documents presented : 제시된 서류의 서명 없음.

(4) 하자 시 조치

서류에 하자가 발생했을 때 각 형태에 따라 다음과 같이 대응한다.

1) 신용장 자체에 모순이 있는 경우

수출상은 매입은행에 의뢰하기 전에 신용장 개설의뢰인에게 신용장 조건의 변경을 요청하여 해결한다.

2) 수출지에서 정정이 가능한 경우

수출상에게 반환하여 수출서류 작성자가 정정하게 하여 정정인(印)이 있는가를 확인하여 매입한다.

3) 수출지에서 정정이 불가능한 경우

수출지에서 정정이 불가능한 경우에는 다음과 같은 4가지 추가 매입방법이 있다.

① 신용장 조건 변경 후 매입

시간적 여유가 있는 경우 개설의뢰인에게 연락하여 신용장 조건을 제시된 선적서류의 내용과 맞도록 조건변경한 후 매입한다.

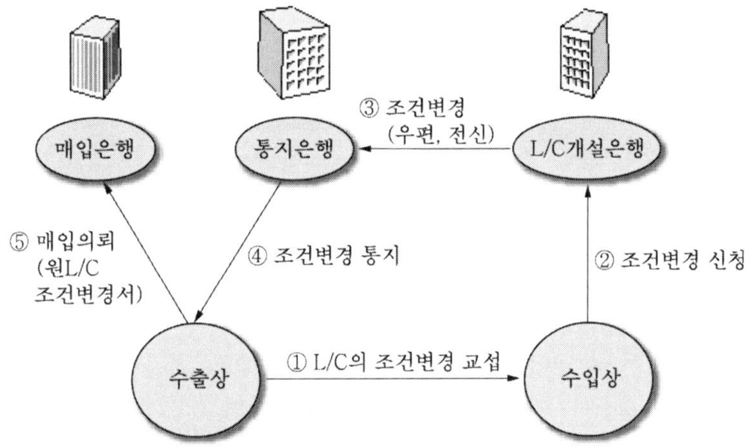

② 전신조회 후 매입(Cable Nego)

매입은행이 개설은행에 선적서류의 하자사항을 전신으로 통보하여 개설은행으로부터 허락을 받은 후 매입하는 방법으로 Cable Nego라고 한다.

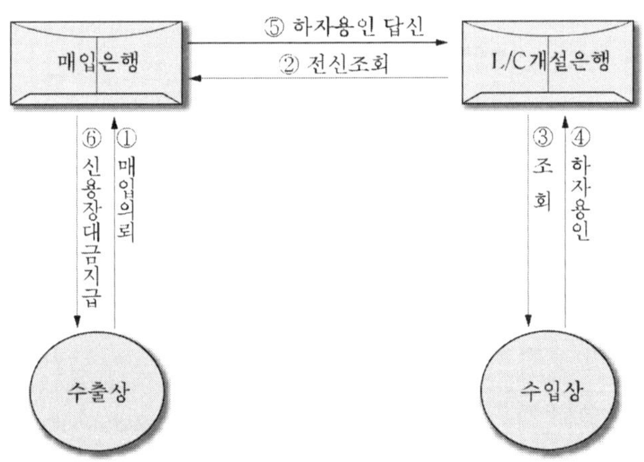

③ 보증서부 매입(L/G Nego)

매입은행이 "선적서류의 하자로 인하여 매입어음이 부도반환되어 오는 경우 매입은행에 무조건 대금을 지급하겠다"는 수출상의 보증서를 징구하고 매입하는 방법이다. 만일 보증서만으로 불충분한 경우 신용있는 거래처의 연대보증, 타은행의 보증서를 징구하거나 부동산의 담보를 취득한 후 매입에 응한다.

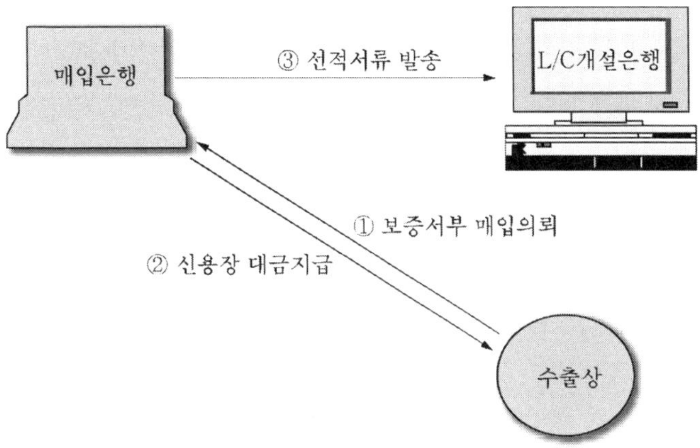

④ 추심(Collection)

은행이 어음소지자의 의뢰를 받아 지불인에게 제시하고 돈을 지불하게 하는 것.

하자가 다음과 같이 중대한 경우 또는 신용장 등에 문제가 있는 경우에는 추심하여야 한다.

- 유효기일이 상당히 경과된 후 제시되어 부도의 가능성이 많은 경우
- 환거래가 없는 은행이 발행한 신용장으로 진정성을 확인할 수 없는 경우
- 어음당사자의 신용상태가 불량한 경우

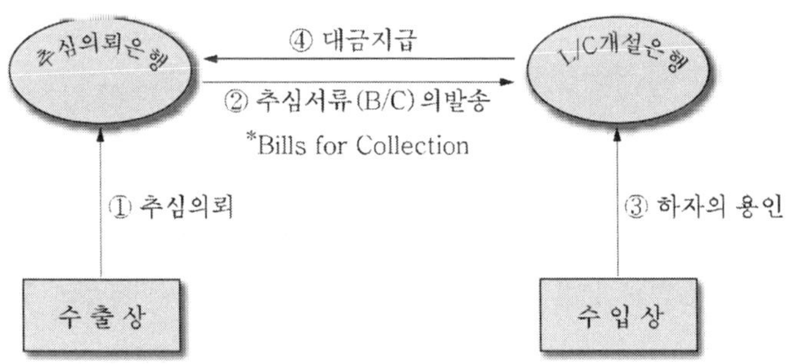

(5) 매입대금의 지급

- 매입은행은 선적서류 매입대금에서 수출상이 부담하는 환기료, 우편료, 무역금

융 상환액등을 공제하고 수출상에게 잔액을 지급한다.

* 지급되는 매입대금 =

선적서류 매입대금-(수출상부담의 환가료+우편료+무역금융상환액)

• 매입대금은 원화 또는 외화로 지급할 수 있다.

2. 수수료

수출상이 수출대금을 매입은행으로부터 받기까지는 다음과 같은 수많은 수수료가 있다.

(1) 환가료(Exchange Commission)

1) 환가료란 "은행의 자금부담에 따른 이자조로 받는 수수료로, 매입한 선적서류의 추심소요기간(우편기간 및 기한부 어음의 경우에는 어음기간)에 대한 이자를 말한다."

2) 우편일수는 일본 ¥, 홍콩 dollar, 싱가포르 dollar, 말레이시아 링키트화의 경우에는 9일, 기타 통화(USD)는 10일을 적용하고 있다.

3) 환가료(At Sight일 경우)

= 매입금액 × 연환가요율 × 우편일수/360 × 장부가격

▶ 연환가요율

서류에 하자가 있으면 상대은행으로부터 부도 반환되는 위험이 있고 수리가 되더라도 업무가 번잡해지는 단점이 있으므로 클린 NEGO시에는 환가료를 LIBOR+1%로 계산하지만, 하자 NEGO시(보통 부매입인 경우)에는 LIBOR+2.5%로 계산한다.

연환가요율이란 LIBOR+1%를 가리키며 10일환가료란 10일간(우편기일)의 환가료 금액을 말한다.

- LIBOR(London Inter-Bank Offered Rate)
  런던금융시장에서 일류은행이 다른 은행에 대출할 때 적용되는 금리.
- SIBOR(Singapore Inter-Bank Offered Rate)
  싱가포르 금융시장의 은행간 대출금리를 말함. 대체로 LIBOR와 일치.

(2) 대체료

1) 매입은행이 매입대금을 수출상 명의의 예금계정에 입금시키는 경우에 징구한다.

2) 은행이 외국환을 수취/지급할 때 은행의 외환매매이익의 획득기회의 상실에 대한 보상조로 징수하는 수수료이다.

(3) 기타수수료

수수료 및 이자	수수료의 정의	징수방법	
		적용요율	징수금액 및 산출방법
1. 기한연장	· D/A거래에서 당초 어음기한을 초과한 기한연장 이자	LIBOR+1%	· 통상 어음기한인 180일 이내인 경우 : 연장금액×년환가요율×연장일수/360×장부가격
		LIBOR+4% (은행별, 업체별로 달리 적용함)	· 통상 어음기한이 180일을 초과하는 경우 : 연장금액×(년환가요율+3%)×(통상어음 기간-180)/360 × 장부가격
2. 인수지연	· 확정만기일이 현지 휴일에 해당하는 경우, 정정된 만기일까지의 이자(은행별로 달리 적용)	LIBOR+2.5%	· 보증서부 매입인 경우 : 매입금액×(징수당시 년환가요율+1.5%) × 지연일수/360×장부가격
		LIBOR+1% (은행별, 업체별로 달리 적용함)	· 보증서부 매입이 아닌 경우 : 매입금액×징수당시 년환가요율×지연일수/360×장부가격
3. 우편료	· 매입어음을 결제은행 앞으로 발송할 때의 소요경비	중량 100g 등기료 800원	· 지역별 차등적용
4. 대체료	· 외화지급에 따르는 원화 대가 매매시의 기대이익손실보상금 (RENEGO)	0.05%	· 매입어음금액중 외화 대체금액×0.05%×장부가격

5. 입금지연	· 만기일 경과 후 입금되었을 경우 경과일수에 대한 지연이자	LIBOR+1%	· 보증서부 매입이 아닌 경우 또는 D/P방식 : 매입어음금액×(징수당시 통화별년환가요율)×(입금지연일수/360)×장부가격
			· 보증서부 매입인 경우: 매입어음금액×(징수당시 통화별년환가요율+1.5%)×(입금지연일수/360)×장부가격
		18%	· D/A방식이거나 60이상 경과하여 입금된 D/P방식의 경우(본지사간은 30일) : 매입어음금액×징수당시 외화여신 연체이율×경과일수/360 ×장부가격
6. 부도이자	· 부도처리된 어음에 대하여 매입일로부터 결제일까지의 지연이자 **부도처리유예기간** · CLEAN NEGO시: 만기일부터 60일 · L/G NEGO시: 만기일부터 60일	18%	· 매입어음금액×징수당시 외화여신연체이율×경과일수/360×징수당시T/T(전신환)

제 4 절 서류발송 및 사후관리

1. 선적서류 발송

은행은 선적서류를 매입한 후 선적에 관한 모든 서류를 챙겨서 개설은행에 보낸다.

선적서류 송부장이란?

선적서류를 송부할 때 사용되는 모든 서류를 말하며 선적서류에 커버된다는 뜻에서 Covering Letter 또는 Covering Schedule이라고도 한다.

2. 매입의 사후관리

(1) 해외 입금관리

1) 만기일이란?

어음의 표면상에 기재된 지급기일 또는 기한부 기간에 대한 만기일이다. 즉, 수입업자가 수입물품에 대해 지불하기로 약정한 날을 의미한다.

2) 입금관리란?

만기일에 해당 매입은행을 통해 해외수입업자로부터의 입금여부를 체크한다.

(2) 대금결제의 사후관리

1) 대사(Reconcilement)

매입을 한 후 일정기간이 지나면 매입은행이 지정한 계좌에 입금이 되며, 실제 입금이 되었는지를 확인하여야 한다. 매입은행은 상당한 시일이 지났는데도 입금이 되지 않으면 입금을 독촉하여야 하며 개설은행의 잘못으로 합리적인 기간 내에 입금되지 않은 경우에는 개설은행에 지연이자를 청구하여야 한다.

2) 지연이자의 청구

- 개설은행이 대금을 합당한 기간 내에 매입은행에 지급하지 않는 경우 : 개설은행이 이자지급
- 하자매입으로 우편기일 내에 입금되지 않아 매입은행이 수익자에게 청구하는 경우 : 수익자(수출자)가 이자지급

(3) 인수 지급 거절시 매입의 사후관리

◆ 부도 발생요인

신용장 대금이 순조롭게 결제되면 아무런 문제가 없으나 때때로 개설은행이 매입은행 앞으로 지급거절 또는 인수거절을 통지하는 경우가 있는데 이를 일반적으로 선적서류에 부도가 발생했다고 한다.

다음은 부도발생요인이다. 각 사례별 사고해결 방안은 무엇일까?

1) 개설은행에서 하자가 발견되어 지급거절된 경우로서 신용장 유효기일과 서류제시기간까지 하자의 보완이 가능한 사례

➡ 수출상이 하자를 보완하여 서류를 다시 제시하면 개설은행으로부터 신용장 대금을 지급 받을 수 있다. 개설은행이 부도 통보 시 서류를 반송한 경우, 수출상은 서류를 반송받아 이를 보완하여 다시 제시해야 하며, 개설은행이 서류를 보류하고 있는 경우에는 하자있는 서류만 보완하여 다시 제시하면 된다.

2) 개설은행에서 경미한 하자가 발견되어 지급거절된 사례

➡ 매입은행이 즉시 개설은행에 전신으로 이의를 제기하여야 한다.

3) 상품의 가격폭락과 같은 시장상황의 변화가 대금지급거절의 진짜 이유이나, 표면적으로는 서류상의 경미한 하자 또는 부당한 이유로 지급 거절된 사례

➡ 수입국에서의 수입상품의 시장악화, 가격폭락으로 수입상이 거래를 거절할 목적으로 아무런 문제가 되지 않는 경미한 하자를 구실로 지급 거절하거나 가격할인을 요구하는 경우 부도철회로 요구한다.

4) 수입상이 수입화물 선취보증서를 발급받아 수입화물을 통관하였음에도 불구하고 서류원본상의 하자를 이유로 지급거절된 사례

➡ 서류원본 상 하자가 있더라도 개설은행은 지급거절을 할 수 없다. 따라서 매입은행은 개설은행에 부도의 철회를 독촉해야 한다.

제 4 장 무역실무 사례 연구

4-1. L/G믿다 망한 어느 선사의 이야기

사건 개요

A사의 홍콩지사는 홍콩의 R사와 알루미늄 구매계약을 체결하였다. R사는 D선박회사에 위 물품을 선적의뢰하고 B/L을 취득하였다. 한편 한국 내 A사는 홍콩지사를 대리하여 본건물품의 한국 내 재판매를 추진한 결과 T사와 OFFER 계약을 체결하였다. 그 후 T사는 물품대금 지급을 위해 한국 내 J은행을 통하여 신용장을 개설 하였다. 이때 T사는 수입신고를 한 뒤, 선하증권 원본이 아니라 J은행 명의의 L/G를 D선박회사에 제출하고 물품을 인도해 갔다. 몇 개월 후 바로 이 L/G를 D선박회사에 제출하고 물품을 인도해 갔다. 몇 개월 후 바로 이 L/G가 T사에 의해 위조된 것이었다는 사실을 접한 홍콩지사는 그동안 사정에 의해 늦춰오던 본건물품에 대한 NEGO에 즉시 들어갔으나, L/C APPLICANT인 T사의 부도 사실을 이미 알고 있는 J은행은 사소한 하자를 들어 UNPAID하였다. 이에 홍콩지사는 본건대금

회수를 위해 D선박회사 및 J은행을 상대로 소송을 제기하게 되었다.

업무 규칙

1. L/G에 의한 보증도가 확립된 상관습이기는 하나, 정당한 선하증권 소지인에의 손해배상을 전제로 하는 것이다.
2. 고의 또는 중대한 과실에 의한 불법행위의 경우 선하증권 이면의 PACKAGE LIMITATION조항은 그 적용이 없다.

▶거래의 시작

홍콩 현지법인인 A사의 홍콩지사는 00년 10월경 홍콩의 R사와 알루미늄 구매계약을 체결하였다. R사는 이 계약에 따라 D선박회사의 선박에 위 물품을 00년 11월경 선적하고 선하증권을 발급받았다. 00년 11월말 경 홍콩지사가 이와 같은 경위로 본건 물품의 소유권을 취득하는 것과 거의 같은 시기에 홍콩에서 선적된 물품은 예정대로 부산항에 도착되어 보세 장치장에 입고되었다.

▶본사의 개입

한편 한국 내 A사는 홍콩지사를 대리하여 본건 물품의 한국 내 재판매를 계속 추진한 결과 물품이 도착한 얼마 후인 00년 12월 2일 드디어 T사와 OFFER계약을 체결하였다. OFFER상의 대금지급 조건을 보면, AT SIGHT 조건의 IRREVOCABLE L/C에 의하는 것으로 되어 있고, BENEFICIARY는 매도인인 A사 홍콩 지사이며, 선하증권 발급 후 이미 상당기간이 경과하고 있는 점을 고려하여 L/C에 STABLE B/L ACCEPTABLE조건을 명시하도록 하고 있었다. OFFER계약에 의해 본건 물품의 실수요자(매수인)가 T사로 확정되자 A사는 T사에게 물품매도확약서 및 선적사실 통보 등의 목적으로 관련 선적서류 사본을 교부하여 주었다. 그 후 T사는 물품대금 지급을 위해 OFFER계약에 따라 한국 내 J은행에 신용장 개설을 의뢰하였고 J은행은 00년 12월 4일경 신용장을 개설하였다. 신용장을 받아본 A사 홍콩지사는 신용장의 EXPIRY DATE가 상당히 장기로 되어 있는 사실을 발견하였으나, AT SIGHT 조건인 이상 특별히 BENEFICIARY인 A사 홍콩지사에게 불리한 것은 아니라고 판단하였다.

▶드디어 사고는 터지고

이러한 상황에서 본건물품의 매수인인 T사는 00년 12월 4일경 소정의 서류를 갖추어 수입신고를 한 뒤, 계획대로(?) 선하증권 원본이 아니라 J은행 명의의 L/G(화물선취보증서)를 D선박회사에 제출하고 물품을 인수해갔다. 바로 이 L/G가 T사에 의해 위조된 것이란 사실을 알게 된 것은 그로부터도 몇 개월이 지난 T사 부도 소문이 퍼지던 때이었다.

▶L/G를 이용한 대사기극

T사의 L/G위조 사실은 이 회사의 주거래은행이던 J은행(본건의 L/C개설 은행이기도 하다) 등에서 부도가 발생하면서 그 마각이 드러나기 시작하였고, 은행과 선박회사의 조사 결과 T사 부도가 나기 전까지 약1년에 걸쳐 L/G를 위조하는 방법으로 엄청난 양의 수입화물을 착복한 것으로 나타났다. 물론 이 대사기극의 주인공인 T사의 사장은 부도가 나기 전 이미 구름같이 사라져 버렸다.

▶L/G란 무엇인기

수입업자가 수입물품을 선박회사로부터 인수하기 위해서는 원칙적으로 선하증권 원본을 제시해야 한다. 그러나 선하증권 선적서류보다 수입물품이 먼저 도착하는 경우, 수입업자는 창고료 등 보관료를 절약하고 특히 수출용 원자재의 수입인 경우에는 신속한 대응 수출을 위한 필요에서 이 L/G를 많이 활용하고 있다. L/G란 형식적으로 수입업자 즉 하주가 선박회사 앞으로 발행하는 증서로써 화물의 명세를 기재하고 화물의 선취에 따른 일정한 약정을 명시하여 은행을 그 보증인으로 효력발생의 요건이 되는 특징 때문에, 은행은 단지 서명하는데 불과한 것이 아니라 실질적으로 이 보증서를 발행하는 주체로 생각되고 있다. T사는 이와 같이 수입업자의 편의를 위해 이용되는 L/G제도의 허점을 교묘히 이용하여 사기행각을 벌여온 것이다. 슥 T사는 거래은행으로 L/G용지를 다량 입수해 은행담당자의 서명과 인감을 정교하게 위조, 진짜 서류처럼 꾸며 세관의 통관 확인까지 받아 선박회사에 제출한 것이다.

▶선하증권 원본만 덜렁 남아

초비상! A사의 홍콩지사는 이 엄청난 사실을 접하고 그동안 사정으로 늦춰오던 본 건물 품에 대한 NEGO에 즉시 들어갔으나, L/C APPLICANT인 T사의 부도 사실을 뻔히 알고 있는 L/C개설은행인 J은행이 순순히 NEGO대전을 결제할 리는 만무했다. 예상대로 J은행은 사소한 하자를 사유로 해서 대금지급을 거절(UNPAID)하였고, 홍콩지사의 담당자는 선하증권 원본만을 한쪽 손에 든 채 허탈감에 빠지지 않을 수 없었다.

▶소송제기

마침내 A사 홍콩지사는 D선박회사와 J은행에 대한 소송제기를 위한 준비에 들어갔다. 사장이 도주하여 이미 파산 지경에 이른 T사에 대하여는 소송을 제기할 실익이 없었기 때문에 제소 대상에서 제외되었고, 자연히 이 소송은 결국 주인공 없는 엑스트라들만의 피 튀기는 법이론 싸움이 될 수밖에 없었다. 원고인 A사 홍콩지사는 D선박회사에 대하여는 선하증권 원본의 소지인으로서 물품대금에 상당하는 금액의 손해배상청구를, J은행에 대하여는 UNPAID 사유가 신용장 통일 규칙상의 하자에 해당하지 않는다는 것을 이유로 신용장 대금지급 청구를 내용으로 하는 소송을 제기하였다. 거래 자체의 복잡성은 차치하고라도 원·피고간의 첨예한 이해대립을 그대로 반영하듯이, 2년에 가까운 기간 동안 거의 20차례에 걸친 변론기일이 열렸고, 수많은 쟁점들이 다루어졌다. 본 사례에서는 이들 쟁점 중 가장 굵직한 3가지 쟁점에 관해서만 언급해 보기로 한다(J은행과는 단순한 UNPAID문제였으므로 여기에서는 그 설명을 생략한다).

▶A사 홍콩지사의 과실도 인정

이 소송에서 D선박회사는, A사 홍콩지사가 본건 물품에 관하여 인감증명을 첨부한 물품매도확인서 및 통관에 필요한 제반 서류를 문제의 T사에 교부하였을 뿐만 아니라, A사의 담당 실무자가 T사에 화물인도지시서 (D/O-Delivery Order)를 발행해 주어도 좋다고 한 사실이 있는데, 이러한 사실에 비추어 보면 A사는 홍콩지사는 D선박회사가 T사에 본건 물품을 인도하는 것을 승인하였거나 또는 이에 적극적으로 협조하였다고 할 수 있는 것으로 그러한 A사 홍콩지사가 본건 물품 분실을 이유로 D선박회사에 대하여 손해배상의 청구를 하는 것은 신의칙에 반한다고 주장하였다. 물론 이에 대하여 A사 홍콩지사는 물품 인도에 대한 승인 사실을 강력히 부인하였고 제반 서류의 제공도 본건 물품의 매도인으로서 매수인인 T사에 선적 사실 통보의 목적에 불과한 것이었다는 내용으로 적극 항변하였다. 이에 관해 1심 재판부는 A사 홍콩지사의 항변을 받아들여 A사 홍콩지사가 물품 인도를 승인하였다고 볼 수 없다고 하여 D선박회사의 면책 주장을 배척하기는 하였으나, 본건 L/C상에 STABLE B/L ACCEPTABLE조건을 허용하면서 그 유효기간을 장기로 설정하도록 한 사실과 더불어 T사가 수입대전의 결재 없이 본 건물품을 인도받아 처분할 가능성을 제공한 것으로 인정하여 A사 홍콩지사의 과실이 있다고 판시하였다. 그 과실로 인해 손해배상 청구 금액에서 40% 상당의 상계가 이루어졌다.

▶L/G에 의한 보증도 자체가 잘못된 것인가

다음으로 D선박회사는, 해상 운송인이 선하증권과 상환하여 화물을 인도할 수 있는 것은 그 권리이지 의무가 아니며, 선하증권과 상환함이 없이 L/G만 교부받고 화물을 인도하는 것(이른바 보증도)은 국세해운거래에서 널리 인정되는 관행인데, 설사 그 L/G가 위조된 것이라고 하더라도 외관상으로는 문서로서의 정규성·상태성을 보유하였으며 해상 운송업자의 업무현실에 비추어 L/G의 진정 여부를 확인한다는 것은 불가능에 가까우므로, D선박회사의 본 건물품의 인도행위에는 잘못이 없다고 항변하였다. 이 점에 대하여도 1심 재판부는 A사 홍콩지사의 주장을 받아들여 다음과 같이 판결하였다. 즉, 보증도가 국제 해운거래에 있어서 오래전부터 행하여져 오는 확립된 상관습이라는 사실은 인정되나, 그 제도는 보증도로 인하여 정당한 선하증권 소지인이 손해를 입게 되는 경우 운송인이 그 손해를 배상하는 것을 전제로 하는 것이므로, 그러한 행위가 선하증권 소지인과의 관계에 있어서 위법성이 없는 정당한 행위로 된다고는 할 수 없을 것이고, 더욱이 이 사건과 같이 L/G의 진위 여부에 대한 D선박회사의 확인조치에 과실이 있는 점은 따질 필요도 없이 D선박회사의 항변은 이유 없다고 판시하였다.

▶선하증권 이면의 PACKAGE LIMITATION 조항

마지막으로 D선박회사는, 본건 선하증권의 이면약관에 의하면 D선박회사는 PACKAGE당 영국화폐 100스털링 파운드의 범위 내에서만 손해배상책임을 지도록 되어 있으므로 그 만큼의 배상금액 축소(본건의 경우 이 주장이 받아들여지면 그 배상액은 청구금액의 약 10%에 불과하게 됨)가 있어야 된다고 주장하였다. 그러나 이에 대해서도 역시 1심 재판부는 D선박회사의 주장을 배척하고 A사 홍콩지사의 항변을 받아들여 다음과 같이 판시하였다. 즉, D선박회사의 주장과 같이 선하증권의 이면약관에 PACKAGE LIMITATION 조항이 있는 것은 인정하나, D선박회사의 본건 물품 인도행위는 고의 또는 중대한 과실에 의한 불법행위로 판단되므로 이 사건에 있어서는 위 조항을 적용할 수 없다고 판시하였던 것이다. 이렇게 하여 결국 이 소송은 A사 홍콩지사의 쾌승으로 끝났다.

▶에필로그

최근 어려워지는 무역환경 변화의 와중에서 발생한 T사의 L/G위조사건은 무역업계 및 해운업계에 큰 충격을 주었고 한편으로는 수입화물 유통체제의 문제점을 표면화시켰다. 물론 T사와 같은 부실거래선 관리에 약간 느슨함을 보인 A사 홍콩지사에도 전혀 문제가 없는 것은 아니지만, 이 사건의 근본원인은 은행과 선박회사간의 커뮤니케이션 결여라고 볼 수 있다. 결론적으로 말해서, L/G 위조 사건은 은행이나 선박회사 그리고 수입업자 모두에게 많은 피해를 가져다주었고 상호 불신을 조장시키는 결과를 초래했지만, 모두로 하여금 L/G제도의 미비했던 점을 일깨워 줌으로써 제도적인 발전의 계기를 마련해 주었다고도 생각해 볼 수 있을 것 같다. 그 후 이 사건은 J은행이 1심에서 전액 패소한 후 항소를 포기함으로써 A사 홍콩지사는 청구금액 전부를 회수하였고, 따라서 D선박회사의 1심에 대한 항소 제기에도 불구하고 A사 홍콩지사의 소취하로 종결되었음을 부기한다.

4-2. 다시 본 계약서

사건 개요

한국상사에 근무하고 있는 한과장은 능력 있는 상사맨으로 평가받으며 수출증대에 일로 매진하고 있던 중 선박침몰사고로 인한 화물침수라는 갑작스런 소식을 접하게 되었다. 그러나 NEGO완료로 수출대금을 확보해 놓은 한과장은 거래조건이 C&F인지라 BUYER가 부보 했을(?) 보험만 믿고서 사고에 대한 관심을 지워버렸다. 며칠 후 BUYER로부터의 메일을 받아 본 한과장은 실색하며 계약서를 찾기 시작했다. 메일에는 사고화물에 대한 운반책임이 한국상사에게 있다고 주장하고 있었으며 따라서 계약 위반으로 P-BOND를 몰수하겠다는 엄청난 내용을 담고 있었던 것이다. 일반적으로 거래조건이 CFR일 경우 BUYER에게 보험 부보책임이 있으며 별도의 합의가 없는 한 선적후의 위험은 BUYER에게 이전된다는 사실은 국제적인 관례로서 이미 널리 알려진 사실이다. 그러나 계약서상에는 CFR거래조건 및 위험부담 이전시기에 대한 명시적인 언급이 없었으며 오히려 이와 배치되는 듯한 문구만이 있을 뿐이었다. 입찰에 참가하여 오로지 낙찰되고야 말겠다는 실적위주의 관념아래 무엇보다도 중요하게 다루어져야 할 계약서에 대한 무관심이 낳은 결과라 하겠다.

업무 규칙

SELLER가 화물을 목적항까지 인도해야 한다는 취지의 계약조항이 있는 경우, 화물이 선적항에서 선박의 난간을 통과하면 위험부담이 BUYER에게 넘어간다는 국제관례는 적용이 안 된다.

▶폭풍전야

복잡한 지하철역을 빠져나와 앙상한 가로수를 뒤로 하면서 사무실로 향하는 한과장의 발걸음은 가볍고도 활기차있는 듯 했다. 세계적인 경제 불황의 그림자가 서서히 다가오는 가운데에도 수출한국의 위상을 더욱 확고히 하고자, 아니 수출만이 곧 우리의 살길이라는 확신을 갖고서 어언 10여년을 일선에서 뛰고 있는 한과장은 요즘의 영업실적이 믿어지지 않을 만큼 호황을 누리는 것이 사뭇 흐뭇하기만 하였다. 엘리베이터를 타면 항상 그 날의 일정을 구상하곤 하는 한과장의 뇌리에 온갖 즐거운 상상으로 가득 차 있었다. 한해를 마감하는 현시점에서 볼 때 조상님의 돌보심인지 그동안 쌓아온 노력의 결실인지 한과장이 담당하고 있는 부서는 이제껏 아무런 잡음 없이 만족할 만한 성과를 올리고 있었던 것이다.

▶비 보

그러나 호사다마라고나 할까, 사무실로 들어서자마자 한과장에게 들려온 소식은 한과장의 인상을 찌푸리게 하기에는 물론 지금까지의 상쾌하였던 기분을 망쳐놓기에 충분하였다. 수 일전에 L국으로 수출하기 위해 물품을 실었던 화물선이 그만 침몰하여 선적된 화물의 대부분이 망망대해에 빠져버렸다는 것이다. 이 화물은 L국의 국영회사인 D사가 입찰에 붙인 것을 한국상사에 몸담고 있는 한과장이 혼신의 노력을 경주하여 성공리에 낙찰시킨 것으로 다른 어떤 거래보다도 한과장이 애착을 갖고서 추진했던 건이었다. 또한 L국으로 수출하는 것은 이번이 처음이어서 타 시장에서의 퇴조로 탈출구를 찾고 있던 한국상사로서는 수출시장의 저변확대에 일로가 될 수 있는 좋은 기회라는 희망에 부풀어 있었다. 그러나 거래가 개시되자마자 해난사고가 발생함으로써 향후 거래전망에 커다란 암영을 던져주는 듯 했다.

▶설마 별문제야

한과장의 마음은 무거워졌다. 하느님의 질투인가 아니면 부덕의 소치인가? 이제껏 순조로이 진행되어 왔건만 막바지에 이르러 이 어인 달갑지 않은 소식인가? 그러나 한과장은 서서히 냉정을 되찾았고 대비책을 강구하기 시작했다. 해난사고 다음날 한과장은 선적서류와 L/C를 은행에 제출하여 매입을 완료함으로써 가장 큰 부담이 될 수도 있었던 수출대금 미회수라는 걱정을 덜어 버렸다. 오랜 경험과 실무에서 터득한 지혜로운 행동이었다. 또한 가격조건은 CFR였으므로 선적 후 발생한 해난사고에 대비한 보험 부보는 당연히 매수인인 D사가 하였으리라 생각하였고, NEGO는 CLEAN NEGO이었으며, 그리고 선적을 완료한 즉시 이번 거래의 L국 현지 AGENT를 통하여 선적완료를 통보하였으므로 일견 아무런 하자사항이 없어 크게 문제될 것은 없으리라 생각하였다.

▶적반하장

그 후 어김없이 흐르는 세월 속에 해난사고에 대한 기억은 한과장의 뇌리에서 서서히 지워져 갔다. 그러던 어느 날 D사로부터 한 장으로 된 극히 간단한 내용의 메일을 받은 한과장의 안색은 창백하게 변하면서 점차 굳어져 갔다. 계약체결 직후 한국상사가 계약불이행을 보증하기 위해 개설한 약USD10만에 상당하는 P-BOND를 몰수하겠다는 D사의 일방적인 통보였다. 잘 해결 되겠지 하고 관심에서 지워버렸던 한과장에게 날벼락이 내린 것이다. D사는 계약서에 따라 한국상사는 계약물품을 목적항인 T항까지 운반할 책임이 있으며, 지정된 기간 내에 목적항까지 계약물품을 공급하지 못하였기 때문에 P-BOND를 몰수하는 것이라고 강변하고 있었다. 사실 한과장이 생각하기로는, CFR조건인데도 불구하고 보험료를 아끼기 위하여 부보하지 않고서 침수화물에 대한 보상을 받을 길이 없게 되자 D사는 P-BOND를 몰수함으로써 손실액의 일부라도 COVER하겠다는 속셈이 아닌가 싶었다.

이러한 주장에 대해 한과장은 물론 한국상사는 놀라지 않을 수 없었다. 거래가 시작될 때부터 누차 CFR조건을 이야기 해 왔으므로 전혀 납득이 가지 않았기 때문이었다. 한국상사는 일단 P-BOND 개설은행인 B은행에 지불중지를 요청하여 P-BOND의 몰수를 HOLDING시키려 하였으나 아무런 소용이 없었다.

▶다시 본 계약서

한과장은 이번 거래에 관한 서류철을 찾아내서 먼저 계약서를 차분히 읽어 내려갔다. D사의 주장에 대한 타당성 여부는 물론 향후 대응방안을 수립하기 위함이었다. D사의 전형양식인 계약서에는 놀랍게도 계약물품의 인도조건이 CFR라는 명확한 규정이 없었다. 오히려 L국의 T항까지 운반해야 한다고 해석될 소지가 있는 문구가 있을 뿐이었다. 한과장은 난감해지기 시작했다. 이제껏 혼신의 힘을 다해 쌓아왔던 영업실적이 무역사고 단 한건으로 인해 와르르 무너지는 듯한 허탈감을 맛볼 줄이야 그 누가 알았겠는가? 물론 입찰을 성공시키기 위해서는 어쩔 수 없이 열세적인 입장에서 계약을 체결할 수밖에 없었다고 한과장은 스스로 위안을 가지려고 노력해 보았다. 그러나 그 대가는 너무나도 엄청난 것이었다.

▶시시비비

그럼 여기서 화물침수에 대한 책임은 과연 누가 부담하여야 할 것인가에 대하여 살펴보자. 일반적으로 거래조건이 CFR이라면 목적항까지의 운임은 매도인이 부담하지만 부보는 매수인이 해야 하는 것으로서 화물에 대한 위험을 누가 부담하느냐 하는 문제와는 전혀 별개의 것이다. 그러나 CFR 조건하에서 라면 화물에 대한 위험부담은, 화물이 선적항에서 선박의 난간을 통과하는 순간 매수인에게 이전된다는 것이 국제적인 관례로 되어 있다.

INCOTERMS(1980)제5조에 규정되어 있는 CFR 정의에도 "THE RISK OF LOSS OR DAMAGE TO THE GOODS, AS WELL AS OF ANY COST INCREASE IS TRANSFERRED FROM SELLER TO BUYER WHEN THE GOODS PASS THE SHOP'S RAIL IN THE PORT OF SHIPMENT"라고 규정되어 있고, WARSAW OXFORD RULES FOR CIF CONTRACT(1932)에서도 "THE RISK SHALL BE TRANSFERRED TO THE BUYER FROM THE MOMENT THE GOODS ARE LOADED ON BOARD THE VESSEL..."로 규정되어 있다. 따라서 CFR거래에 있어서는 매수인이 보험부보의 책임을 부담함은 물론 선적후의 위험도 부담해야하므로 매수인이 자기의 위험에 대한 부보를 하지 않았다는 사실이 매도인에게는 전혀 영향을 미칠 수 없는 것이다. 그러나 문제가 되고 있는 이번 거래에서는 거래조건이 CFR조건인데도 불구하고 계약서상에 이러한 사항이 전혀 언급되지 않았으며 오히려 한국 상사가 목적항까지 계약물품을 인도해야 한다고 해석될 소지가 있는 문구의 존재로 인하여 한국상사의 입장은 결코 유리하다고 할 수 없었다.

▶사후 약방문

한국상사 법무팀은 P-BOND의 부당한 몰수에 항의를 제기하고 D사를 상대로 소송을 제기하기로 하였다. 그러나 본건 계약은 입찰과 낙찰이라는 과정을 거쳐 성립된 것이어서 계약내용에 있어서는 한국상사에게 압도적으로 불리한 조항들뿐이었다. 더구나 D사는 개인이나 사기업체가 아니고 정부기업체이므로 소송상대를 L국의 정부로 해야 하며 계약서에 분쟁조항을 언급치 않았으므로 L국의 법원에 제소할 수밖에 없었던 것은 상황을 더욱 불리하게 만들었다. 우선 현지 변호사를 선임하는 것이 급선무였으므로 한국상사는 L국의 지점을 통하여 변호사를 선임하고 訴狀작성을 의뢰하였다. 한편 소송제기와 함께 한국상사는 관련기관에 대한 막후접촉으로 본건을 해결코자 서울주재 L국 영사관에 협조공문을 발송하는 등 다각도의 노력을 시도해 보았으나 별 효과가 없었다. 한국상사가 이와 같이 변호사 선임을 서두르고 유관기관과의 막후접촉을 시도하여 본건을 신속히 해결코자 했던 것은 D사가 계약물품대금에 대한 반환청구 소송을 제기할 것이라는 정보를 입수했기 때문이다.

그 후 얼마 지나지 않아서였다. D사에서는 L국 정부의 명의를 빌어 한국상사에게 USD200만 상당의 CLAIM을 청구해 왔다. 참으로 어처구니없는 일이었다. 국제관례상으로 보아도 D사의 주장은 무리한 것이어서 한국상사의 강력한 반박 LETTER에 아무런 반응이 없는 것을 보면 그네들도 정부기관인 만큼 일단 그렇게라도 해야 할 입장이었던 것 같다. 그러나 재판이 L국에서 행해지고 D사가 정부기업체라는 점에서 볼 때 과연 공정한 판결이 나올 수 있는가 하는 점은 상당히 의문시될 수밖에 없었다. 여하간 이 사건에 대한 법원의 판결이 나오기까지는 오랜 시일이 요구될 것이므로 재판의 진행에 최선을 다하여 임하는 수밖에 별도리가 없을 뿐이다.

▶교훈 아닌 교훈

한과장은 의자에 깊숙이 몸을 묻고서 담배를 피워 물었다. "나의 무사고 수출행진은 여기서 그치고 마는가?"라는 생각이 들자 착잡하기가 그지없었다. 이번 사고를 돌이켜 볼 때 선박의 좌초라는 불가항력적인 사태는 차치하고 거래가 시작될 당시부터 계약서에 좀더 관심을 가졌더라면 이런 황당무계한 일은 없었을 것이라는 아쉬움이 들었다. 또 설사 소송으로 가야 할 사태라도 분쟁조항을 두어 제3국의 중재기관에서 처리토록 규정했더라면 일이 훨씬 잘 풀려나갈 수 있지 않았을까 하는 생각도 들었다. 마치 전장에 나가는 병사가 총기를 점검하지 않고 전투에 임하였듯이 상거래에서 가장 기본적으로 챙겨야 할 계약서를 소홀히 취급함으로써 치루어야 할 대가로서는 너무나도 뼈아픈 것이었다. 설마 사고가 발생하겠느냐 라는 식의 안일한 사고방식에 사로잡혀 오로지 매출증대에만 전력하는, 심지어는 아무런 계약서 한 장 없이 수출전선에서 활약하고 있는 일부 상사맨들에게 이번 사고는 계약서의 중요성을 다시 한번 일깨워 주는 좋은 계기가 될 것이다. 오늘도 상사맨으로서의 능력을 십분 발휘하며 해외 BUYER와 상담하고 있는 한과장의 앞길에는 이제 무역사고라는 장벽은 결코 찾아볼 수 없을 것이다.

4-3. 책상 속에서 잠자는 서류

사건 개요

본건의 발생현황은 다음과 같다.

* 국　　가 : MEXICO
* 거 래 선 : SINGER
* 품　　목 : Color TV
* 금　　액 : USD50,696.40
* 거래방식 : 90DAYS FROM B/L DATE
* 조치결과 : 가격인하와 DEMURRAGE CHARGE를 당사가 부담하는 조건 (원금의 20%, U$9,300 - 별도 송금하였음)으로 입금 이루어짐 (USD50,696.40).

발생과정

당시의 MEXICO 경제가 페소화 폭락상태로 인하여 심각한 위기에 처한 상황에서 00년 9월 10일 동사는 MEXICO 거래선인 SINGER에 90DAYS FROM B/L DATE조건의 L/C에 의거하여 선적(USD50,696.40) 및 NEGO완료(00 9. 6 선적& 00. 9. 10 NEGO)하였으나, 대금지급 만기일인 00/12/5일보다 훨씬 뒤인 00년 2월 5일에 RENEGO은행인 외환은행으로부터 미입금되고 있다는 사실을 통보받음. 확인결과 선적서류를 서류운송 업체였던 TNT가 운송 중 분실한 것으로 확인되었고 TNT측도 이를 확인통보(2월 7일경)하여 왔다.

★ RENEGO:

NEGO은행이 신용장상에 지정되어 있어 지정은행으로 선적서류를 재매입하는

것

▶조치사항

동사는 서류운송업체인 TNT에 서류분실로 발생된 손실금 청구와 함께 B/L을 재발행토록 신청하는 등의 조치로 동 건을 해결코자 했으며, 동사는 TNT측으로의 CLAIM 청구로 입금에 문제가 없을 것으로 예상하고 있던 중, 00년 3월 20일, 서류의 분실은 TNT측이 아닌 OPEN BANK에서 서류 접수 후 은행담당자가 HOLDING 하고 있는 것으로 재확인되었다.

이에 따라 동사는 OPEN BANK측에 대금 지급을 요구하는 CLAIM을 강하게 제기하여 00년 3월 30일 NEGO대금 전액(USD50,696.40)의 입금이 이루어졌으나 선적서류 제시 경과(L/P)로 인한 하자 NEGO로 지연이자 청구가 불가하였다. 한편 당시의 MEXICO는 급격한 외화자금의 유출로 인한 PESO화의 급락에 따른 심각한 경제위기에 처한 상황이었고 거래선인 SINGER측은 선적 시 동사로부터 SHIPPING ADVICE를 통보받지 못하였으며 금번 상황은 원천적으로 자신들의 귀책사유가 아니므로 물품을 인수 못하겠다는 인수거절 의사를 표시하였으며 만일 인수시라도 단가인하 및 만기연장(120DAYS로)을 사전조건으로 제시하였다. 이러한 상황에서 거래선의 요청에 대응 가격인하(USD3,300), DEMURRAGE(USD6,000) 및 지연이자(USD1,184)를 감안하여 주기로 합의하여 USD9,900의 재송금 및 지연이자 청구 중단으로 업무 종료하였다.

★ L/P(Late Presentation)

선적서류 제시기간 경과로 발생하는 하자

◐ 교 훈 ◑

■ 잘못된 점

- 선적 후 거래선 측으로의 SHIPPING ADVICE가 제때에 이루어지지 못함에 따라 문제 발생. 상황 접수 지연
- 만기로부터 2개월여의 기간 경과 후에야 미입금 상태인 것으로 파악됨으로써

적절한 조치를 취할 시기를 놓쳤음.

- 거래선 해당국 및 거래선에 대한 정보 부족 또한, 허술한 입금관리로 인한 과다 손실 발생 : 판매액 대비 20%의 비용 발생
- 하자 NEGO에 따른 비용 가중

  하자 NEGO시 제3자에 의해 발생되는 비용도 수출자 부담으로 금융비 증가, 손실가중 발생
- OPEN BANK의 실수로 인해 발생한 비용(가격인하 및 DEMURRAGE CHARGE)을 소구하지 못함으로써 동사에서 불필요한 비용까지도 부담함.

4-4. 하자 NEGO의 위험성은 바로 이것!

사건 개요

본건의 발생 현황은 다음과 같다.

* 국 가 : U. S. A
* 거 래 선 : SWAN
* 품 목 : PC
* 금 액 : USD 27,000.00
* 거래방식 : L/C AT SIGHT
* 조치결과 : 전액 부실

발생과정

몇 년 전부터 거래관계를 유지해온 거래선은 00년 7월 U$143,550에 해당하는 L/C를 개설하였고 L/C의 유효기일은 00년 8월 14일이었다.

그러나 동사는 제품생산의 지연에 따라 L/C의 납기 요구일에 선적이 불가능하였던바 7월 30일 거래선에게 L/C AMEND를 요청 1차 AMEND 실시(S/D: 8/20, E/D: 8/31) L/C의 1차 기간연장에 따라 7월 30일 1차로 분할선적 진행되었다.

이후 계속되는 생산 지연으로 인하여 추가로 L/C 유효기일 연장요청 8월 21일 재차 연장 (S/D: 8/31, E/D: 9/15)하여 8월 26일 2차 선적추진, 그러나 계속되는 생산지연으로 마지막 3차분의 선적이 지연됨에 따라 거래선에게 L/C AMEND를 추가 요청하였으나 거래선으로부터 L/C AMEND없이 진행하자는 LETTER를 입수 9월 14일 선적하여 9월 23일 NEGO. 10월 12일 OPENING BANK 로부터 UNPAID통보 입수하였다.

이에 확인결과 물품은 AIR선적으로 거래선이 기인수한 상태였으며 서류는 은행을 통하여 재 반송됨으로써 부실 발생하였다.

■ Air 선적 시 주의할 점

Air선적 시 Air Way Bill(항공운송장)이 발행되는데 AWB상에 Consignee명의를 개설은행으로 명시하여야 한다. 그 이유는 만약 Consignee명의를 Buyer로 했을 경우, Buyer에게 AWB 원본이 송부되어 바로 물품을 인도 받을 수 있기 때문에 Buyer가 파산 또는 대금지급 불능 시 물품확보에 어려움이 있다.

■ Air 선적시의 위험성

Air선적은 화물과 함께 항공화물 수취증(AIR WAY BILL) 1부 INVOICE, PACKING LIST가 송부되므로 화물 수취인(CONSIGNEE)이 거래선으로 되어 있을 경우 아무런 법적 제한 없이 물품 수령이 가능하므로 L/C에 의한 거래라 하더라도 하자 NEGO시에는 대금지급 및 물품확보에 대한 아무런 보장이 없다.

▶조치사항

00년 10월 16일 1차로 하자통보 접수하여 현업 측으로 조치토록 통보함.

00년 11월 10일 2차 하자통보를 접수하여 긴급히 현황파악 및 대처방안을 강구하여 10월 16일 이후 거래선과 계속 접촉을 시도하였으나(FAX) 계속적으로 회신이 없으며 LATE SHIPMENT에 의한 하자 NEGO이고 더욱이 거래선이 제품을 인수한 상태에서 거래선이 동사에 CLAIM을 제기한 것이 U$10만 이상이 되므로 부실채권에 대하여 대손처리를 진행하고 거래선의 CLAIM제기 문제 역시 무시하자는 의견으로 결론이 났으나, 확인 결과 거래선의 CLAIM 제기는 명분이 모호한 것으로 동사가 실제로 지급하여야 하는지의 여부도 확실치 않았으며 NY지점을 통하여 현상황을 점검한 결과 지점에서는 12월초까지 동 문제를 전혀 알고 있지 못한 상황이었다. 상황파악 결과 거래선은 자금사정이 어려웠을 뿐만 아니라 8월 31일 사장이 바뀌어 VENDOR도 변경된 상태였다.

이후 동사는 대손처리로 진행하고 추가적인 회수작업을 중단하였다.

교 훈

■ 잘못된 점

- AIR 선적 시에는 기본적으로 CONSIGNEE를 은행으로 하여야 한다.
  만일 거래선을 CONSIGNEE로 할 경우에는 반드시 CLEAN NEGO를 진행하여야 한다.
- 거래선에 대한 관리가 부족하였다. 거래선 사장의 교체에도 불구하고 이에 따른 동사로의 영향을 사전 감지하지 못하였다.
- 근본적인 사고의 원인은 납기지연이었으며 물품 생산 일정의 미확인 상태에서 체결한 것이 문제였다.

제 5 장

적하보험

5
chapter

적하보험

제 1 절 적하보험

적하보험이란 "해당사고로 인하여 운송화물에 생기는 손해를 보상할 것을 목적으로 하는 손해보험 계약이다." 즉, 적하보험계약은 보험자가 항해와 관련된 일정의 우발적 사고에 의해서 화물에 생기는 손해를 보상하는 것을 계약하고, 보험계약자가 이것에 대해 그 보수를 주는 것을 약속함으로써 그 효력을 발생한다.

1. 적하보험 계약 체결 시 기재사항

적하보험 계약에는 다음과 같은 사항이 포함된다.

- 보험계약자(Applicant)/피보험자(Assured)
- 보험의 목적
- 보험료
- 운송요구
- 보험조건

- 보험가액
- 보험가입금액(보험금액)
- 희망이익

위의 사항은 모두 보험계약 체결을 증명하는 보험증권에 기재된다.

* 희망이익 : 화물이 무사히 목적지에 도착함으로써 화주가 얻을 수 있는 이익. 일반적으로 상업송장가액의 10%가 국제적 상거래의 관습임.

▶보험증권

- 적하보험증권은 수출화물에 보험계약이 체결되어 있다는 것을 증명하는 증거서류이다. 또한, 이 증권은 손해배상의 청구권이 있다는 것을 증명한다.
- 발행: 계약자의 청구에 의해서 발행되며, 중요한 선적서류이므로 통상계약이 성립되면 발행됨.
- 발행통수: 계약자의 필요/요구에 따라 다르나, 통상 4~6매임.
- 보험증권은 유가증권은 아니나, 피보험자가 보험의 목적을 양도하기 위해 보험증권을 배서처리 할 때에는 보험계약에 의해서 생긴 권리를 양도한 것이라 추정함.

2. 적하보험 계약자의 의무

적하보험을 체결한 보험계약자는 계약에 따라 다음 2가지의 의무를 가지게 되며, 아울러 보험료 지불의무도 가진다. 한편, 적하보험에 있어 분쟁이 발생될 시 이를 해결하는 데 있어, 준거법은 영국의 법률과 관례를 따르도록 되어 있다.

(1) 고지의무

보험자에게 계약 체결 전에 모든 사항을 알려줄 의무로 보험계약자는 일상업무를 수행함에 있어 알고 있어야 할 모든 중요한 사항을 알고 있는 것으로 간주되므로, 계약체결 전에 보험자의 위험 인수여부 및 요율 산정에 영향을 미칠 수 있는 사항에 대하여 고지하여야 함. 만약, 보험계약자가 고의 또는 중과실로 고지를 태만히 한 경우에 보험자는 그 계약을 취소할 수 있다.

▶보험계약 체결 시 고지사항

피보험자(Assured), 보험계약자(Applicant), 보험가입금액(Amount-Insured), 출발항(At and From), 도착항(Arrived at), 참고(Reference No), 선박/항공기명(Vessel/Aircraft), 출항일(Sailing on or about), 보험조건(Condition)

(2) 통지의무

보험계약 체결 후, 변동된 위험을 보험자에게 알려줄 의무로 보험기간 중에 사고 발생의 위험이 현저하게 변경 또는 증가된 사실을 알았을 때, 보험계약자 또는 피보험자는 지체 없이 그 사실을 보험자에게 통지해야 한다.

통지의무 위반도 계약해지의 사유가 되며, 보험자는 통지의무 위반 사실을 안 날부터 1개월 내에 한하여 계약을 해지할 수 있다.

보험계약 내용에 변경이 있을 경우에는 기 발행된 보험증권을 회수한 후, 보험증권을 재 발생하거나, Endorsement(배서)를 원본에 첨부하여 사용할 수 있다.

실무처리상 운송방법의 변경(Air ↔ Vessel)이 특히 중요하므로 운송 방법의 변경은 필히 통지해야 한다.

3. 적하보험의 종류

(1) 개별보험계약

이는 매 선적시마다 개별적으로 보험계약 체결을 하는 것이다.

(2) 포괄보험 계약(Open Policy)

적하보험에는 이와 같이 2가지 종류가 있으나, 수출입을 할 경우 매 선적시마다 개별 보험계약을 체결하는 것은 시간 낭비일 뿐만 아니라, 보험료도 비싸므로 포괄보험 계약을 체결하는 것이 일반적이다.

1) 포괄보험이란?

보험계약자와 특정 보험자간에 장래(통상1년)에 거래될 수출입 화물을 전체적으로 보험에 가입하는 계약이다.

① 보험내용

보험계약의 내용, 즉 보험의 목적, 보험금액, 적재선박 등이 확정되지 않은 상태에서 그 범위를 포괄적으로 정하고, 추후 내용이 구체적으로 확정되어, 위험이 개시된 때에 보험자가 그 위험을 담보하고 보험료를 청구하는 방식에 의해 이루어지는 보험계약.

② 적용대상

계약체결 당회계년도의 '전년도 1월 1일부터 12월 31일까지' 1년간의 적하보험원수보험료(수출+수입)를 적용하며 대상자는 보험개발원에서 실적 집계 후 각 손해보험사에 통보함.

③ 계약체결

포괄보험 계약은 한 계약자를 단위로 하여 계약자당 하나의 증권으로 계약을 체결하나, 수출과 수입은 각각 구분하여 체결할 수 있음.

포괄 보험증권은 양도성이 없으며 화물출하 시 자체적으로 보험증명서를 발급하거나 또는 보험자에게 출하통지를 하면 보험자는 그 출하화물에 대해서 보험증명서를 발행한다.

이 보험증명서는 포괄 보험증권에 의거해서 발행되며, 양도성이 부여된다.

2) 포괄보험의 편리성

① 보험료 절감(보험료 5% 할인 및 이익수수료 환급)

- 보험요율의 5%할인 : 계약당시 유요한 요율에 5%할인을 적용함.
- 이익수수료 환급 : 보험기간(통상 1년) 종료 후 6개월경과 후에 지급함.
  이익수수료 계산법
  : [총 납입보험료 × 60% - (지급보험금+미지급보험금)] × 15%

② 보험료 정산의 편리성

개별계약의 경우 증권발행일로부터 5일 이내 개별납부를 하여야 하나, 포괄보험은 개별운송에 대한 보험료를 월단위로 묶어서 통상 익월 초 청구일로부터 10일내에 정산한다.

③ 보험금 정산의 편리성

포괄보험 체결 시 $2,500 이하 소액사고에 대해서는 사고점검 없이 서류만으로 보험금을 지급받을 수 있다.

④ 보험가입증서 및 세관용 송장발급의 편리성

은행제출용 보험증권을 보험가입증서로 대체하여 발행하고 세관통행을 위해 세관용 송장을 발행하며, 별도 합의가 있으면 계약자가 직접 발행하여 사용할 수도 있다.

⑤ 부보누락 방지

일정기간(1년)을 정하여 보험계약을 체결하면 그 기간내에 계약자가 보험 부보권이 있는 모든 선적화물에 대해 보험계약을 체결한 것으로 간주되므로 만약 통지의 누락이나 지연이 있어도 그것이 계약자의 고의 또는 중대한 과실로 기인되지 않았다면 계약자는 손해보상을 받을 수 있다.

제 2 절 무역의 위험

1. 보험조건

- 보험의 조건은 각 손해별 보상조건에 따라 달라진다.
- 해상손해의 보상조건은 손해정도와 손해부담관계에 따라 정해진다.

<table>
<tr><td rowspan="5">해상손해</td><td rowspan="4">물적손해</td><td rowspan="2">전 손
(Total Loss)</td><td>현실전손(Actual Total Loss)</td></tr>
<tr><td>추정전손(Constructive Total Loss)</td></tr>
<tr><td rowspan="2">분 손
(Partial Loss)</td><td>단독해손(Particular Average)</td></tr>
<tr><td>공동해손(General Average)</td></tr>
<tr><td>비용손해</td><td colspan="2">손해방지비용
특별비용
공동해손 부담금
구조비
부대비용</td></tr>
</table>

(1) 전손(Total Loss)

1) 현실전손(Actual Total Loss)

사실 확인이 가능한 분명한 전손 화재로 인한 화물의 전소 등.

2) 추정전손(Constructive Total Loss)

사실 확인은 가능하지 않아 현실전손은 아니나, 상품 가치를 회복할 수 없는 경우나, 회복비용이 보험금액을 초과하는 경우, 해저에 가라앉은 선박 등

(2) 분손(Partial Loss)

1) 단독해손(Particular Average)

화주가 단독으로 부담해야 할 해손

2) 공동해손(General Average)

이해관계자가 공동으로 부담해야 할 해손

- 공동해손 희생손해 :공동해손에서 희생적으로 처분된 실제적 손해
- 공동해손 분담금 : 이해관계자가 분담하는 손해
- 공동해손비용손해 : 공동의 안전을 위해 합리적으로 발생한 비용손해

(3) 비용손해

1) 손해방지비용

손해확대를 방지하기 위해서 피보험자가 지출한 비용으로 보험자의 보상책임이

있는 경우, 보험금액을 초과하여 보상된다.

2) 특별비용

화물의 안전, 보존을 위해 피보험자 또는 제3자가 지불한 특별비용이다.

3) 공동해손분담금

공동해손에 있어서 이해관계자가 분담하는 손해이다.

4) 구조비

제3자가 임의로 화물이나, 선박을 구한 경우 그 구조자에 대해서 피구조물의 소유자가 지불하는 보수이다.

5) 부대비용

손해조사의 입증을 위해서 피보험자가 지불한 손해조사 비용 등이다.

2. 보험조건별 보상범위

해상손해에는 이렇듯 여러 종류의 손해가 있다. 그러나, 보험자는 부보한 조건을 바탕으로 보상하게 되므로 보험계약자는 손해별 보상범위를 알고, 그에 따른 적절한 보험조건을 선택하여 부보해야 한다.

(1) 구협회 적하약관 요약

1) AR(All Risk-전 위험담보)

모든 우발적 원인에 기인한 손해를 면책한도 없이 보상하므로 보상 범위가 가장 넓다.(Air 운송인 경우는 AR-Air보험조건이어야 함.)

단, 다음은 면책(보험자/보험회사가 책임이 없는 경우)사항에 해당된다.

㉮ 피보험자 고의의 불법행위

㉯ 포장불충분

㉰ 화물의 하자

㉱ 전쟁

2) WA(With Average-단독해손담보)

다음에 한하여 담보 된다.

㉮ 화물의 전손,

㉯ 단독/공동해손,

㉰ 악천후로 인한 해손, 등이 담보됨.

아울러, WA에는 아래의 두 가지 별도 조건이 가능하다.

ⓐ WA 3% 조건 : WA의 담보 Option으로 해손이 화물 전체의 3%를 초과해야만 손해액 전부를 보상함.

ⓑ WAIOP(WA Irrespective of Percentage)조건 : % 관계없이 사소한 손해까지 담보함

3) FPA(Free from Particular Average-단독해손 부담보)

㉮ 손해방지 비용인 경우,

㉯ 하역 작업 중 포장 당 전손인 경우,

㉰ 침몰, 좌초, 충돌의 단독 해손인 경우 등이 담보됨.

(2) 신협회 적하약관(ICC: Institute Cargo Clauses)

런던 보험자협회(ILU)가 1982년 제정한 약관(ICC A, B, C)이 신협회적하약관(ICC)이다. 이 ICC는 이전 구약관상의 보험조건의 명칭을 간소화하고, 내용도 보다 정확하게 정비하였다. 비록 현재는 이 2가지 약관(구약관, 신약관)이 병행하여 쓰이고 있으나, 앞으로는 신협회적하약관이 주로 사용될 것으로 보인다.

1) ICC(A) : Institute Cargo Clauses (A)

① 구 A/R 약관에 대응되는 약관으로 전 위험을 담보하는 포괄 책임주의 약관이다.(보험자가 해상사업에 관한 사고로 인하여 생긴 손해를 보상할 책임을 지고, 모든 해상위험을 담보하는 규정방법으로 보험자가 면책에 따른 입증책임을 짐)

② ICC(A)에서는 약관 내에 면책사항을 열거하여 제시하고 있는데, 이를 제외하고는 보험의 목적에 발생한 멸실, 손상 또는 비용일체를 담보한다.

③ 면책사항 (보험자/보험회사가 책임이 없는 사항):

㉮ 피보험자의 고의적 비행에 의한 손해

㉯ 보험목적물의 통상적 손해

㉰ 포장부적합으로 인한 손해

㉱ 보험목적물의 고유의 하자 또는 성질에 의한 손해

㉲ 지연으로 인한 손해

㉳ 원자핵무기로 인한 손해

㉴ 선박 및 운송용구의 불 내항 및 부적합 면책

㉵ 전쟁위험 면책, 동맹파업위험 면책

2) ICC(B) : Institute Cargo Clauses (B)

① WA 약관과 대응되는 약관으로 WA가 명확히 하지 않았던 점을 보완하여 이해를 쉽게 했다.

② 열거된 주요위험에 의해 생긴 손해를 보상하는 열거 책임주의를 택하고 있으며, 면책위험도 열거하여 명기하고 있다.

***열거책임주의** : 무역용 보험증권에 열거되어 있는 담보위험만을 보험자가 책임을 지는 규정 방법으로 보험계약자/피보험자가 손해입증 책임을 짐.

③ 분손, 전손의 구분 없이 보상하며, 면책율의 적용도 없다.

④ ICC(A)의 면책사항을 제외한 모든 위험을 담보한다.

⑤ 담보 항목은 다음과 같다.

㉮ 화재,

㉯ 폭발,

㉰ 좌초,

㉱ 지진,

㉲ 분화,

㉳ 낙뢰,

㉴ 화물 하역 중 포장 당 전손, 등을 담보.

㉵ 해수・호수・상물의 침입

(단, 해수 · 호수 · 강물의 침입은 직접적이지 않으면 담보되지 않는다.)

3) ICC(C) : Institute Cargo Clauses (C)

① FPA약관과 대응되는 약관으로 보상범위가 가장 좁다.

② 열거위험에 의한 손해를 분손, 전손의 구분 및 면책률 없이 보상한다.

☞ **열거위험**: 해상보험증권에 규정되어 있는 위험

③ 면책사항은 ICC(A)와 동일하다.

④ 담보항목은 다음과 같다.

㉮ 화재,

㉯ 폭발,

㉰ 좌초,

㉱ 침몰,

㉲ 전복,

㉳ 육상운송용구의 전복 또는 탈선,

㉴ 공동해손,

㉵ 투하로 인한 손해,

㉶ 피난항에서 하역 중 발생한 손해
(단, 환적이나 하역중의 포장 당 전손은 담보하지 않음)

(3) 기타부가위험

• 부가위험이란?(비 열거위험, 추가위험)

구협회 적하약관이나 신협회 적하약관에서 주로 전위험 담보조건이 아닌 제한된 조건하에서 담보되지 않는 위험을 추가로 부보하는 위험이다.

제 3 절 적하보험 체결

1. 적하 보험 계약 체결

(1) 적하보험 체결 절차

1) 보험계약자는 보험청약서를 기입해 이것을 보험회사에 제출한다.

2) 보험회사는 이것을 검토해서 위험을 측정해 보험료율을 청약인에게 통지한다.

3) 청약인이 그 보험료율로 부보할 것을 승낙하면 계약은 성립되고, 보험계약자는 보험료를 납부한다.

4) 보험자는 해상보험증권을 발행한다.

(2) 적하보험체결방법

1) 구두(전화)통보

계약건수가 적고 품목 및 보험조건이 정형화된 계약자가 사용함.

2) 관련서류 서면 통보

중·소형 계약자에게 주로 사용하는 방법으로 관련서류를 서면으로 전달하여 부보함.

2. 보험료 산출방법 및 지불방법

(1) 보험료 결정

보험자는 청약서의 기재사항을 검토해서 보험료를 결정하고, 이를 청약인에게 제시한다. 보험료율은 일반적으로 보험금액의 몇%라고 표시된다.

(2) 보험조건, 화물의 종류, 운송구간 및 운송용구, 기타

1) 보험조건

보험조건, 즉 담보위험과 보상범위에 따라 보험료율도 비례하여 결정된다.

FPA 〈 WA 〈 A/R(Air) 〈 A/R

2) 화물의 종류

화물의 종류에 따라서 위험의 성질이 다르므로 보험료율도 달리 적용된다.

3) 운송구간 및 운송용구

운송구간이 길수록 보험료율은 높으며 (일본 〈미국), 비행기보다 배의 요율이 상대적으로 더 높다.

이상 위의 사항을 근거로 해당 품목의 요율서를 적용하여 보험료를 산출하되, 최종 적용 보험료율은 요율서의 요율을 기준으로 포괄보험 계약의 경우, 5%의 할인율을 적용. 최종적으로 자유요율의 범위율을 적용하여 확정요율을 결정한다.

(3) 보험료 지불방법

1) 일반원칙

보험증권 발행 후 5일 이내 현금입금이 원칙이다.

부득이 어음지급일 경우 1개월 내 결재되어야 하며 1년 만기 은행정기예금 현 금리로 일괄 계산된 이자를 선납해야 한다.

2) 보험료 정산특별약정

보험료 정산특약을 체결한 회사는 보험증권이 발행된 익월 10일까지 1개월분을 모아서 보험료를 납입 처리할 수 있으므로 업무의 효율성을 기할 수 있다.

제 4 절 적하보험의 클레임 실무

"김과장은 지난달 이태리로 보낸 원단에서 선박운송 중 우연한 사고로 화물에 하자가 발생하였다는 보고를 받았다. 이태리의 수입상은 원단의 이상을 들어 수입을 거절하였고, 손해를 입은 김과장은 A화재에 보험금을 청구하였다!"

▶보험클레임(Claim)

① 보험클레임

보험계약 체결 후 보험자가 담보한 위험에서 손해가 발생했을 때, 피보험자가 보험금을 청구하는 것이다.

② 대위 (Subrogation)

보험사고와 관련하여 보험자가 보험금을 지급한 후 귀책사유자에 대해 피보험자가 가지는 손해배상 청구권을 법에 따라 넘겨받는 것을 말하며, 보험자는 지급보험금의 범위 내에서 귀책사유자를 상대로 다시 구상행위를 취한다.

즉, 위의 예에서 보면 김과장님은 A화재에 보험클레임을 제기하여, 보험금을 지급받고, A화재는 김과장님의 배상청구권을 대위 받아 선박회사에 손해를 청구하는 것이다.

1. 클레임 발생 시 계약자(피보험자)의 의무

손해발생시 보험계약자(피보험자)는 클레임의 신속한 처리를 위해서 다음과 같은 의무를 이행하여야 한다.

(1) 손해방지 및 손해 경감의 의무

1) 사고발생시 피보험자 혹은 그의 대리인등은 보험회사가 보상하게 될 손해를 방지하거나, 경감시키기 위한 모든 조치를 취해야 할 의무가 있다.

2) 만일 이 의무를 게을리하여 손해가 확대되었을 경우, 보험회사는 향후 지급할

보험금에서 피보험자등이 적절하게 손해방지 및 경감의무를 이행하였다면, 지급하지 않아도 되었을 금액을 공제하고 지급한다.

3) 한편 보험자는 피보험자 등이 보험계상에서 보험자의 담보위험으로 인해 발생된 손해를 방지하거나 경감시키기 위해서 합리적으로 발생한 비용(손해방지 비용)만 보상한다.

(2) 사고 발생 통보의무

피보험자 등은 사고 발생을 인지한 즉시 보험회사나 보험회사의 AGENT에게 즉시 사고 발생 사실을 통보하고, 현장을 보존하는 등 사고조사가 원활히 수행될 수 있도록 적극 협조해야 한다.

(3) 보험회사의 구상권 확보의무

1) 피보험자등은 사고발생을 인지한 즉시 운송인, 창고업자 등 사고 발생에 대하여 책임을 질 귀책사유자에게 사고 발생을 통보해야 한다. 또한, 보험회사가 보험금을 지급한 후, 원활하게 구상권을 행사할 수 있도록 필요한 이재증빙서류를 보험회사에 제출하여야 한다.

2) 한편 피보험자등은 사고 발생을 인지한 후, 즉시 운송인에게 서면으로 사고 발생사실을 통보하고, 소멸시효 완성기간을 연장시켜야 한다. 만일, 이를 게을리하여 보험회사가 구상권을 확보하지 못할 경우, 보험회사는 향후 지급할 보험금에서 구상권 행사시 회수 가능한 금액을 공제할 수 있다.

3) 특히, 항공운송화물의 경우 화물인수 후 14일 이내(전화물 미도착의 경우는 90일 또는 120일 이내)에 항공사에 사고 항공화물운송장에 의거하여 운송화물에 발생한 손해에 대하여 어떠한 책임도 지지 않는다. 따라서, 항공운송화물의 경우 화물인수 즉시 화물의 상태를 점검해야 하고, 손상 및 멸실 등이 확인될 시 이를 항공사에 즉시 통지해야 한다.

4) 귀책사유자에 대한 구상권 확보행위는 추후에 발생된 손해가 보험회사의 면책사항에 해당되어 보험금 수령이 불가능하게 될 경우, 계약자가 직접 운송인 등 귀책사유자를 상대로 손해배상 청구권을 행사해야 하므로 유의해야 한다.

* **구상권** : 연대채무자가 주 채무자에게 상환을 청구할 수 있는 권리

2. 클레임 처리절차 및 방법

보험클레임이 발생하면 보험 계약자는 사고발생 인지직후, 보험금을 청구할 때, 보험금을 수취할 때, 단계적으로 해당 업무를 처리해야 한다.

(1) 사고발생 인지시

- 보험증권에 기재된 Settling Agent 에 즉시 통보한다.(구두 또는 서면)

*Settling Agent : 국내 보험회사가 해외 현장의 사고조사 및 클레임처리도 직접 수행하기 어려우므로 대신하여 사고조사 클레임 업무를 수행하는 현지대리인

(2) 보험금 청구 시

- 보험자 또는 Settling Agent가 요구하는 서류의 보완 및 제출
- 보험금 청구 후 보험 보상 여부 확인
- 보험자의 추가 서류 보완 요청에 신속한 대응 보완

(3) 보험금 수취 시

- 대위 Receipt 기명날인 후, 보험자에게 송부
- 입금표 또는 영수증은 보험자에게 송부
- 잔존물 처분의 경우, 보험자와 협의 및 협조

(4) 통보사항

- 보험증권 번호
- 운송선박 및 항공기명
- 화물명, 수량
- 사고발견 시점 및 장소
- 예상손해액
- 화물의 보관 장소 및 연락처

• 기타, 특별히 알려주어야 할 사항

3. 공동해손의 경우

화물을 운반하고 있는 선박이 폭풍우와 같은 위험을 만나 선박 또는 화물이 공동으로 위험에 처하는 경우, 선장은 선박 또는 화물의 일부를 희생하여 다른 화물이나 선박을 보존하고 무사히 항해를 완수할 수 있다면 부득이 의도적인 조치를 취할 수밖에 없다. 이 경우, 일어난 손해는 선주나 화주가 단독으로 부담하는 것이 아니라, 그 의도적인 행위로 혜택을 누린 이해관계자들이 공동으로 부담하게 되며, 이를 공동해손이라고 한다.

■ 공동해손을 구성하는 주된 손해와 비용
• 투하에 의한 손해
• 선내화재의 소방에 의한 손해
• 선박의 좌초 때문에 입은 손해나 비용
• 피난항에 입항하기 위해 든 비용 및 손해
• 돛, 닻 등의 절단 손해
• 예인선 비용

* YAR : York-Antwerp Rules of General Average
공동해손에 관한 세계 각국의 청산 및 해결방법에 대한 국제규칙

제 5 절 클레임 사례 연구

1. 보험금 청구서 구비서류

손해가 발생하면 대부분 보험회사가 직접 손해사정을 하여 보험금을 확정 지급하나, 정산인이 선임되어 처리되는 경우, 정산인은 발생한 손해와 비용을 근거로 정산

서를 발행하며, 보험회사는 정산의 타당성을 검토한 후 보험금을 지급하게 된다.

이 보험금을 청구하기 위해서는 몇 가지의 구비서류가 필요한데, 이는 항상 구비해야 할 공통서류, 요청 시 제출하는 기타서류, 컨테이너 화물의 경우 필요한 서류, 항공화물의 경우 필요한 서류 등 화물특성에 따라 다소 차이가 있다.

(1) 공통서류

보험금 청구 시 의무적으로 구비해야 할 서류로, 대부분 공통서류만을 구비하여 보험금을 청구한다.

1) 보험금 청구서한, 보험금 계산명세서
2) 선하증권(Bill of Lading : B/L)
3) 포장명세서(Packing List : P/L)
4) 상업송장(Commercial Invoice)
5) 보험증권 원본
6) 귀책사유자에 대한 사고통보서한(Claim Notice) 및 회신
   손해발생 또는 사고를 귀책사유자에게 통지한 서한 및 관련 회신을 말함.
7) 본선협정서 또는 Outturn Report
   본선으로부터 하역 당시의 화물 상태를 확인할 수 있는 서류.
   목적항에서 화물 하역 시 본선과 하역업자 사이에서 작성됨.
8) 입고협정서(Warehouse Convention)
   보세창고 입고 당시의 화물상태를 확인할 수 있는 서류.
   본선에서 하역된 화물이 통관을 위하여 보세창고에 입고될 때 보세창고에서 작성함.

(2) 컨테이너(Container) 화물의 경우

1) 선적지 Container Inspection Report 및 Container Stuffing Report

◇ 컨테이너 적입 전 컨테이너 상태를 나타내는 것
→ Container Inspection Report

◇ 컨테이너 적입당시 화물의 상태를 나타내는 것

→ Container Stuffing Report

이들은 컨테이너 적입전의 컨테이너 자체의 이상 유무와 컨테이너 적입시 화물의 이상여부를 확인하기 위해서 필요함.

2) Equipment Interchange Receipt

◇ 화물이 중간항에서 하역되었을 때 발행되는 것으로써, 환적당시 컨테이너 상태를 확인하기 위해서 필요함.

3) Devanning Report

◇ 컨테이너 개장 시 입회관계인(하역업자와 보세창고 담당자 등) 사이에서 작성되며, 컨테이너 개장당시 컨테이너 및 화물의 손상 여부를 확인하기 위해서 필요한 서류임.

(3) 항공화물의 경우

1) 수입화물 포장점검표

◇ 수입화물 분류장에서 항공사와 화물분류 회사간에 작성되는 서류.

화물반입 당시의 화물상태를 확인할 수 있음.

2) 반입화물 점검실시명세

◇ 수입화물 분류장에서 세관, 항공사, 화주 Agent 및 화물분류회사 직원간에 작성되는 서류. 화물분류 당시의 화물상태를 확인할 수 있음.

3) 포장파손점검표

◇ 화물분류장에서 보세창고로 보세운송될 때 화물분류장과 보세운송업체간에 작성되는 서류. 운송당시의 화물상태를 확인할 수 있음.

2. 클레임 사례연구

▶ 다음은 실제로 있을 수 있는 각 경우별 클레임 사례이다.

(1) 통지의무 위반

① 운송구간

Narita Airport ⇒ Incheon Airport

② 부보화물

Film Processor, Printer Processor(일반 기계류)

③ 보험조건

A/R(Air) - 전위험담보

④ 운송방법 변경

Yokohama Port ⇒ Busan Port

⑤ 사고내용

항공편 수송예정이었으나, 보험회사에 사전 통지 없이 선박 운송으로 운송수단이 변경되어 도착항에서 적재화물이 후진하는 트럭에 받쳐 파손사고 발생됨.

⑥ 처리결과

운송용구나 운송경로의 변경 또는 이탈이 발생될 시, 반드시 사전에 보험자에게 통보하였어야 함에도 불구하고 사전 통지의무를 이행하지 못하였으므로 보험자 면책임. 반드시 변경 사항은 통보하고 보험조건을 변경시켰어야 함.

(2) 황천 사례(폭풍우는 정말 무서워!)

① 운송구간

Mexican Port ⇒ Busan Port

② 부보화물

DMT(분말화공품)

③ 보험조건

FPA - 단독해손 부담보

④ 사고내용

해상운송도중 황천(악천우)과의 조우로 인한 오염손해에 발생.

⑤ 처리결과

FPA 조건에서는 황천이 담보되지 않는 위험이므로 보상불가.
따라서, WA 3% 또는 A/R 조건으로 부보 요망됨.

(3) 무역 클레임(포장을 제대로 합시다!)

① 운송구간

USA Port ⇒ Busan Port

② 부보화물

Vacuum Relief Valve(일반기계)

③ 보험조건

A/R

④ 사고내용

통관 후 Unpacking 과정에서 화물 파손을 확인함.
화물파손의 원인은 충격방지제나 Separation이 없는 포장불량 상태였다.

⑤ 처리결과

포장불충분으로 기인된 손상은 보험클레임이 아니므로 Shipper(수출자)에게 무역 클레임으로 처리 요망됨.

(4) Denting & Bending(화물은 살살 다루어야지요!)

① 운송구간

Japanese Port ⇒ Busan Port

② 부보화물

Various Steel Pipe and Tubes(금속류)

③ 보험조건

FPA

④ 사고내용

운송도중 취급 부주의로 인한 화물의 Denting and Bending 사고 발생.

⑤ 처리결과 :

운송도중 취급 부주의로 기인한 화물손상은 FPA 조건에서 담보가 안됨. A/R로 부보요망.

(5) Breakage 사고(제발 화물을 던지지 마세요!)

① 운송구간

Japanese Port ⇒ Korean Port

② 부보화물

Electrical Equipment(기계류)

③ 보험조건

WA 3%

④ 사고내용

통관 후 포장해체 결과 수입화물에 일부파손이 있었음이 확인되었고, 손해원인은 운송도중 취급부주의로 기인되었음이 확인됨.

⑤ 처리결과

WA 3%에서는 보상이 안 되므로 보상이 어렵다.

A/R로 담보가 요망됨.

(6) Wet Damage(비야, 제발 오지 말아라!)

① 운송구간

USA Port ⇒ Inch대n Port

② 부보화물

Corn Gluten Meal

③ 보험조건

ICC (B),

④ 사고내용

운송도중 Container에 빗물이 유입되어 Wet Damage 발생.

⑤ 처리결과

ICC (B)에서는 빗물에 기인한 수침손은 담보되지 않음.

A/R조건으로 부보 요망됨. 그러나, 컨테이너 방수의 결함으로 운송업자는 묵시담보를 어겼음으로 수출업자는 운송업자인 선박회사를 상대로 클레임할 수 있다.

제 5 장 무역실무 사례 연구

5-1. 신제품의 특허등록

사건 개요

국내A사는 독일에서 개최된 전시회에 국내S사가 개발한 DANCING FLOWER 제품을 완성하였다. 전시 첫날 독일의 수입업자인 B사에서 OFFER SHEET발급을 요청해와 작성해 주었다. 그러나 얼마 후 독일법원으로부터 A사로 위 제품의 판매를 금지한다는 가처분명령서가 날아들었다. 조사 결과, 이는 일본의 T사는 A사의 DANCING FLOWER제품과 유사한 작용을 하는 DANCING ROCK이란 제품에 대해 이미 독일 내 특허권을 보유하고 있었기 때문이었다. 독일의 B사는 바로 그 FLOWER ROCK제품에 대한 독일 내 독점공급원을 일본의 T사로부터 받은 회사였던 것이다. 즉 일본의 T사와 독일의 B사는 A사 DANCING FLOWER제품의 독일 진출을 원천봉쇄 할 목적으로 특허 침해를 내세웠고, 그 법적조치를 위한 확실한 판매 증빙으로 A사가 제공한 OFFER SHEET를 이용했던 것이다. 결국 이 사건은 T사의 가처분 제기 시까지 제비용 부담 및 문제의 제품을 판매치 않겠다는 A

사의 약속으로 화해 종결하였다.

업무 규칙

특허사고를 미연에 방지하는 방법은 거래를 시작하기 이전에 제품을 생산하는 국가 및 거래할 상대국들을 중심으로 해당 제품의 특허등록 등에 대한 철저한 사전조사를 실시해야 한다.

▶기업과 특허

기업이 생존하기 위해서는 끊임없이 새로운 제품들을 개발해야하고, 기업간에 신제품 개발 경쟁이 치열해짐에 따라, 최근 국내 기업들의 외국 진출(특히, 수출)시 특허로 인해 CLAIM을 받는 등 곤욕을 치름으로써 특허 문제는 단지 기술 개발 측면뿐만 아니라 사업의 성패를 좌우할 수도 있는 기업경영의 중요한 일면이 되었다. 실제로 최근에 일어난 특허 침해 사례를 하나 살펴보자.

▶Offer Sheet의 덫에 걸려

A사 K팀은 금년 2월 독일의 뉴르베르크에서 개최된 FAIR에 국내의 S사가 개발한 DANCING FLOWER제품(외부에서 소리를 내면 저절로 움직이는 꽃모양의 완구 제품)을 전시하였다. 운 좋게도(?)전시를 시작한 첫날 독일의 수입업자인 B사에서 DANCING FLOWER제품에 큰 관심을 표명하면서 DANCING FLOWER제품의 OFFER SHEET발급을 요청해 왔고 A사의 담당직원은 흔쾌히 OFFER SHEET를 작성해 주었다.

▶날벼락 같은 가처분

그런데 이것이 무슨 날벼락인가?

불과 며칠 후 K팀의 담당팀장에게 난데없이 독일 뉴르베르크 지방법원의 가처분 명령서가 날아들었다. 그 명령서에는 DANCING FLOWER제품의 판매를 금지한다는 법원의 명령과 함께 DM 300,000의 손해배상도 청구되고 있음을 통지하고 있었다. K팀은 말 그대로 초비상이 걸렸고 즉시 사건의 원인을 캐들어 가기 시작했는데 그 결과 다음의 사실들이 밝혀졌다. 이 가처분은 일본의 T사가 신청한 것으로, T사는 00년에 A사의 DANCING FLOWER 제품과 유사한 작용을 하는 FLOWER ROCK 제품을 이미 개발하여 획기적인 인기를 끌었었고 독일 내에서도 FLOWER ROCK 제품에 대한 특허권 및 의장권을 보유하고 있었다. A사가 OFFER SHEET를 발급해 준 독일의 B사는 바로 그 FLOWER ROCK 제품에 대한 독일 내 독점공급원을 일본의 T사로부터 받은 회사였던 것이다.

즉 일본의 T사와 독일의 B사는 DANCING FLOWER 제품으로 독일을 원천봉쇄할 목적으로 특허권 침해를 내세웠고, 그 법적조치를 확실한 판매의 증빙으로 A사가 제공한 OFFER SHEET를 이용했던 것이다.

▶화해 추진

얼마 후 일본의 T사가 A에게 판매금지에 대한 서면확인 및 본건으로 인해 발생한 손해를 만족스럽게 배상할 경우 소송의 취하를 고려할 수도 있다는 운을 띄워 왔다. 물론 A사로서는 정식으로 소송이 시작된다 하더라도 A사의 DANCING FLOWER 제품이 일본의 T사가 개발한 FLOWER ROCK 제품과는 기능·구조 등의 면에서 유사하지 않음을 주장해 볼 여지가 없는 것은 아니었다. 그러나 T사의 경우 00년에 본 건과 비슷한 다른 사건이 독일 최고 법원까지 올라가 승소한 경험도 축적하고 있을 뿐만 아니라, 더욱 중요한 점은 A사가 이 소송에 응할 경우에 예상되는 엄청난 비용 및 인력의 손실이었다. 이와 같은 상황을 종합적으로 검토하여 본 결과 A사는 조속한 화해주진이 대책임을 확인하고 현지변호사를 통하여 일본의 T사측의 변호사를 접촉하여 A사의 의도를 전달하도록 하였다. 몇 차례에 걸친 협상 결과, A사가 T사의 법원 가처분 제기까지에 발생한 제비용 부담 및 문제의 DANCING FLOWER제품을 향후 절대로 판매하지 않겠다고 약속함으로써 화해로 종결되었다.

▶사전조사의 중요성

과연 이러한 사고를 미연에 방지할 방법은 없는가?

가장 안전한 방법은 거래를 시작하기 이전에 철저한 사전조사를 거치는 것이다. 즉, 제품을 생산하는 국가 및 거래할 상대국을 중심으로 해당 제품에 대한 선행 특허가 있는지의 여부를 미리 확인해보는 것이다. 특히 신규 개발한 제품의 경우에는 이와 같은 사전조사를 통해, 제2자에 대한 특허권 침해 측면뿐 아니라 반대로 우리 측의 특허를 취득할 가능성은 없는지도 같이 검토해 볼 수 있는 장점이 있다. 물론 이러한 사전조사를 위해서는 비용이 든다. 그러나 이것은 항상 잠재해 있는 특허 침해 RISK에 대한 보험료를 지급하는 것으로 여기면 될 것이다.

▶신규 개발상품 사업화시 유의

특히, 위A사의 경우처럼 외부업체의 신규 개발상품을 사업화하거나 독점 판매/수출하는 거래가 증가하고 있는데, 이런 때에 그 외부업체로 하여금 국내는 물론 관련 국가에서 특허 문제가 발생할 경우 그에 대한 책임 소재를 분명히 하도록 함으로써 특허로 인한 당사의 손실을 최소화할 수 있도록 해야 할 것이다.

▶산업재산권이란 무엇인가?

참고로, 산업재산권(공업소유권의 새로운 명칭)에 속하는 특허권 · 실용신안권 · 의장권 · 상표권 등의 개념에 대해 혼동하시는 분이 많은 것 같아 이에 대해 간단하게 정리해 보았다(매스컴에서 많이 오르내리는 지적재산권이라는 말은 위의 산업재산권 외에 저작권 · 컴퓨터 · 프로그램 · 영업비밀 등에 관한 권리까지를 모두 포함하는 거의 무형 재산권에 가까운 개념으로 보면 된다)

5-2. 상표신청만 하면 등록되는 것인가?

사건 개요

태용사는 미국에 'TAEYONG'상표를 등록하고자 출원을 하였다. 특허청의 심사는 통과되어 공고되었으나, TAEYONITE사가 이의신청함으로써 분쟁상태에 들어갔다. TAEYONITE사의 주장은 "TAEYONITE"상표와 유사한 "TAEYONG"상표가 가방류에 사용될 경우 상표권 침해에 해당된다는 것이었다. 한편 태용사의 입장은, 양상표의 비유사성 및 미국과 한국에서 이미 혼동사실 없이 공존하고 있다는 점 등을 강조하는 것이었다.

이와 같은 취지로 태용사도 답변서를 제출함으로써 분쟁은 본격화되기 시작 하였는데, 얼마 후 태용사는 TAEYONITE사로부터 서면 질의서를 받게 되었고 이에 대한 답변서를 작성하기 위하여 보통 막대한 비용과 시간을 필요로 하는데, 태용사로서는 양상표의 유사여부에 대해서는 확신을 가질 수 없었을 뿐만 아니라, TAEYONITE상표의 유명세에 비해 TAEYONG상표의 사용실적은 전무하다는 사실 등을 고려할 때 승소가능성이 희박하다고 판단하여, 결국 가방류에 관한 등록은 포기하였다.

업무 규칙

상표를 출원(특히 해외출원)하기 이전에, 향후 그 상표의 사용계획 및 사용될 상품을 신중히 검토 후 확정해야 할 것이고, 일단 확정된 상표·상품에 관해서는, 어떠한 난관이 닥쳐와도 적극적으로 대응해 나가 반드시 등록을 시키는 것이 가장 현명한 전략이다.

▶순조로웠던 첫 출발

태용사는 미국에 "TAEYONG" 상표를 등록하고자, 섬유・가방・의복 등을 지정 상품으로 하여 미국 특허청에 00년 2월경 상표출원을 하였다. 미국 특허청에서의 심사는 특별한 문제없이 순조롭게 진행되어 00년 5월경 OFFICIAL GAZZETTE에 공고되었고 이제 30일내에 제3자의 이의신청만 들어오지 않으면 이 상표는 등록될 수 있는 순간이었다.

▶분쟁의 신호탄은 발사되고

그러나 이의신청 만료일을 이틀 앞둔 00년 6월 8일경 미국의 TAEYONITE사가 본 건 출원에 대한 이의신청 여부를 검토하기 위해 미국 특허청에 이의신청 기간을 연장해 달라는 서면 요청을 하였고, 미국 특허청이 이를 받아들여 00년 7월 11일까지 그 기간을 연장해 줌으로써 TAEYONITE사와의 한판 싸움이 불가피하다는 생각이 들기 시작했다. 미국의 TAEYONITE사가 세계적인 가방 제조업체인 점을 고려할 때 태용사가 출원한 지정 상품중 가방류에 대해 시비를 걸어올 것이라는 사실은 어느 정도 짐작이 가긴 했으나 아직 정식으로 이의신청이 되지 않은 상태였으므로 태용사로서는 그 이의 여부나 구체적인 이의내용이 밝혀질 때까지 좀 더 기다려 보는 수밖에 없었다.

▶TAEYONITE의 실수

그런데 얼마 후 들려온 소식은 조금은 예상 밖이었다. 즉, TAEYONITE사가 연장 받은 기간 내에 공식적으로 이의신청을 하긴 하였으나, 미국 특허청에 접수된 이의선청서에 서명권자의 서명이 누락되어 있어 신청 자체가 특허청에 의해 각하되었다는 것이다. 일단 태용사로서는 반가운 소식이었지만 그렇다고 안심할 일은 아니었다. 왜냐하면 이의신청 각하로 본건 상표가 등록되더라도 5년 내에는 언제든지 상표등록 취소심판을 제기할 수 있기 때문이다.

▶TAEYONITE의 이의신청이 다시 받아들여져

어쨌든 태용사는 "TAEYONG상표가 일단 등록은 되겠구나" 하고 생각하고 있었는데, 뜻 밖에도 사건은 전혀 다른 방향으로 전개되고 있었다. 즉, TAEYONITE사의 이의 신청이 각하된 후 수개월이 지난 00년 4월경 갑자기 미국 특허청의 공문이 송부되어 왔는데 그 내용을 보고 TAEYONITE사의 이의신청이 접수되었으니 40일 이내에 답변서를 제출하라는 것이다. 그 공문에는 TAEYONITE사가 제출한 이의신청서 부본도 첨부되어 있었다. 각자가 부당하다는 항변을 계속한 것이 성공한 것이라는 설명이었다.

▶양당사의 입장

일단 이의신청이 공식적으로 미국 특허청에 접수된 이상 태용사로서는 TAEYONITE의 이의 내용에 대한 검토 및 이에 대한 답변을 위한 대책 수립에 착수하지 않을 수 없었다.

TAEYONITE의 주장은 예상대로 "TAEYONITE"(현재는 사용되지 않는 것으로 보이는 "TAEYONG"포함)상표와 유사한 "TAEYONG" 상표가 가방류 등록·사용될 경우 TAEYONITE사의 상표권 침해에 해당한다는 것이었다. 이에 대한 태용사의 입장은 현지대리인과의 협의를 통해 대체로 다음과 같이 정리되었다.

1. 기본적으로, 양 상표는 유사하지 않다는 점
2. TAEYONITE사의 TAEYONG상표는 현재 가방류에 사용되고 있지 않다는 점(태용사의 TADYONG상표가 TAEYONITE와는 그 유사여부를 다투어 볼만 하지만 TAEYONG상표와 비교할 때는 유사한 것으로 판단될 확률이 훨씬 커지게 되어 태용사로서는 TAEYONG상표의 불사용을 특히 강조하지 않을 수 없었다.)
3. TAEYONG 상표가 TAEYONITE상표와의 혼동 사실 없이 미국에서 사용되어온 유명 상표라는 점(그러나 전자류가 아닌 가방류에서는 TAEYONG상표가 사용된 사실이 없어 큰 의미를 가질 수는 없는 주장이었음)
4. 한국 내에서도 "TAEYONG CO., LTD."와 "TAEYONITE"가 모두 등록되어 혼동 사실 없이 공존하고 있다는 점
5. 양상표가 어원이나 관념 면에서도 판이하다는 점

위와 같은 취시로 출원인인 태용사가 이의신청에 대한 답변서를 제출함으로써 본

격적인 분쟁이 개시되었는데, 미국 상표법상 이의신청 절차는 일반 민사소송 절차와 거의 유사하여 사실조사 (DISCOVERY) 및 증인신문 절차 등을 모두 거치게 되어 있어 엄청난 시간과 비용을 들여야 하는 것이 보통이다.

▶TAEYONITE 사의 화해 제의

그런데, 이의신청 절차의 실질적인 첫 단계라고 할 수 있는 DISCOVERY기간이 진행되는 동안 TAEYONITE사에서 화해 제의가 들어왔다. 그 내용은 상표를 태양 셋 모양의 로고와 함께 사용하는 것을 인정해 줄 수 있다는 것이었다. 그러나 THREE-SUN DESIGN LOGO는 태용사가 마음대로 사용할 수 있는 것이 아니었으므로 이 제의는 거절될 수밖에 없었다.

▶화해 저절로 본격화

그 후 태용사의 사실조사를 위한 서면질의서 (INTERROGATORIES) 및 이에 대한 TAEYONITE사의 답변서가 제출됨으로써 분쟁은 말 그대로 본 궤도에 오르기 시작했으며, 곧이어 상대방도 태용사에게 20여개 항목에 걸친 광범위한 서면질의서를 보내왔다. 보통 INTERROGATORIES에는 해당 사건과 직·간접적으로 관련된 거의 모든 사실 사항들에 대한 질문들이 열거되어 있는데, 보통 이에 대하여 성실한 답변서를 작성하기 위해서는 막대한 시간과 비용을 필요로 한다(그래서 이의신청 건들 중 상당수는 바로 이 DISCOVERY단계가 진행되는 동안 화해로 종결되는 수가 많다고 한다).

▶전반적인 재검토후 등록 포기

이렇게 막대한 비용이 소요되는 작업을 눈앞에 두고 태용사로서는 다시 한 번 自社의 입장을 냉철히 되돌아보지 않을 수 없었다. 즉 가방류에 대해 TAEYONG 상표를 등록시킬 필요성을 향후 예상되는 추가 비용간의 비교형량을 한 번쯤 해보아야할 시점이라고 판단된 것이다. 심사숙고한 결과, 다음과 같은 점들을 고려해 볼 때, 가방류에 관하여는 TAEYONG상표의 등록을 포기하는 것이 좋겠다는 결론에 다다르게 되었다. 즉,

1. 양상표의 유사 여부에 대해 확신을 가질 수 없다는 점.

2. TAEYONITE 상표가 미국내에서 워낙 확고하게 유명성을 다져놓은 반면 태용사의 TAEYONG상표는 현재까지도 가방류에 관하여는 그 사용 실적이 전무한 상태여서, 상표의 사용을 중시하는 미국 상표 제도하에서는 아무래도 불리하다는 점.

3. 설사 등록된다 하더라도 지금과 같이 계속 상표를 사용치 않을 경우 그 등록이 취소될 수 있다는 점.

태용사의 가방류 관련 지정상품 삭제보정으로 TAEYONITE사와는 화해가 성립하고 그 결과 2년여 간 끌어온 이의신청 절차는 그 대단원의 막을 내리게 되었다(합의서 문구 문제 때문에 또 약 5개월을 끌었지만 그 이야기는 생략한다).

▶교 훈

사실 욕심대로라면, 앞으로 약간의 가능성만 있는 상표가 있으면, 최대한 많은 국가에, 최대한 광범위한 상품류에 걸쳐 미리미리 모두 상표 등록을 해두면, 그보다 더 좋을 수는 없을 것이다. 왜냐하면, 등록 자체만을 위한 통상 비용은 사실상 소액에 불과하기 때문이다.

그러나, 상표란 본질적으로 그것이 사용되는 특정상품과 일체가 되었을 때에만이 그 진정한 의미를 가지기 때문에, 각국의 상표제도도 사용기관과 사용빈도가 큰 상표일수록 그 권리범위도 넓게 보호해 주는 것이 일반적이다. 반대로 말하면 사용되지 않고 있는 상표는 어떠한 방법으로든 가만두지 않는다는 것을 의미한다. 국가에 따라서 차이는 있으나 대개 2-3년간 사용실적이 없을 경우 등록 취소 사유가 될 뿐만 아니라 갱신등록도 곤란하게 된다. 한편 이 원리를 유사상표간의 분쟁 측면에 적용시켜 보면, 사용 실적이 상대적으로 적거나 없는 당사자가 그만큼 불리한 입장에 빠질 수밖에 없다는 결론이 나온다. 분쟁이 발생하기 이전에, 나아가 출원하기 이전에 충분한 사전 검토가 이루어져야 할 필요성도 마찬가지로 이와 같은 관점에서 설명될 수 있다. 결론적으로 말하면, 상표를 출원(특히, 해외출원)하기 이전에, 향후 그 상표의 사용계획 및 사용될 상품을 신중히 검토 후 확정해야 할 것이고, 일단 확정된 상품・상표에 관해서는, 특별한 사정의 변동이 없는 한, 어떠한 난관이 닥쳐와도 적극적으로 대응해서 반드시 등록을 시키는 것이 가장 현명한 전략인 것이다.

5-3. The last sales in paris

사건 개요

A사 파리지사는 국내에 있는 본사로부터 테니스화를 수입, 프랑스 시장에서 현지 판매를 하였는데, 영국의 R사가 A사 제품의 DESIGN이 자사 제품의 그것과 유사하다고 하여, A사 제품이 판매되고 있는 매장에 경찰과 함께 쳐들어와 동 제품의 재고 전량을 압수해 가버린 사건이 발생하였다. A사측이 이에 대해 적극적 대책 수립없이 우물쭈물 하는 동안 R사는 100만 프랑의 벌금을 내라는 형사소송을 제기해 왔고, 변호사 의견도 A사측에 절대적으로 불리하다는 판단이 나왔다. 사태가 악화되자, 처음엔 양 제품 간의 유사성을 부인하던 A사 측도 어쩔 수 없이 화해를 추진하기 시작했고, 끈질긴 협상 끝에 25만 프랑 배상 및 향후 절대로 R사제품과 유사한 MODEL은 취급하지 않겠다는 조건으로 겨우 SETTLE되었다.

업무 규칙

제품의 DESIGN도 재산권의 대상이라는 점을 분명히 인식하고, 수출시 항상 타인의 권리침해 가능성에 대한 사전조사 등 충분한 대책 수립이 필요하다.

▶기습작전

요즘에는 운동화도 패션시대인 만큼 고유 BRAND나 DESIGN을 보유하고 있는 유명 MAKER들은 그 제품과 관련된 상표·의장 등의 권리 유지를 위해 한층 더 신경을 곤두세우고 있다. A사 파리지사는 국내에 있는 본사로부터 테니스화를 수입, 프랑스 시장에서 현지 판매를 하였는데, 영국의 R사가 A사 제품의 DESIGN이 자사 제품의 그것과 유사하다고 하여, A사 제품이 판매되고 있는 매장에 경찰과 함께 쳐들어와 동 제품의 재고 전량을 압수해 가버린 사건이 발생하였다. 현지 변호사의 의견에 의하면, 이런 경우 대개 가까운 시일 내에 소송이 제기되는 것이 통례라는 것이어서 A사 파리지사는 더욱더 당황하지 않을 수 없었다.

▶본사에서는 유사성 부인

A사 파리지사는 즉시 이 사실을 국내 본사의 해당 수출부서에 통보하여 구원의 손길을 내밀었다. 그러나 본사에서는 A사와 R사 제품의 DESIGN이 유사한 점이 없지는 않으나, 면밀히 살펴보면 어느 정도 차이가 있을 뿐만 아니라 동 MODEL을 타 지역에도 수출을 하고 있으나 아무런 문제가 없다고 하면서, 오히려 예정된 동 제품의 2차분 5,000족도 곧 선적될 것이라는 회신을 보내왔다. 이처럼 본사에서는 소극적 태도를 보이고 있는 동안 파리 현지에서는 R사가 "문제가 되는 제품들을 당장 판매중지 하지 않으면 즉시 소송을 제기할 것이며, 현재로서는 협상에 응할 용의도 없다."는 취지의 강경한 태도로 나오고 있었다.

▶드디어 소장은 날아들고

이렇게 A사에서는 본사와 파리지사 간에 옥신각신하는 FAX가 오고가는 동안 마침내 R사는 약속한 대로 (?)소송을 재기하였고 A사 파리지사 사무실에는 그 소장이 날아들었다. R사는 경고한 그대로 실행한 것이다.

그런데 이 소송은 민사소송이 아니라 형사소송의 형태였고, A사 파리지사 뿐만 아니라 동 제품의 현지 판매 거래선인 P사도 공동 피고로 되어 있었다. 한편 소장에 기재된 청구내용은 아래와 같다.

1. R사의 영국 본사 및 파리지사에 대하여 각50만 프랑씩, 합계 100만프랑을 벌금조로 지급할 것.

2. 본 건은 명확한 자료 분석을 위해 법원 조사관으로 하여금 A사 파리지사의 영업자료, 회계장부 등을 조사케 하여 문제 제품의 수입량 · 판매현황 · 재고현황 등을 파악하도록 지시할 것.

3. 재고는 모두 R사의 소유로 할 것

4. 판정 내용은 R사가 시정하는 5개 일간지 또는 정기간행물에 A사의 비용 부담

으로 사과광고를 게재할 것

5. 기타 변호사 비용 등 모든 법적 비용을 A사측이 부담할 것.

▶발 등에 불은 떨어지고

발 등에 불이 떨어지자, A사 파리지사는 곧장 변호사에게 달려가 대책 수립을 요청하였다. 변호사의 검토는 다음과 같았다.

양 회사의 제품 DESIGN이 상당히 유사하며, R사측 제소의 법적 근거는, 비록 R사 제품의 DESIGN이 법적으로 등록된 것은 아니지만, ORIGINAL CREATION의 위조를 방지하기 위한 1957. 3.11. LAW에 그 근거를 가지고 있으며, 이 법에 의하면 ORIGINAL CREATION 위조를 강도죄보다도 더 엄하게 다스리고 있다는 것이다. 또한 통상적으로는 상사재판소를 통하여 취급하여도 될 성질의 소송을 R사측이 형사법원을 통해 제소한 것으로 보아, 본건에 대해 아주 강력히 응징하려는 움직임이 분명하다는 것이었다. 양사의 제품 DESIGN간에 어느 정도 차이 부분(A사측은 自社 제품이 R사측의 그것과 6가지의 차이점이 있다고 주장하고 있었음)이 있다고 해도, GENERAL LOOK이 유사하면 프랑스법에 의할 때 A사측에 승산이 없다는 것이 변호사의 의견이었다. 더욱이 패소의 경우 그 결과가 5개 신문에 정말 게재되면 A사 이미지에 치명적인 타격이 될 것이라는 것도 명약관화한 사실이었다.

▶2차분 또 선적

이처럼 전체적인 상황이 A사측에 어렵게 되어가고 있는데도 불구하고, A사 국내 본사는 예정된 2차분 선적을 강행하였다. 본사 나름대로는 동2차분 물품을 선적하지 않을 경우 여러 가지 곤란한 일이 생길 수 있다는 점을 모르는 것은 아니지만, 만일 이 선적사실이 R사측에 알려질 경우에는 말할 필요도 없이 또 압수당할 것이 뻔한 현지 상황을 무시한 채, 행한 본사의 처사가 A사 파리지사로서는 야속하기만 했다. 어쩔 수 없었다. 그냥 그 물품을 통과시킬 수는 없었다.

A사 파리지사는 2차분 MODEL도 R사 제품과의 유사성 범위에 들어가기 때문에 분명히 또 한번 R사측의 타겟이 될 거라는 변호사의 의견을 확인한 뒤, 일단 이 물품을 영국으로 SHIP BACK시켜 중동쪽으로 전매처분을 추진키로 하였다.

▶불가피한 화해 제의

한편 자사 측 변호사의 의견조차 비관적으로 나오자, 이제 A사측이 선택할 수 있는 방법은 단 하나밖에 없었다. 화해하는 것이었다. 그것도 가능한 빠른 시일이내...

A사 파리지사는 변호사 LINE을 통해 R사측의 화해 의사를 타진하였고, R사측은 이에 대해 처음에는 무려 50만 프랑을 제시하였으나 양측 변호사 간의 협의 끝에 25만프랑(변호사 비용 포함)으로 최종 SETTLE키로 하였다. 물론 R사측은 위금전의 지급만 받고 끝내는 것은 아니었다. R사측은 A사 파리지사 및 현지 판매를 담당했던 P사로 하여금 다음과 같은 내용을 약정하기로 했다.

1. A사 파리지사와 P사는 R사의 동 MODEL에 관한 CREATION RIGHT를 인정하여 향후로는 어떠한 형태로든 이에 이의를 제기하지 않는다.

2. 또한 향후로는 R사의 MODEL과 유사한 것을 프랑스는 물론 여타 국가에도 생산·수입·판매할 수 없다.

3. 현재 A사 파리지사 및 P사가 보유하고 있는 재고품은 R사가 정한 바에 따라 폐기처분한다.

▶교 훈

본 사례에서 A사를 궁시에 몰아넣은 R사는 자사 제품과 관련된 기득권 유지를 위해 엄청난 노력을 기울이는 회사로 유명하다. 어떤 신문기사에 의하면 R사의 경우 심지어는 사설탐정을 고용, 수입상으로 가장시켜 국내에서 생산되고 있는 위조상품을 수입한 다음 수출 알선인을 기소한다거나, 위조 상품을 전문적으로 수출하는 회사의 대표를 미국으로 초청한 다음 현지에서 체포한 후 법원에 고소하여 수천달러의 벌금을 물도록 하는 등 함정수사까지 펼치고 있는 것이다. 참으로 무서운 회사가 아닐 수 없다.

그렇다면 과연 A사와 같은 업체들은 장차 어떻게 대응해 나가야 하는가?

첫째, 너무나도 당연한 말이겠지만, 일단 유명 MAKER 제품의 DESIGN과 유사한 제품은 만들지 말아야 한다. 즉 그 만큼 자체 MODEL 개발과 그에 대한 마케팅에 좀더 많은 투자를 할 필요성이 있다는 의미다.

둘째, 현지에서 LICENSE 거래가 아닌 자체 개발에 의한 MODEL일 경우에는 수출되기 이전에 충분한 사전조사가 있어야 한다. BRAND나 PATENT뿐만 아니라 DESIGN도, 그와 동일 또는 유사한 의장의 등록 여부 및 타인에 의한 선사용 여부 등을 필히 CHECK함으로써 본건과 같은 사고 발생의 RISK를 최소화해야 할 것이다. 사전조사는, 현지법인에 의한 STOCK판매 경우에는 현지법인 스스로가 해야 할 것이며, 현지 거래선 에의 수출인 경우에는 계약서상에 DESIGN등 산업재산권 침해 문제 발생 시 수출자 또는 생산자를 면책시켜야 한다는 취지의 조항을 삽입해 두는 것이 좋을 것이다.

5-4. SURVEY REPORT

사건 개요

H상사 뉴욕법인은 미국 HARVEY사와 파이프 장기공급계약을 체결하고 이에 따라 물품을 선적하였으나, HARVEY사는 위 수입물품에 대한 미국 내 UL(Underwriters' Laboratories)마크 획득의 실패로 인해 정상가격으로는 도저히 판매할 수 없는 상황이 되자, 보험증권상 INSPECTOR인 TOPEL사의 SURVEY REPORT에 근거, 물품하자를 이유로 총117만불에 상당하는 CLAIM을 H상사 뉴욕법인에 제기하였다. 이에 대해 H상사 뉴욕법인은 ALL RISK 보험조건에 의거, LLOYD사에 보험금을 청구하였으나, LLOYD측은 제품 고유의 하자라는 이유로 25만불 정도 밖에는 지급할 수 없다는 것이었다. H상사 뉴욕법인은 이에 크게 반발, 하자 발생원인 등은 ALL RISK 조건의 경우 보험회사가 그 입증책임을 진다고 주장하고 나섬으로써 양자 간의 분쟁은 본격화되기 시작했다. 오랫동안의 협상 끝에 결국 본건은 LLOYD사가 약 85만불의 보험금을 지급키로 함으로써 화해로 종결되었다.

업무 규칙

보험증권상에 INSPECTOR로 지정된 자가 SURVEY를 했다 하더라도 SURVEY REPORT는 단순히 손실여부 및 범위를 나타내는데 불과하고 보험금의 지급여부는 보험조건에 의하여 결정되게 된다.

▶월 척

00년 7월 H상사 뉴욕법인은 모처럼의 대어를 낚았다. 그동안 파이프 부문에서 이렇다 할 큰 오더를 따내지 못하여 안타까워하던 K과장이 1년간의 교섭 끝에 마침내 거래선의 구매담당 부사장과 G.I. PIPE의 장기 공급을 위한 계약을 체결했기 때문이다. 거래선은 미국 최대의 PIPE MAKER이면서 DISTRIBUTOR인 HARVEY사, 그리고 판매예정 물량만 해도 00년 10월부터 1년간 약 1,000만불에 달했으니 가히 월척이라 할만 했다.

가격조건은 CIF DUTY PAID LONG BEACH 혹은 CHICAGO NET 30 DAYS AFTER DELIVERY로하고 1년간 약 25회에 걸쳐 HARVEY사가 SPEC 및 가격을 통보해 주면 H상사 뉴욕법인이 한국의 메이커로부터 상품을 수입하여 HARVEY사에게 인도하여 주는 것으로 하였다. HARVEY사는 미국 내에서도 구매가격이 후하기로 소문난 업체이고, 또한 회사의 규모에 맞게 신용도도 좋아 무역회사이면 누구나 거래하기를 원하는 회사인 것이다.

이리하여 그해 10월경부터 HARVEY사가 주문한 고유모델이 국내 K강관 및 H강관에서 생산되어 CHICAGO 및 LONG BEACH로 선적되기 시작했다 비록 30일 여신조건이어서 H상사 뉴욕법인은 물건을 인도하고 난 뒤 HARVEY사로부터 약속어음(PROMISSORY NOTE)을 받아 30일후 교환을 돌려 물품대금을 회수하고 있으나, 모든 것이 순조롭게 이루어지고 있어 여간 다행인 것이 아니었다. 이렇게 하여 HARVEY사가 00년 6월까지 수입해간 G.I. PIPE가 총 729만불, H상사 뉴욕법인으로서는 실적과 이익의 두 가지 면에서 큰 힘이 되어준 물량이었다.

▶성급한 클레임 인정

그러나 HARVEY사에게 문제가 생기기 시작했다. 00년 7월 HARVEY사가 H상사 뉴욕법인과 자신의 고유모델을 수입하기 위한 계약을 체결한 후, 미국 내 모든 주정부에 동 모델이 대한 UL마크 획득을 위하여 신청을 하였으나 불과 몇 개 州로부터만 UL마크 허가를 받았을 뿐 대부분의 주로부터 그 허가를 받지 못한 것이다. 이렇게 되니 자사의 예상이익을 포함한 정상가격으로는 도저히 수입한 G.I. PIPE를 판매할 수 없는 상황이 되었다. 이에 HARVEY 사는 TOPEL사의 SURVEY REPORT를 근거로 총 117만불에 상당하는 클레임을 H상사 뉴욕법인에 제기하면서 미지급 물품대금 중에서 동 금액을 차감한 잔액만 지급하였다고 통보해 왔다. TOPEL사는 본건 보험증권상에 기재되어 있는 INSPECTOR인 까닭에, 보험금 청구권자인 H상사 뉴욕법인은, HARVEY사의 클레임 금액은 모두 보험회사로부터 구상받을 수 있다고 판단하여 HARVEY사의 클레임을 그대로 인정하고 말았다. 문제는 여기서 더욱 커졌다. 보건 G.L. PIPE에 대한 보험은 H상사 뉴욕법인이 보험 BROKER이면서 UNDERWRITER인 JOHNS사를 통해 LLOYD에게 ALL RISK 조건으로 부보한 것으로 보험가액을 총 5백만불로 한 포괄 보험이었다. 따라서 H상사 뉴욕법인은 HARVEY사가 보험증권상에 기재되어 있는 INSPECTOR인 TOPEL사의 SURVEY REPORT에 지적되고 있는 물품의 하자와 그 추정 손실은 다음과 같았다.

(하자사유)	(추정손실)
-WHITE RUST(정도가 심함)	USD 471,736
-MECHANICAL DAMAGE(구부러짐등)	USD 236,453
-WHITE RUST(경미함)	USD 464,403
계	USD 1,172,592

▶보험회사의 보험금 지급거절

00년 7월 H상사 뉴욕법인은 이미 TOPEL사와 HARVEY사간에 합의된 본 건물품의 DAMAGE금액 117만불을 구상받기 위하여 정식으로 본건 BROKER인 JOHNS사에게 보험금 청구를 하였다. H상사 뉴욕법인으로부터 동 청구를 받은 JOHNS사는 이 사실을 즉시 LLOYD에게 전달하였으나, LLOYD측은 선적 전의 하자 및 제품 고유의 하자를 이유로 보험금 지급을 거절하는 일반, 철강제품, 그 결과 LLOYD의 MR. SCHMIT가 INSPECTION한 REPORT는 TOPEL사의 REPORT와 엄청난 차이가 있었다. 즉, TOPEL사는 제품의 하자로 인한 DAMAGE를 앞에서 언급한 바와 같이 1,172,592불로 산정하였으나, MR. SCHMIT는 DAMAGE총액을 1,030,013불로 산정하면서 LLOYD에 의한 보상 가능액은 254,805불에 불과하다고 하였다. LLOYD에 의한 보상 가능액의 산출은 DAMAGE의 정도가 심한 173,939불과 물리적(MECHANICAL)DAMAGE 80,866불의 합계액인 254,805불에 한정시키고 DAMAGE와 정도가 약한 775,208불에 대해서는 제품고유의 하자 및 자연발생적인 하자로 인해 RUST(녹)가 발생한 것이므로 보험금을 지급할 수 없다는 것이다. LLOYD에 의한 상기 SURVEY REPORT가 나오기까지는 많은 조사와 검사가 있었다. 파이프의 염분 함유량 분석, 기후, 파이프의 도금 상태 등에 대한 조사 분석이 바로 그것이다.

▶H상사의 반칙

① INHERENT VICE(제품 고유의 하자)

한국의 파이프 메이커는 자동시설을 갖춘 세계 굴지의 파이프 전문생산업체로서 연간 약 50만톤의 파이프를 미국으로 수출하는데, 유독 본건 화물은 한국공업진흥청 및 철강협회에서 품질을 보증한 것으로 WHITE RUST의 발생원인이 반드시 INHERENT VICE에 의한다는 입증을 LLOYD가 하지 않는 한 LLOYD의 주장은 받아들일 수 없는 것이었다.

② CAUSE OF DAMAGE(하자발생원인)

본건 화물은 ALL RISK 조건으로 부보되었으므로 WHITE RUST의 발생원인은 보험회사가 규명하여야 한다는 것이다. WHITE RUST의 해수침이 있는 경우에 발생하는데, 그 이유는 해상운송 도중 염분이 있는 바닷물이 화물에 침투하는 경우 침투된 해수가 염분만 남고 증발하여 선박 HOLD내의 습도를 증가시키고 HOLD내에서 응결되어 물방울로 떨어지면 철로 된 파이프는 쉽게 부식하게 되어 WHITE RUST 발생을 가속시킨다.

특히 이러한 CONDENSATION(응결)현상은 수온차가 심한 파나마운하 통과시 그 발생가능성이 더욱 높다.

③ 부보 조건

본건 화물은 H상사 뉴욕법인과 HARVEY사간의 계약에 "WHITE RUST IS NOT ACCEPTABLE"로 되어 있어, H상사 뉴욕법인은 이를 "NSTITUTE CARGO CLAUSES (ALL RISKS), INSTITUTE STRIKES, RIOTS, AND CIVIL COMMOTIONS CLAUSE, INSTITUTE WAR(CARGO) CLAUSE" 조건으로 부

보하였는 바, OPEN POLICY(포괄보험)의 요율표(RATING SCHEDULE)에 의하면 ALL RISK와 ALL RISKS EXCLUDING R. O. D.(RUST OF DAMAGE)조건밖에 없으므로, 본건과 같이 ALL RISKS로 부보한 경우에는 ALL RISKS INCLUDING R. O. D. (RUST OF DAMAGE)로 해석해야 할 것이며 이 사실은 ALL RISKS의 통상 보험료가 INVOICE VALUE의 0.4%인데 비해 본건은 0.875%의 고율의 보험료를 지급했다는 점에서 더욱 명백하다는 것이다.

④ SURVEY REPORT 상의 문제

LLOYD측의 SURVEY 실시 시기가 화물의 현지 도착 후 상당한 시간이 경과되어 이루어졌고 SURVEY REPORT에 "PROBABLY"라는 용어의 사용이 많은 것은 SURVEY REPORT의 증거력을 결정적으로 실추시키고 있다는 점이다.

⑤ LLOYD의 양보와 교훈

H상사 뉴욕법인 K과장은 강력한 반론 때문인지 아니면 시끄러운 분쟁으로 인해 LLOYD라는 명예에 먹칠을 하고 싶은 생각이 없어선지, LLOYD는 H상사와의 약 8개월에 걸친 줄달리기 끝에 H상사 뉴욕법인에게 약 85만불을 보험금으로 지급하겠다는 화해 안을 제시하기에 이르렀고, H상사 뉴욕법인 역시 이를 받아들임으로써 본건은 화해로 종결되고 말았다. 그러나 본선을 통하여 H상사는 많은 경험을 하였다고 한다.

가장 중요한 교훈은 앞뒤를 재보지 않은 성급한 클레임 처리는 새로운 문제점을 불러일으킨다는 점이다. H상사 뉴욕법인이 TOPEL사의 SURVEY REPORT를 과신하여, 이를 근거로 손실액을 산출한 HARVEY사의 클레임을 인정한 것은 큰 실책이 아닐 수 없다. 아무리 보험증권상에 INSPECTOR로 지정된 자가 SURVEY를 했다 하더라도 SURVEY REPORT는 단순히 손실여부 및 범위를 나타내는데 불과하고 보험금의 지급여부는 보험조건에 의거하여 결정되므로 SURVEY REPORT가 곧 보험금 지급의 보증서는 아닌 것이다.

두 번째로, 제품 자체에 대한 지식 부족이다. 철강 · 화학 · 기계 · 플랜트 · 석탄 등의 경우 제품의 성분과 특성에 따른 지식은 매우 중요하다. 비록 본건의 경우 뉴욕법인의 맹렬한 사후처리로 손실을 극소화하여 해결은 되었으나, 본건의 발생이 제품 자체에 대한 무지에 큰 원인이 있다는 점을 생각할 때, 우리는 더욱 제품지식 함양에 힘을 쏟아야 할 것이다.

예컨대, 철강의 경우 일정기간이 경과하면 자연적으로 녹(RUST)이 발생한다. 그래서 자연적인 녹 발생 즉 COSMETIC DAMAGE로 인한 경미한 녹의 발생을 최대한 막기 위하여 모든 철강제품은 도금을 한다. 그 도금 방법중 아연도금(ZINC COATING)이라는 것이 있는데 이에 대한 지식이 부족하여 HARVEY사와의 계약서상에 명기된 바대로의 COATING이 이루어지지 않았다는 점이 H상사 뉴욕법인이 HARVEY사의 클레임에 대항하는데 가장 힘든 사항이 되었던 것이다. 즉, 계약서상에서는 국제규격에 맞는 도금을 하여야 한다고 했는바, 그러한 경우 도금의 두께가 최소 0.0006-0.0010인치가 되어야 하나 실제 H상사 뉴욕법인이 인도한 제품은 그 두께가 그 1/20인 0.00003인치에 불과했다는 점이다. 더욱이 이 파이프는 그 용도가 전기 배선관(CONDUIT PIPE)으로 타용도의 파이프에 비해 더욱 그 도금의 질이 중시되는 제품이었다. 그런데도 한국의 파이프 메이커는 자사제품이 90일간 녹이 발생하지 않는다고 주장하였으나 실제 테스트 결과 60일이 지난 제품도 상당한 녹이 발생하였다고 한다.

세번째, 보험지식이다. 현대무역에서 해상운송상의 RISK방지를 위한 제도로 널리 이용되고 있는 해상보험제도에 대해 보다 깊은 지식배양이 필요하다. 수주 및 계약시 그 엄청난 금액에 취한 나머지(?) 계약서상에 "WHITE RUST IS NOT ACCEPTABLE"이라는 문구를 소홀히 간과한 점, 적하보험 부보시 ALL RISKS라는 문구를 과신하여 모든 위험이 동 조건으로 보상된다고 착각한 점, SURVEY REPORT를 보험금 지급의 보증서로 착각하여 성급히 HARVEY사의 클레임을 인정한 점, 사고 발생 후 보험금 처리절차를 상당기간 지연시켜 실제 보험회사와 분쟁이 발생했을 때 사고 원인 및 범위를 조사하기가 불가능하게 한 점 등은 H상사 뉴욕법인의 결정적인 실수가 아닐 수 없다. 다만 본건의 경우, 본건 클레임의 관련 당사자인 선박회사, 파이프 메이커, TRUCKING회사 등에 대한 클레임 유효기간(TIME-BAR)의 소멸에 대한 방지는 철저히 되어 다행스러운 것이었다.

제 6 장

수출신고 및 무역운송의 이해

6
chapter

수출신고 및 무역운송의 이해

제 1 절 수출신고

1. 수출신고의 기초

무역품은 국경을 넘어 이동하므로 어느 나라에 있어서도 국경의 요소에 세관을 설치하여, 그 무역품의 수출에 있어서나 관세법에 의거한 통관절차를 밟을 것을 요구하고 있다. 따라서, 국경을 넘을 때는 꼭 신고하는 것이 필요하다.

(1) 세관

자기 나라의 산업, 무역 및 재정상의 목적하에 사람, 물품, 선박 및 항공기의 국경 통과에 따라 발생한 모든 관세사무를 취급하기 위하여 교통요지에 설치된 관청이다.

(2) 수출신고(Export Declaration)

수출하려는 물품의 품명, 규격, 수량 및 가격 등에 대해 소정의 양식인 수출신고서(E/L, C/I, P/L, 검사합격증)를 세관에 제출해 수출한다는 것에 대한 의사표시를 하는 것이다.

1) 수출신고의 의의

수출신고를 받은 세관장이 수출신고 사항을 확인하여 일정한 요건을 갖추었을 때, 수출신고자에게 수출신고필증을 교부하고, 수출승인된 사항 및 현품이 수출신고 사항과 일치하는지 여부를 대조 확인하여 양자가 서로 부합된 때 수출을 현실적으로 가능하게 한다. 이러한 수출신고는 내국용품을 외국 물품화하는 효과를 가져온다.

2) 수출신고인이란?

수출신고를 행하는 자를 수출신고인(Declarant of Export)이라고 하며, 수출신고는 하주, 관세사, 통관법인, 관세사법인의 명의로 해야 한다.

다만, 하주는 법에 의하여 등록된 관세사를 채용관세사 명의로도 수출신고를 할 수 있다. 여기서 하주라 함은 수출신고필증(Export License)상의 수출자를 말하며, 하주가 관세사 명의로 수출신고 하는 경우, 신고인의 표기는 “00회사(주) 관세사 000”으로 한다.

3) 수출신고 방법

수출신고는 인터넷망을 이용하여 인터넷통관 시스템으로 신고한다.

다만 다음과 같은 경우는 세관장에게 바로 제출한다.

- 관세법 제145조의 규정에 의한 세관장의 확인대상물품.
- 전략물자 수출허가 대상물품
- 위약으로 인한 재수출 물품 및 수입 시 재수출 조건이행 물품
- 하주 또는 완제품업자가 직접 신고하는 경우 등은 관장에게 바로 제출한다.

4) 수출신고의 시기

원칙적으로 수출물품이 수출통관을 위해 보세구역에 장치된 이후에 할 수 있다.

수출신고 시 통관을 하고자 하는 물품을 보세장치장에 반입하였거나, 타소장치의 허가를 받아 보세구역이 아닌 장소에 장치했을 시에는 그 반입일 또는 허가일로부터 30일 이내에 수출신고를 하여야 한다.

2. 수출신고의 절차

(1) 물품의 장치

수출자는 수출하고자 하는 물품을 당해물품의 제조공장등 세관검사를 받고자 하는 장소에 장치하여야 한다.

이전에는 수출신고 수리를 받기위해서는 수출물품을 제조완료한 후, 보세 구역에 장치한 후에야 신고가 가능했으나, 이제는 타소장치 허가를 받지 아니하고 장치할 수 있으며, 생산공장 등 장치장소에 물품을 놓아둔 상태에서 수출신고와 보세운송 신고가 가능해졌다.

선박 또는 항공기에 장치하는 경우(세관장의 허가를 포함)

- 선적한 후 공인검정기관이 정하는 검정에 의하여 수출물품의 수량을 확인하는 경우
- 수출신고수리 전 선적이 불가피한 물품으로 검사가 생략되거나 선상에서 개정 검사가 가능한 물품의 경우
- 물품의 신선도 유지가 필요한 물품등 수출신고 수리전에 선적이 불가피한 경우
- 기타 관세청장이 별도로 정하는 물품의 경우

(2) 수출물품의 검사

일반적으로 수출신고 물품에 대한 검사는 생략되나, 몇 가지의 사항에 대해서는 검사를 실시한다.

1) 검사대상

- 우범물품 선별기준에 의하여 선별된 물품
- 무작위 선별방식에 의하여 선별된 물품
- 심리정보 등 우범성 정보가 있는 물품
- 관세청장이 별도로 지정하는 불성실 신고자의 수출물품

• 과다하게 중량차이가 많이 나는 물품
• 재무구조가 취약하여 부도발생 우려가 있다고 인정되는 물품

2) 검사시기 및 장소

검사는 수출자가 희망하는 날짜에 실시하며, 당해물품의 장치장소에서 수출자의 신용도, 물품의 성질, 수량, 가격 등을 참조하여 발췌검사로 이루어진다. 검사 방법이나 시기는 수출자에게 전화, 구두로 통보되어진다.

(3) 수출심사

수출품에 대한 검사가 끝나면 검사기록과 관계신고 서류를 바탕으로 이 신고가 적법한지에 대해서 심사를 받는다.

1) 심사방법

전자서류에 의한 수출신고는 신고화면을 검토하여 심사하고, 종이서류 등의 심사가 필요하다고 인정되는 경우 종이서류의 제출을 전산으로 통보한다.

단, 종이서류의 제출을 통보받은 후 제조완료일(검사희망일)로부터 3일이 경과할 때까지 종이서류를 제출치 않을 경우, 수출신고의 의사가 없는 것으로 간주하여 당해 신고 자료는 통관시스템에서 자동 삭제한다.

2) 수출심사 사항

• 수출승인사항(E/L)과 송장(Invoice)일치 여부
• 대외무역법령 및 기타법령에 의한 조건구비 여부
• 수출물품에 대한 품목분류번호의 정확성
• 기타 수출물품 통관을 위하여 필요한 사항

3) 수출신고의 취하

신고인의 신청에 의하여 세관장이 승인함으로써 신청을 취소하는 것.

① 구비서류 : 수출신고 취하 승인(신청)서, 사유서 및 그 사유를 증명하는 서류

② 취하요건

• 신용장이 취소된 경우
• 기타 부득이한 사유로 신고한 물품을 수출할 수 없다고 세관장이 인정하는 경우

(단, 세관장은 수출대금이 이미 결제된 것이 확인된 경우는 수출신고의 취하를 승인하여서는 안 된다.)

4) 수출신고의 각하

세관장의 직권으로 당해 신고를 거절하거나, 취소하여 돌려보내는 것

① 각하통보

신고를 각하한 즉시 그 사실을 문서로 신고인에게 통보한다.

② 각하요건

- 세관장으로부터 신고서 또는 첨부서류의 보완을 요구받고, 지정된 기간 내에 이를 보완하지 않은 경우
- 보세구역 반입지시를 받고 물품을 지정된 보세구역에 반입하지 않은 경우
- 제조완료예정일까지 물품이 제조, 가공 완료되지 아니한 경우로 제조 완료일이 연장이 없는 경우

(4) 수출신고 수리

수출신고를 접수한 세관은 검사, 감정을 실시한 결과 물품과 현품이 일치되고, 서류상의 모든 조건도 구비되었으면, 수출신고서를 수리한다.

(5) 수출신고필증의 교부

세관장은 수출신고가 수리되면 수출신고자에게 수출신고필증을 교부한다. 이 신고필증은 수출신고 수리인과 신고처리 담당자의 인장을 날인한 것이어야 한다.

3. 수출신고필증의 정정

- 제조된 수출신고물품의 제조완료 예정일 등 신고사항을 정정하고자 할 경우에는 제조완료 예정일 전일까지 세관장에게 정정신청서 및 사유서를 제출하여 신고사항에 대한 정정신청을 하여야 한다. 다만, 검사생략으로 지정된 물품의 경우에는 면허시까지 정정할 수 있으며, 세관장의 제조완료 예정일의 변경에

대한 정정승인은 매번 승인시마다 5일 이내의 범위에서 승인한다.

다음은 각 문제별 수출신고필증의 정정 처리방법을 도표로 정리한 것이다.

각 사유에 따른 근거서류, 신청서류를 자세히 기억해야 하고, 이를 실제에 적용할 수 있어야 한다.

문제형태	사 유	근거서류	신청서류 (Check Point)	Remark
1. 기간 연장 관세법 제130조 법시행령 제111조 보세운송 요령 제12조	1) 판매부진에 따른 수입자의 선적지연 요청 2) 재고과다에 따른 수입자의 선적지연 요청 3) 중개무역 수출자인 경우, 공급처 L/C 미접수 또는 수주 미확정에 따른 지연 요청 4) 선박스케줄 변경 5) 부두 운송업체 파업 6) 수출, 수입국의 천재지변	1) 좌기내용을 한 메일 2) 좌기내용을 한 메일(면허일 이후 일자) 3) 좌기내용을 한 메일 4) 선사의 선박스케줄 변경통보 5) 관련기사 6) 관련기사	*신청서류 · 수출신고필증원본 · 사유서 (세관제출용) · 근거서류(좌기) · 업무협조건 (연장요청 기간명시) *Check Point · 메일 수발신 일자 (EX면허일 이후 접수) · 선사 명판 및 대표이사 인감 날인	대장정리 처리 후 승인서 공문에 합철
2. 보수작업 관세법 69조 법시행령 70조 보세화물 관리 세칙	1) 품질불량 재작업 2) C/T Box재작업 3) 환적 4) Label재부착 5) 안전규격등 재검사	1) 수출입자 메일 QC검사 의견서 2) 수입자 요청 메일 3) 수입자 요청 메일 4) 수입자 요청 메일 5) 수입자요청 메일	*신청서류 · 수출신고필증 원본 · 사유서 · 근거서류 · 장치확인서 · 재작업 계획서 · 재작업완료보고서 · QC검사성적서 *Check Point · 재작업 한계 · 재작업시간 (세관근무 시간내에 만가능)	재작업 완료시

문제형태	사 유	근거서류	신청서류 (Check Point)	Remark
3. 신고 취하 법142조 수출종관 사무처리 규정 제5-4조	1) L/C취소 또는 L/C 기간만료 2) 수입국의 수입금지 3) 수입국의 천재지변 부두작업 4) Order취소 (인수거부, 인도기일 경과 클레임 제기) · 업무협조전 사유서 · L/C Cancel · E/L Cancel · 수입자물품인수 거부 메일 · 수출신고필증 원본	1) L/C Cancel 내용의 수입자 메일 2) 수입자 물품인수 거부 및 Order Cancel 통보 메일	*신청서류 · 수출신고필증 원본 · L/C Cancel사본 · E/L Cancel원본 · 좌기근거서류 · 사유서 · 입고확인서 · 업무협조요건 *Check Point 부산CY대기 신고취하서, 공장 재반입확인 혹은 재수출신고필증 회수	관세환급 추징과 동시진행
4. 금액정정	1) 수출면허 후 L/C변경 2) L/C Open후 L/C가 변경되었으나, 사무착오인 경우	1) L/C Amendment 사본 메일 2) 사유서로 갈음	*신청서류 · 수출신고필증원본 · 사유서 · 좌기 근거서류 · E/L Amend원본 · 업무협조전 *Check Point · E/L Amend날짜 확인, 선적후 금액을 Decreasing하는 것은 불가(단순 착오인 경우 가능)	
5. 목적지변경	1) 납기지연 등을 이유로 수입자 요청 2) 입항 스케줄 변경 3) 단순착오	1) 메일 2) 선사확인서 3)L/C 규정확인서	*신청서류 · 수출신고필증 원본 · 사유서 및 근거서류 · 업무협조전	

문제형태	사 유	근거서류	신청서류 (Check Point)	Remark
6.중량 정정	1) 사무착오	1) 샘플 측정 2) 카달로그상 중량 3) 현품측정	*신청서류 · 수출신고필증 원본 · 사유서 및 좌기 근거서류 · 업무협조전	
7. 수출신고 필증 재발급	1) 수출신고필증 분실	1) 분실사유서 및 경위서	*신청서류 · 분실사유서 및 경위서(세관장앞) · 업무 협조전 · 업체분실건은 각서 첨부	

제 2 절 수출보험의 종류

수출보험은 비영리 정책보험으로써 일반 손해보험에서와는 달리 다음의 세 가지 대표적인 경우에서 보상된다.

- 비상위험 : Political Risk 전쟁, 내란, 환거래의 제한 및 금지 등의 경우
- 신용위험 : 파산의 Commercial Risk, 대금지급지연 및 거절 등의 경우
- 기업위험 : Management Risk의 기업 활동 과정에서의 위험 등의 경우 등을 보상하며, 이러한 수출보험사업은 한국수출보험공사에서 수출보험업무를 담당하고 있다.

1. 일반수출보험

이 보험은 수출계약을 체결한 후 선적하기 전에 비상위험이나 신용위험으로 인해 수출계약이 파기되거나 화물을 수출할 수 없게 되는 경우 수출자나 생산자가 입게 되는 손실을 보상해 준다. 종류로는 수출자 보험, 생산자 보험 및 증가비용보험이 있으며 보험자는 손실액의 90%에 해당하는 금액을 보험금으로 지급한다.

2. 수출금융보험

이 보험은 금융기관이 입게 되는 손실을 보상해 준다. 예컨대 수출자나 생산자에게 생산, 원자재 구입 또는 가공에 필요한 자금을 융자한 후 이들에게 수출불능, 납품불능 또는 대금회수불능의 사유로 금융기관이 융자금을 만기에 회수할 수 없게 되는 경우 보험자가 보상해 준다. 보험금은 만기에 회수불능한 금액에서 만기한 후 회수한 금액을 공제한 잔액에 대해 90%를 지급받게 된다.

3. 수출어음보험

이 보험에서는 수출업자가 발행한 화환어음을 외국환 은행이 매입한 후 수입업자의 대금미지급으로 어음의 만기에 부도되어 어음을 매입한 은행이 입게 되는 손실을 보상해 준다. 예컨대 외국의 어음 지급인이 어음을 인수거절하거나 인수 불능일 때, 어음 지급인의 지급불능, 지체, 거절, 외국 정부에 의한 환거래의 제한이나 금지, 수입국에서의 전쟁, 내란, 혁명 등에 의한 위험을 담보해 준다.

개별보험(외국환 은행이 매입한 화환어음) 및 포괄보험(수출자가 발행한 무신용장 및 기한부 신용장 조건의 화환어음)에서 한국수출보험공사는 손실액의 90%를 보험금으로 지급한다.

4. 중장기 연불수출보험

이 보험은 산업설비와 같은 자본재를 중장기 연불 수출계약에 의거 6개월 이상 10년 이내의 연불수출을 할 경우 수출대금을 회수하지 못하거나 수입자의 채무불이행으로 수출자가 입게 되는 손실을 보상해 준다.

보험금은 손실액에 보험금액의 보험가액에 대한 비율을 곱한 금액이 지급된다.

5. 수출대금 금융보험

이 보험은 외국정부, 공공단체, 외국법인이나 외국인에게 우리나라로부터 자본재를 수입하는데 필요한 자금을 공여(전대차관 등)한 후 그 원리금의 회수가 불가능하게 되거나 차입자가 채무를 이행하지 않은 경우에 입게 되는 손실을 보상한다.

보험금은 손실액에 보험금의 보험가액에 대한 비율을 곱한 금액이 지급된다.

6. 위탁판매 수출보험

이 보험은 위탁판매 수출계약에 의거 화물을 수출한 경우 그 화물의 수출 및 판매를 위해 지급한 비용을 회수할 수 없게 되어 입는 손실을 보상해 준다. 보험금은 손실액의 90%에 해당되는 금액이 지급된다.

7. 해외투자보험

이 보험은 해외투자를 한 후 비상위험에 의해 해외투자액을 회수할 수 없게 되어 입는 손실을 보상해 준다. 보험금은 손실액의 90%에 해당하는 금액이 지급된다.

8. 해외건설공사보험

이 보험은 해외건설업자가 해외건설공사나 해외건설용역을 제공 후 비상위험이나 신용위험으로 인해 해외공사대금을 회수할 수 없게 되는 손실을 보상한다. 보험금은 손실액에 보험금액의 보험가액에 대한 비율을 곱한 금액이 지급된다.

9. 수출보증보험

이 보험은 수출계약, 해외건설공사계약 또는 해외건설용역계약에 따라 입찰보증, 이행보증, 선수금 환급보증 등 보증서를 발행한 외국환 은행이 해외발주로부터 보증채무 이행의 청구에 따라 이를 이행함으로써 입게 되는 손실을 보상해 준다. 보험금은 손실액에 보험금의 보험가액에 대한 비율을 곱한 금액이 지급된다.

제 3 절 관세의 의의와 관세 환급

1. 관세의 의의와 기능

(1) 관세의 의의

관세는 국가의 재정수입을 위해 관세영역을 출입하는 물품에 대하여 법률이나 조약에 의해 부과하는 조세를 말한다. 이를 구체적으로 설명하면, 첫째로 관세징수의 주체는 국가이며, 둘째로 관세의 부과목적은 재정수입과 산업보호에 있으며, 셋째로 관세는 법률이나 조약에 의하여 부과·징수하며, 넷째로 관세는 상품에 대한 대물세이며 수시세이며, 다섯째로 관세는 관세영역을 출입하는 물품에 대하여 부과하며, 여섯째로 명목납세자와 실제 납세자가 일치하지 않을 수 있으며, 마지막으로 관세는 자유무역의 장벽이 된다.

(2) 관세의 기능

1) 재정수입의 확보

관세를 부과·징수한 만큼 국가의 재정수입이 늘어난다.

2) 국내산업의 보호

관세를 부과함으로써 수입재의 국내가격이 상승하여 수입이 억제된다. 따라서 수입이 억제된 품목을 생산하는 국내산업은 그만큼 보호를 받는 것이다.

3) 소비억제

수입물품에 관세를 부과하면 그 수입품의 가격이 상승되어 그 상품에 대한 수요가 줄어들기 때문에 소비가 억제된다.

이를 관세의 소비억제효과라 하는데 그 효과의 정도는 수요의 가격탄력성의 크기에 따라 다르다.

4) 수입대체

일정 수준 이상의 관세를 부과하여 수입가격이 국산가격보다 높아지면 수입은 억제되고 당해 상품의 국내산업이 그만큼 더 생산을 하게 되는 것을 수입대체효과라 한다.

이러한 수입대체효과는 고용을 증대하고 국제수지를 개선하는 파급효과를 가져온다.

2. 관세환급의 기초

(1) 관세환급이란?

관세환급이라 함은 세관에서 일단 징수한 관세 등을 특정한 요건에 해당하는 경우에 그 전부 또는 일부를 되돌려 주는 것을 말한다.

"관세환급제도는 1962년 우리나라가 수출 드라이브정책을 추진하기 시작한 때부터 본격화되었다. 최초에는 원자재 수입 시 수출에 사용할 것을 조건으로 면세하는 사전 면세제도를 시행하여 오다가 국산원자재의 사용 촉진을 위하여 1975년 7월 1일부터 원자재 수입시에 세금을 징수하고, 수출시에 이를 환부하는 환급제도로 전환하였다."

(2) 관세환급제도나 상계제도는 수출물품에 대한 국가경쟁력을 높이는 제도이다.

"1985년에는 환급제도를 대폭 개편하여 환급제도내에 평균세액 증명서 제도, 선환급 후정산제도 등을 신설했다.

(3) 현재는 원자재 수입시에 수출을 조건으로 세금을 징수하지 아니하고 수출후

에 환급권과 상쇄되도록 상계제도가 환급제도와 함께 실시되고 있다.

> ▶상계관세(Countervailing Duties)
>
> 외국에서 제조, 생산 또는 수출에 관하여 직·간접적으로 보조금이나 장려금을 받은 물품의 수입으로 국내산업이 실질적인 피해를 받거나 받을 우려가 있을 때, 또는 국내 산업개발이 실질적으로 지연되고, 당해 국내산업을 보호할 필요가 있다고 인정될 때 부과하는 관세이다.

(4) 현재 환급특례법에 의거 환급받는 세종은 원자재 수입시 부과되는 관세와 특별소비세, 교육세, 주세, 임시수입부가세가 있으며, 방위세는 91년부터 폐지되었다.

⇒ 이 관세환급제도를 실시함으로써 사전면세제도에서의 면세수입된 원재료에 대한 복잡한 사후관리절차가 필요 없게 되어 세관과 수출업체의 절차가 대폭 간편하게 되었다.

3. 관세 환급 방법

(1) 정액환급

정액환급은 제품(수출물품 또는 국내 거래물품)별로 전년도 평균환급액 등에 따라 정액을 미리 조사 선정한 후 이를 적용하는 방법이다.

(2) 개별환급

수출물품의 제조에 소요된 원재료의 종류와 수량을 소요량증명서에 의하여 확인하고 그 원재료를 수입할 때에 납부한 수입면장에 의거 산출하여 그 세액을 환급하는 방법이다. 수출물품에 대하여 관세 등의 환급을 신청할 때에 수출물품이 정액환급률표에 기재되어 있지 않은 경우에는 개별환급을 신청해야 한다.

4. 관세 환급 요건

(1) 환급신청자

환급제도는 관세 등을 납부하고 수입한 원재료를 사용하여 만든 물품을 수출한 경우에 원재료 수입 시 납부한 관세 등을 수출자에게 환부하는 제도이므로 원칙적으로 환급을 신청할 수 있는 자는 수출자 또는 수출자에게 해당하는 자이다.

(2) 환급신청기간

• 수출용 원재료로서 외국으로부터 수입 시 관세들을 징수한 물품으로 수입신고 수리일로부터 1년 6개월 내에 수출들에 제공되어야 한다.

(3) 신청서류

수출신고필증, 수출물품 제조에 사용된 원재료증명(소요량 증명), 원재료별 납부세액 증명(수입면장).

제 4 절 해상운송

1. 물류(Logistics)란?

(1) 물류란 한 지점에서 생산된 재화를 교역을 위해 다른 곳으로 옮기는 행위를 말 한다.

이 물류가 "현대로 이어지면서 단순히 화물의 이동이 아닌 물류관리의 개념이 도입되었다. 또한 제2차 대전 중에서의 병참술이 경영에 적용되면서 물류의 개념은 점차 확대되었다."

(2) 현대적 의미의 물류는 마케팅의 일부였던 유통과 분배가 운송과 결합되면서

하나의 시스템으로 만들어지게 되었다.

물류 이야기를 하는데 있어서 미국을 빼놓을 수는 없다. 미국은 물류란 용어를 가장 먼저 사용한 나라일 뿐만 아니라, 세계적으로 가장 일찍 그리고 급속히 물류를 발전시킨 물류일등국이다. 이런 일등국답게 미국의 물류는 1965년 로지스틱스의 단계로 진일보하게 된다.

(3) 기존의 물류가 수송, 포장, 하역, 보관, 정보라는 단순도식적인 관리영역을 대상으로 하는데 반해, 로지스틱스는 재화생산의 시작에서 재화소비의 마지막까지를 전부 그 대상영역으로 하고 있다.

2. 해상운송의 기초

- 18세기 증기기관이 발명됨에 따라 수송수단은 더욱더 발전하게 되었고, 1807년에는 증기기관이 선박에 이용됨에 따라 저렴한 교통시대가 열리게 되었다.
- 해상운송은 대량수송, 원거리 수송, 수송비 저렴, 수송로의 자유성, 수송의 안전성, 국제성이 좋지만, 수송의 속력이 늦다는 특성을 지닌다.

(1) 해상운송의 운송계약

1) 의의

해상운송자(선주)가 화물을 한 장소로부터 다른 장소로 운반한 뒤 권리자에게 인도하여 줄 것을 약속하고, 하주가 이에 대해 운임을 지불할 것을 약속함으로써 성립한다.

2) 당사자

① 운송인(Carrier 선주, 선박회사) : 운송을 행하는 당사자

② 운송의뢰인(Shipper 하주) : 출발지의 송하인, 운송인의 상대방

③ 수하인(Consignee) : 도착지에서 화물을 실제로 인도받을 사람

3) 특성

- 수하인은 운송인에 대하여 송하인과 동일한 권리를 가진다.

- 운송계약이 성립되면 이 계약에 따른 선하증권이 발행된다.
- 송하인이 운송인에게 선하증권의 발행을 청구하면 운송인은 반드시 선하증권을 교부한다.
- 선하증권이 발행되면 소지인이 운송화물에 대한 모든 권리를 지닌다.

(2) 화물선의 종류

1) 용도에 따른 분류

① 정기선

정기적으로 운항되는 선박으로 정해진 운송계획 하에 특정한 항로, 항만을 규칙적으로 왕복 운항한다.

여객, 우편물, 공업 제품의 수송을 주 대상 운임동맹이 제정한 공통 운임률 표(Rate Agreement)에 의하여 운임이 책정된다. 따라서, 정기선은 고정된 항로, 운임률, 운항계획 등에 의하여 화물이 만선에 관계없이 지정항로를 항해하므로 고정비용이 높아, 운임률 또한 높다.

② 부정기선

적재량을 위주로 한 선박으로 부정기적으로 운항되며, 고정된 항로가 없다. 또한 곡물, 광석을 비롯한 일반 원자재를 주요 대상으로 한다. 움임이 그 당시의 수요와 공급에 의하여 하주와 별개의 계약으로 운송된다. 따라서, 치열한 경쟁을 통해 움임이 결정되는 시장경쟁운임이므로 정기선보다는 운임률이 언제나 낮다.

2) 화물에 따른 분류

① 일반화물선

각종 화물을 운송하는 선박으로 하역설비, 수하물설비, 화물보호 설비 등을 설치하고 있다.

② 특수전용선

화물의 특성에 적합한 특수한 설비를 갖추었으므로, 주로 용선계약으로 운송, 특수전용선은 부정기 선박의 일종이다.

• 수산물과 청과를 운송하는 냉동선, 냉장선
• 유류만 수송하는 유조선
• 자동차만 수송하는 전용선 등

3) 화물 취급에 따른 분류

① 재래선

상품을 각각의 적합한 관습에 의해 포장을 해서 화물을 수송하는 선박으로 자체에 기중기가 설치되어 있다.

② 컨테이너선

화물을 컨테이너에 적입하여 수송하는 선박으로 전용터미널에서 하역된다.

③ 하 역

화물의 선적, 양륙 시 필요한 이동, 운반 등의 여러 작업을 말한다.

▶하역의 종류

① Demurrage
정박초과료, 기간내에 하역이 완료되지 않을 경우 히주가 선주에게 지급하는 비용을 말한다.

② CQD(Customary Quick Dispatch)
해당국 관습에 따라 가능한 신속히 하여야 한다는 조건을 말한다.

③ WWD(Weather Working Days)
이 조건은 하역이 가능한 기후하에서 만의 작업일을 정박기간(laydays)으로 정하는 방법이며 이를 명확히 하기 위해 SHEX(Sundays and National Holidays Excepted)를 부기하여 일요일, 공휴일, 악천후 일은 정박기간에서 제외한다.

④ SHEX(Sundays and National Holidays Excepted)
일요일이나 공휴일에는 하역작업을 하지 않을 때 표기방법이다.
WWD에서는 SHEX를 명시하여 악천후는 물론 일요일 등의 하역을 면제하는 것이 관례이다.

3. 개품운송/용선운송

(1) 개품운송

다수 하주의 다양한 포장화물을 하나의 선박에 혼재하여 운송하는 방식.
주로 소량화물의 운송시 사용된다.

- 의의

화물을 개품 운송한다는 것은 운송의무자가 선박회사와 운송계약을 하여 선박을 수배하고, 선적의무자는 그 선박에 적재하고 운송인은 그러한 화물을 운송하는 것을 말한다.

또한, 수출업자는 화물 인도시의 입증서류와 화물수취 시 필요한 서류를 수입업자에게 송부하고, 수입업자는 그 서류에 의해 화물을 본선으로부터 수취한다.

(2) 용선운송

선주로부터 선원이 승선된 선박을 사용하는 것 혹은 선복(배에 짐을 싣는 부분)을 차입하는 운송으로 용선 계약서(Charter Party)를 통하여 계약하여 이용을 한다.

1) 용선의 용도

선적에 만재시킬 수 있을 만큼 충분한 양의 화물을 가지고 있는 하주가 이용하는 운송계약형태로 주로 대량화물을 수송하는 방식이다.

2) 용선의 종류

① 항해용선(Voyage Charter)

항로용선이라고도 하며 "어디서부터 어디까지"라고 하는 일정의 항해 또는 항로를 한정하여 선복을 전세로 빌리는 용선을 말한다.

항구에서 항구까지 화물의 운송을 의뢰하는 하주와 선박회사간에 체결하는 항해운송 계약이다.

② 가용선(Time Charter)

정기용선이라고도 하며 "며칠부터 며칠까지"라는 일정기간을 정하여 선복을 차용하는 용선을 말한다.

내항선을 갖고 선박에 필요한 모든 용구와 선원까지 승선시킨 선박을 일정 기간 동안 용선하여 그 기간을 기준하여 보수를 지불하는 계약이다.

③ 나용선(Bareboat Charter-BBC)

선박의 임대차계약에 의한 용선을 말한다.

용선하는 측이 선박이외의 선원, 장비 및 소모품 일체에 대한 책임을 지는 계약이다.

(3) 개품운송과 용선운송의 비교

	개 품 운 송	용 선 운 송
형 태	다수의 하주로부터 위탁 받은 개개의 화물을 운송	소수의 특정하주가 선주로부터 선박을 빌려 운송
선 박	정기선	부정기선
하 주	불특정다수	특정소수
화 물	잡화와 같이 적은 화물 (2차 상품)	대량상품 화물(1차 상품)
계 약	구두계약 (선하증권)	용선계약서(Charter Party)
운임률	공시 운임률	경쟁운임
운임(하역비) 조건	Liner Term or Berth Term -선적, 양륙 모두 선주가 부담	FIO (Free In and Out) - 선적, 양륙 모두 하주부담 FI (Free In) -선적은 하주, 양륙은 선주부담 FO (Free Out) - 선적은 선주, 양륙은 하주부담

제5절 항공운송 및 복합운송

1. 항공운송의 기초

(1) 항공운송

항공기의 선복(Plane's Space)에 여객과 화물을 공로를 통하여 운송하는 것. 항공운송은 경쟁상 자연독점상태도 아니며, 순수 경쟁 상태에 있는 것도 아닌 특수한 운수용역산업이다.

(2) 항공운송의 특성

1) 야행성

당일의 화물을 저녁때까지 집하, 기적한 후 다음날 아침까지 수하인에게 배달되는 가장 이상적인 시스템이다.

2) 편도성

여객의 경우 언젠가는 출발지로 다시 돌아오게 되지만 화물의 경우에는 일단 목적지까지 수송되면 그곳에서 소비되어 돌아오지 않음을 의미한다.

3) 비 계절성

항공화물은 여객에 비해 계절적인 변동을 적게 받는다는 것이다.

4) 신속성

항공운송이 육사운송이나 해상운송 등 다른 운송수단에 비해 신속하다는 것이다.

(3) 항공운송의 장점

1) 짧은 수송기간

항공기의 고속성에 의해 장거리의 광범위한 지역도 단시간 내에 수송이 가능하다.

2) 재고비용의 절감

신속성으로 인해 시장의 변화에 빠르게 대처할 수 있으므로 재고량을 줄일 수 있다.

3) 좋은 수송조건

화물의 손상, 분실, 도난 등의 사고가 매우 적다.

(4) 항공운송의 단점

- 대량화물 수송이 어렵다

항공기는 1회의 수송력이 다른 운송기관에 비해 적으므로 일시에 대량의 화물을 수송하기는 어렵다.

(5) 항공운송 관련인

1) 항공화물 운송대리점(Air Cargo Agent)

항공사 또는 총대리점을 위하여 유상으로 항공기에 의한 화물운송계약 체결을 대리하는 사업을 영위하는 업체이며, 그 대가로 대리점 계약에 의거한 소정의 수수료를 받는다.

2) 혼재업자(Consolidator or Air Freight Forwarder)

타인의 수요에 응하여 유상으로 자기의 명의로써 항공사의 항공기를 이용하여 화물을 여러 송하인으로부터 인수하여 운송하는 것을 업으로 하는 사람을 말한다.

2. 항공운임 요율

(1) 항공운임 요율

항공운임은 IATA(International Air Transport Association : 국제 항공운송협회)의 요율을 전 세계적으로 사용하고 있다.

우리나라도 또한 이를 사용하는데, 운임산출을 위한 운임적용 중량은 당해 화물의 실총중량과 용적중량을 비교하여 더 큰 중량을 기준으로 운임을 산출하고, 용적에 따른 중량의 계산은 6,000입방cm를 1kg으로 한다.

(2) 운임의 종류

1) 일반화물요율(General Cargo Rate)

특정품목 할인요율 또는 품목분류 요율이 적용되지 않는 모든 화물에 적용되는 가장 기본요율이며, 최저운임(Minimum Charge), 45kg미만요율, 45kg이상요율, 300kg요율 등으로 설정되어 있다.

2) 특정품목 할인요율(Specific Commodity Rate)

특정구간에서 동일 품목이 계속적으로 반복하여 운송되는 품목에 대해 일반 품목보다 요율을 낮춤으로써 항공운송 이용을 촉진, 확대하는 목적이 있다.

3) 품목분류요율(Commodity Classification Rate)

몇 가지 특정품목에 적용되는 요율로써 품목에 따라 할인 또는 할증되는 운임으로, 서적, 사체, 비동반수하물, 귀중화물, 생동물 등이 이에 속한다.

(3) 항공운임의 적용

첫째, 항공화물 운송장을 발행한 때에 유효한 운임을 적용할 것.
둘째, 운임은 항공화물 구간의 1kg당의 요율에 화물중량을 곱하여 산출할 것

3. 항공화물 운송장

(1) 항공화물 운송장(Air Waybill: AWB)이란

항공운송의 기본서류로써, 송하인과 운송인 사이에 운송계약이 체결되었다는 증빙서류이며, 동시에 송하인으로부터 화물을 수령하였다는 증빙서류.
항공화물 수탁증(Air Consignment)이라고도 불린다.

(2) 항공화물 운송장의 기능

• 운송계약 체결의 증거서류

- 운송물품의 수령증
- 운임, 요금의 청구서
- 보험증명서(항공사의 하주보험이 부보된 경우)
- 세관 신고서류
- 항공회사에 대한 운송품의 취급, 중계, 인도 등에 관한 지침서

(3) 항공화물 운송장과 선하증권과의 비교

구 분	항공화물 운송장(AWB)	선하증권(B/L)
1) 유통성 여부	유통성 없음	유통성 있음
2) 발행방식	창고에 반입 후 AWB발행(수취식)	선적 후 B/L 발행(선적식)
3) 기명여부	기명식	무기명식
4) 발행주체	송하인이 작성(or 포워더가 발행)	선박회사가 작성

1) 유통성 여부

운송계약이 성립되는 증빙서류는 동일하나, 항공화물 운송장은 양도성 및 유통성을 갖고 있지 않으므로 유가증권이 아니다.

2) 발행방식

선하증권은 선적식인데 반해 항공화물 운송장은 수취식이다. 즉, 선하증권은 선적을 증명하는 증권이므로 선적이 완료된 후에 발행되는 것이 보통이나 항공화물 운송장은 항공의 발착편이 많고, 화물을 운송 위탁해서 기적할 때까지 많은 시일이 걸리지 않으므로 항공사 창고에 도착하면 바로 운송장을 발행한다.

3) 기명여부

선하증권은 지시식으로 되어 있어 적당한 배서에 의해 누구에게나 양도되는 권리증권인 것에 비해 항공화물운송장은 기명식으로 되어 있어 항공 운송장에 기재되어 있는 수하인이 아니면 당해화물을 인수할 수 없다.

4) 발행주체

법률적으로 항공화물 운송장은 송하인이 작성해서 항공사에 교부하는 형식을 취하고, 선하증권은 반대로 선박회사가 작성해서 송하인에게 교부하는 형식을 취한다.

4. 항공운송의 절차

(1) 화물의 예약

송하인은 운송대리점을 통하여 해당항공사에 화물운송을 의뢰하게 되고, 이때 지정된 양식인 S/R(Shipping Request)에 출발지와 도착지, 전체포장 개수, 중량, 부피, 상품명 등을 기재하여 상업송장, 포장명세서, 수출승인서 등과 같이 제출한다.

선하증권 상에 명시되는 각종 화물과 관련된 명세가 기재되고, 이것을 근거로 선하증권이 작성되므로 정확한 작성이 필요하며 2통 이상 작성하여 한통은 선사의 확인서명을 받아 선복요청 증거서류로 보관하게 된다.

* S/R(Shipping Request – **선복요청서**) : 하주가 선사에 제출하는 물품운송신청서

(2) 화물의 인수

운송대리점은 해당화물을 송하인으로부터 인수하여 기적지로 수송하여 일단 보세창고로 반입한다.

(3) 화물의 검사 및 통관

미 통관 물품은 해당관의 검사를 필한 후 수출신고필증을 받게 되기까지 통관절차를 거치게 되며, 지정된 검량, 검수업체로부터 검사를 받고 항공기에 적재될 때까지 보세구역에 장치된다.

(4) 항공화물 운송장의 발급

항공운송대리점은 화물을 인수한 후, 송하인에게 항공화물 운송장을 발행한다.

(5) 화물의 운송 및 인도

화물과 수하인용 운송서류는 동시에 수송되어 이를 목적지에 있는 대리점에서 인수하고 수하인에게 화물 도착통지서를 보낸다.

수하인은 도착된 운송서류로 수입 통관절차를 밟는다.

5. 복합운송의 기초

(1) 복합운송이란?

복합운송이란 특정화물을 육상, 해상, 항공운송 중에서 두 가지 이상의 운송형태를 복합적으로 이용하여 출발지에서 최종목적지까지의 운송구간 중 화물의 이적 없이 일괄운송하는 것을 말한다. 복합운송은 점차 하나의 시스템으로 자리 잡아 가고 있으며, 실무적으로 복합운송은 곧 컨테이너 운송을 뜻한다.

(2) 복합운송의 경로

1) 해륙복합운송

해륙복합운송에는 대륙과 해상을 잇는 교량역할을 하는 Land Bridge Service방식이 이용되고 있다. Land Bridge Service는 운송경비의 절감과 운송시간의 단축을 위한 것으로 대륙횡단의 육상운송을 이용하여 바다와 바다를 연결하는 운송서비스라고 할 수 있다.

① America Land Bridge(ALB)

1972년 미국 Sea Train사가 처음으로 개설한 것으로서 다음의 4가지 루트가 있다.

- 극동→선박→북미서해안→철도→북미동해안→선박→유럽으로 일괄 운송되는 America 대륙횡단 Land Bridge,
- 극동→선박→북미서해안→철도→북미동해안 혹은 멕시코만 항구 이와 반대로 유럽→선박→미국동해안철도→철도→미국서해안으로 운송되는 Mini-Land Bridge,
- 극동→선박→북미서해안→철도트럭 미국내륙 화물수송 거점(센트루이스, 시카고, 달라스 등지)으로 운송되는 Micro Bridge Service(Interior Point Intermodal : IPI)
- 극동 → 선박 → 북미서해안 → 철도, 혹은 트럭 → 북미대륙 내 공통운임부과 지역으로 일관운송 되는 Overland Common Point(OCP).

② Siberia Land Bridge(TSR)

일명 TSR(Transiberian Railways)라고 불리우는 시베리아 횡단철도를 통한 극동 유럽지역 간의 수송루트로써, 극동 → 선박 → 러시아 나호트카 혹은 보스토치니(러시아의 극동지역 블라디보스토크의 외항) → 시베리아철도 → 유럽으로 일관 운송된 시베리아 횡단철도는 러시아의 극동 지역 항구인 블라디보스토크에서 모스크바까지 연결되는 9,334킬로미터의 세계 최장의 철도이다.

이러한 시베리아 횡단철도를 이용하는 화물 수송 서비스는 인도양을 돌아 수에즈 운하를 거쳐야 하는 해상운송에 비하여 수송기간과 운임면에서 크게 유리하므로 극동지역의 유럽행 해상물동량의 상당부분을 잠식하고 있다. 우리나라는 부산→보스토치니 혹은 나호트카간 선박운송 → 모스크바 → 유럽으로 가는 루트를 많이 이용하고 있다.

③ Transchina Railways(TCR)

중국동부 → 아라산쿠(중국 러시아 국경지역) → 드루지바(카자흐 공화국) → 모스크바 → 바르샤바 → 베를린 → 로테르담 등 유럽도시로 연결되는 중국대륙횡단 철도운송인데 TSR 수송로보다 소요일수와 거리가 훨씬 단축된다. 1992년 12월 1일부터 국내 기업들이 이용하고 있다.

2) 해공복합운송

1962년 Flying Tiger항공사에 의해서 개발된 해공복합운송방식은 Carrier형이라 부르는 SEA & AIR 운송으로서, 항공운송이 공항에서 공항까지 기준으로 설정되어 있다는 것과는 달리 해상운송의 양륙항으로부터 목적지의 공항까지를 기준으로 한 것이다.

① 복합운송 증권이란?

복합운송에 의하여 물품이 인수된 사실과 계약상의 조항에 따라 물품을 인도할 것을 약속한 복합운송계약을 증명하는 증권.

복합운송 증권은 운송방식 중 적어도 두 가지 이상의 다른 운송방식에 의해서 이루어지는 복합운송을 증명하기 위해서 복합운송인이 발행한다.

② 복합운송 증권의 특징

- 전 운송구간을 커버하는 서류이다.
- 본선적재 전에 복합운송인이 수탁 또는 수취한 상태에서 발행한다.
- 운송인뿐만 아니라, 운송주선인에 의해서도 발행된다.

③ 복합운송 증권의 형태

복합운송 증권은 동종, 이종 수송수단의 조합이며, 최종목적지까지 전반 운송증명을 운송계약형태로 체결하고, 각 운송인이 책임을 분할하여진다는 내용을 기재한 B/L 형식의 증권으로 선박회사나 그 대리인이 발행한다.

④ 선하증권형식의 복합운송증권

주로 사용되는 선하증권형식의 복합운송 증권으로 Combined Transport Bill of Lading라고 불림. 증권에서 손해발생구간이 해상이면 Hague Rule에 따라서 보상되며, 그 외 다른 구간이면 그 구간에 적용되는 국제조약이나, 국내법을 따른다. 이러한 증권은 운송인의 면책이 많이 보장되고, 책임 한도액이 낮아 복합운송인으로서 선사를 보호하는 측면이 강하다. 대부분의 우리나라 선사들도 이 증권형식을 사용한다.

⑤ 복합운송인

복합운송인은 동종 및 이종 수송수단을 조합하여 수송하는 운송인. 복합운송인은 하주에 단일책임을 지며 복합운송증권을 발행할 수 있는 자이면 누구든지 될 수 있으나, 실무적으로 보면 복합운송인이 될 수 있는 주체는 선박회사, 항공회사, 철도회사, 트럭회사 등 스스로 운송수단을 보유하고 있는 실 운송인과 직접운송수단을 보유하지 않고 참여할 수 있는 포워더, 통관업자, CY운송인등 계약운송인 등이 있다.

⑥ 복합운송인의 유형

- 캐리어형 복합운송인

자신이 직접 보유하고 있는 운송수단을 통하여 복합운송을 하는 실운송인을 말한다. 이 중 선박회사가 가장 전형적인 캐리어형 복합운송인이라 할 수 있다.

• **포워더형 복합운송인**

포워더(Forwarder)란 "운송수단을 직접 소유하지 않은 채 고객을 위하여 화물운송의 주선이나 운송형태를 수행하는 자를 말한다".

운송에 있어 외주용역을 위주로 하는 기업들에게는 포워더의 기능과 역할은 매우 중요시되고 있다.

• **NVOCC형 복합운송인**

NVOCC는 미국신해운법에서 발생된 것으로 해상운송에 있어서 자기가 직접 선박을 운항하지 않으면서 화주에 대해서는 선주의 입장이 되는 것을 말한다.

Non-Vessel Operation Common Carrier.

6. 컨테이너 운송

(1) 컨테이너 운송이란?

화물을 컨테이너에 적입하여 기계로 하역하고 컨테이너선으로 운송하는 방식으로 그 원리는 Unit Load System이다.

Unit Load System은 화물을 한개 취급하는 것이 아니라, 컨테이너 단위로 취합해서 기계로 취급하는 방식으로 이를 위한 용기가 바로 컨테이너이다.

컨테이너수송은 다른 운송기관과의 환적도 편리하기 때문에 생산지의 문전에서 수요자의 문전까지 일괄수송을 목적으로 한다.

컨테이너 운송에 의해 해상운송 서비스의 단위화와 규격화가 가능하게 되어 해상운송 서비스 상품의 대량생산이 가능하게 되었다.

(2) 컨테이너 운송의 장점

1) 정박기의 단축

컨테이너가 규격화되어 장비사용으로 시간이 단축되며, 컨테이너는 독립된 움직이는 기구이므로 악천후에도 작업을 강행할 수 있다.

2) 창고료 절감

컨테이너는 하나하나가 별개의 독립된 창고 역할을 한다.

3) 인건비 절감

인부의 동원이 필요하지만 거의 기계화되어 몇 사람의 힘으로 충분하다.

4) 화물의 안전성 제고

모든 화물이 완전히 견고하고 밀폐된 기구에 의해 운반되므로 파손과 도난의 위험이 적어진다.

5) 신속한 수송

컨테이너선은 대개가 최근에 건조된 것들이고, 고속엔진으로 운항하기 때문에 항해기간이 단축된다.

6) 운임절감

빠른 회전율, 생산성의 향상 그리고 자유경쟁 등에 의한 자율적인 저운임이 적용된다.

(3) 컨테이너 운송의 단점

1) 컨테이너 수송에 필요한 여러 가지 관계기구를 구비하기 위하여 막대한 고정자본이 필요하나.

2) 컨테이너로 운송하지 못할 화물들이 있다.

3) 컨테이너선에서는 상당부분이 갑판에 적재되어야 하는데, 보험회사에서 갑판 적재화물에 대한 높은 할증 보험률을 적용하고 있다.

(4) 컨테이너란?

컨테이너란 화물의 단위화를 목적으로 하는 수송용기.

여러 종류의 수송기관에 대한 적합성에 중점을 두고 결정된 용적을 갖고, 용도에 맞는 강도를 구비하고, 반복사용에도 지탱할 수 있도록 제조한다.

1) 컨테이너의 종류

① 건화물 컨테이너

온도조절을 요하지 않는 일반 잡화를 수송하기 위한 표준 컨테이너이다.

② 냉동컨테이너

육류, 생선, 과일, 채소 등 냉동화물을 수송하기 위한 냉동기가 달린 컨테이너로써 -28까지의 온도를 임의로 조절할 수 있게 되어 있다.

③ 천정개방형 컨테이너

Pipe류, 중량품, 기계류 등을 수송하기 위한 지붕 없는 개방식의 컨테이너로써 크레인에 의해 컨테이너 위쪽부터 하역할 수 있는 것이 특징이다.

④ 플랫래크 컨테이너

승용차, 기계류 등의 중량화물을 위한 컨테이너로써 천정과 벽이 없는 측면으로부터 하역할 수 있는 것이 특징이다.

⑤ 동물용 컨테이너

Live Stock 컨테이너라고도 하며, 소나 말과 같은 동물을 운반하기 위하여 만들어진 컨테이너로써 통풍과 먹이를 주기에 편리하게 만들어졌다.

⑥ 탱크 컨테이너

유류, 약품, 식료품 등의 액체화물을 수송하기 위하여 만든 특수 컨테이너이다.

⑦ 플랫폼 컨테이너

중량물이나 부피가 큰 화물의 수송을 위한 것으로 길이 6.75M, 너비 4.01M, 높이 4.50M, 중량 40톤까지의 화물을 적재할 수 있다.

■ 컨테이너선의 종류 ■

▶ 본선 선형에 의한 분류

① 분재형 컨테이너선(Semi-Container Ship)

화물선의 특정 선창을 컨테이너 전용 선창으로 한 것으로서 대개 선체 중앙에 설치되어 있다.

② 전용형 컨테이너선(Full-Container Ship)

모든 선창이 컨테이너만을 적재하도록 설계되어 있는 선형을 말한다.

▶ 하역방식에 의한 분류

① Lift On/Off 방식

본선 또는 육상의 크레인을 사용하여 컨테이너를 본선에 수직으로 적양하는 방식이다.

② Roll On/Off 방식

선측, 선주 또는 선미의 RAMP로부터 컨테이너 또는 트레일러를 수평으로 적양하는 방식의 자동차 전용선 방식이다.

③ Flat On/Off 방식

부선에 컨테이너를 적재하고 크레인이나 엘리베이터에 의해서 적양하는 방식이다.

④ LASH(Lighter Aboard Ship)

컨테이너 대신 규격화된 부선을 화물을 적재한 그대로 본선에 적입하는 수송선박이다.

2) 컨테이너선

화물로 채워진 컨테이너를 적재하는 선박이다.

3) 컨테이너 터미널이란

컨테이너 운송에 따른 운송기관과의 접속점을 말하며, 일반적으로 육상 운송과 해상운송의 접속점을 말한다.

7. 컨테이너 화물의 운송형태

(1) 컨테이너 화물의 운송형태

1) FCL(Full Container Load)

한 개의 컨테이너를 모두 채울 수 있는 양의 화물의 경우를 말한다.

- 40Feet : FEU(Forty Footer Equivalent Unit)로 개당 표시한다.

2) LCL(Less than Container Load)

한 개의 컨테이너에 꽉 차지 않은 소화물의 경우를 말한다.

- 20Feet : TEU(Twenty Footer Equivalent Unit)로 개당 표시한다.

(2) CFS to CFS운송

선적항의 CFS(Container Freight Station-컨테이너 집화소)로부터 목적항의 CFS까지 컨테이너선박에 의해서 운송하는 가장 기본적인 운송형태이다.

CFS/CFS운송은 Pier to Pier(부두에서 부두까지)방식이며, 운송인이 여러 하주(Shipper)로부터 LCL 화물을 수화하여 목적지 별로 분류한 후 한 컨테이너에 혼재(Consolidation) 해서 운송하고, 목적항의 CFS에서 여러 수하인(Consignee)에게 화물을 인도하는 운송형태이다.

따라서 LCL 화물의 운송형태는 송화인과 수화인이 각각 여러 사람으로 구성되고, 운송인은 선적항과 목적항 사이의 해상운임을 받으며 운송책임의 구간은 선적항CFS에서 목적항 CFS까지이다.

(3) CFS to CY운송

운송인이 지정한 선적항이 CFS에서 목적지의 CY(Container Yard, 컨테이너 야적장)까지 컨테이너선박에 의해 화물을 운송하는 형태이다.

운송인은 여러 송화인들로부터 수출화물을 선적항의 CFS에서 집화하여 컨테이너에 적입한 후 최종 목적지의 수화인의 공장 또는 창고까지 운송해 준다.

이 운송형태는 대규모의 수입업자가 여러 송화인들로부터 각 LCL화물을 인수하여 일시에 자기 창고까지 운송하고자 하는 경우에 알맞다.

(4) CY to CFS운송

운송인이 지정한 선적지의 CY에서 목적항의 지정 CFS까지 컨테이너선박에 의해 화물을 운송하는 형태이다.

한 사람의 송화인과 여러 수화인들로 구성되며, 선적지에서 수출업자가 FCL화물(Full Container Load Cargo)을 컨테이너로 운송하여 수입항의 CFS에서 여러 수화인들로 하여금 화물을 인수하도록 하는 운송형태이다.

이 방법은 한 수출업자가 수입국의 여러 수입업자들에게 일시에 화물을 운송하고자 할 때 많이 이용된다.

(5) CY to CY운송

수출업자의 공장이나 창고에서 수입업자의 창고까지 육·해·공을 연결하는 컨테이너선박에 의한 일괄수송형태로 수송하는 방법이다.

운송도중 컨테이너의 개폐없이 Door-to-Door(문전에서 문전까지)서비스가 가능하기 때문에 컨테이너의 장점을 최대한으로 이용할 수 있다.

이 운송형태는 수송의 3대 원칙인 신속성·안전성·경제성을 최대한으로 충족시켜 컨테이너의 목적을 달성시켜 주며 수출업자의 공장이나 창고에서 수입업자의 창고까지 상품을 수송하고자 하는 경우에 많이 이용된다.

8. 컨테이너 운송의 실무

컨테이너 운송은 일종의 개품운송이므로 전체적으로 개품운송의 실무과정을 따른다. 다음은 개품운송과 차이가 나는 유의해야 할 부분이다.

(1) 통관과 보세운송

컨테이너 운송에서는 화물과 컨테이너의 통관수속이 각각 필요하다.

1) 컨테이너

면세화물로 취급, CY에 보관한다.

2) 화 물

LCL화물은 CFS에 반입 통관, FCL화물은 보세구역에서 통관하고 적입한다.

(2) 화물의 인도장소

화물의 인도 장소는 CY 또는 CFS이다. 이때, 해운화물 취급업자는 Dock Receipt와 Container Load Plan을 터미널 경영자에게 제출한다.

1) Dock Receipt(D/R)

화물수령증이라 하며 일반적으로 정본과 사본이 함께 6~7매를 한조로 발행된다.

2) Container Load Plan

컨테이너 내용물의 화물명세서이라 하며 터미널 경영자는 이 두 서류와 화물 및 컨테이너를 대조하고 D/R에 그 이상의 유무를 기록한다.

제 6 장 무역실무 사례 연구

6-1. SAINT LAWRENCE만의 결빙

사건 개요

W중공업은 CANADA의 U철강에게 CFR 조건으로 물품을 공급하기로 계약하고 약정기일에 동 물품을 선적한다. 물품을 싣고 순항을 계속하던 선박은 목적항으로 가기 위해 CANADA 북서해안의 ST. LAWRENCE만에 진입하려고 하지만 현지의 이상 혹한으로 인해 만입구가 결빙되었기 때문에 진입을 포기한다는 급전을 보낸다. 인근 항구에 하역하는 경우에 발생될 엄청난 육로 운송비와 만만찮은 쇄빙선 사용료를 우려했던 W중공업은 항로이탈에 반대했지만, 선박은 용선계약서와 B/L의 이면약관을 근거로 끝내 인근의 항구로 향하고 물품은 중동에서 하역하고야 만다. 선사의 일방적이고 이기적인 행위에 분노한 W중공업은 이에 대비책을 강구하고자 동회사 법무팀과 숙의하지만, '결빙과 같은 불가항력적 사태에서는 적절하다고 생각되는 인근항구에 하역할 수 있다'는 B/L의 특정조항이 본 사태에 그대로 적용된다는 결론에 이른다.

업무 규칙

1. 통제할 수 없는 자연적·인위적 사태로 목적항에 하역이 불가능한 경우 선사는 다른 항구에 하역할 수 있으므로 항로상의 지정학적, 자연적 위험의 예측이 가능하다면 운임 부담자는 이를 반드시 부보해야 한다.
2. CFR(CIF도 마찬가지임)조건하에서 양당사자의 귀책사유로 인하지 않은 운임의 증감은 매도인(SELLER)의 부담으로 된다.

▶M/V ELIZABETH에서 온 급전

2월에 접어들자 겨우내 얼어붙었던 태양이 조금씩 녹기 시작하는 듯 이제는 한낮이면 가끔 완만한 봄기운을 느끼기에 족했다. W중공업의 미주 수출담당 박과장은 자신의 실적도 풀리고 있는 날씨처럼 점차 호전되기를 기대하면서 여느 때처럼 간밤에 온 메일을 챙기는 것으로 또 하루를 시작했다. 낯설지 않은 제목의 한 통의 메일이 박과장의 시선을 끌었다. 'ELIZABETH호가 목적항인 CANADA의 BAIE-COMEAU로 가기위해 반드시 거쳐야 하는 ST. LAWRENCE만 입구의 심한 결빙으로 인해 만에의 진입이 불가능하니 48시간 이내에 어떤 지시를 달라'고 선장이 보낸 전문을 W중공업의 CANADA BRANCH가 입수하자마자 급히 본사로 보낸 실제 메일이었던 것이다. ELIZABETH호 라면 CANADA의 U철강에 보낼 물품을 지난 연말에 선적했던 바로 그 선박이 아니었던가! 요즘 겨울 같지도 아니한 따뜻한 날씨에 결빙이라니 도대체 무슨 영문인지 박 과장은 몹시 의아하게 여기면서도 앞으로 닥쳐올 피곤한 일들이 직감적으로 우려되었다.

▶긴박의 연속

박 과장은 HOLLAND 국적선인 Elizabeth호를 용선했던 선사에게 즉시 전화를 걸었다. 선사 역시 현 사태를 정확히 파악하고 있지는 못하지만, 현재까지 드러난 사실을 종합해 볼 때, ST. LAWRENCE만 입구가 그 지역의 이상 혹한으로 인해 40cm정도 얼어붙었기 때문에 Elizabeth호를 비롯한 인근의 선박들도 만진입을 포기한 채 이로(DEVIATION)할 준비를 하고 있다는 답변이었다. 암담한 노릇이었다. 상황이 진실로 그렇다면 진입 가능한 최 인근의 타 항구에 하역하여 육로로 BAIE-COMEAU에 가든지, 아니면 쇄빙선 (ICE BREAKING VESSEL)을 사용해야만 되지 않겠는가?

현지지점과 선사 그리고 기타 관련기관에 문의를 계속한 박 과장은 육로 운송시 엄청난 비용이 발생하리라는 사실과 쇄빙선의 사용에도 USD10만을 부담해야 한다는 사실을 이내 알게 되었다. 또한 박 과장은 만입구의 결빙정도가 선사가 이야기한 40cm 정도가 아니라 그보다는 덜하다는 사실도 알게 되었고, Elizabeth호가 일반선박 빙하 출몰지역을 운항할 수 있도록 선두 등을 조금은 보강한 소위 ICE CLASSED VESSEL급으로 분류되어지는 특수선박이라는 사실도 인지하게 되었다. 박 과장은 계속된 정보와 조언을 취합한 끝에 결빙사태에 관한 W중공업의 입장을 정리하여 선사에 통보하였다.

▶ANY Other Safe & Convenient Port, Halifax

W중공업의 입장은, ELIZABETH호가 ICE CLASSED VESSEL이므로 그 정도의 결빙에는 충분히 운항을 계속해야 된다는 것이었고, 속항이 불가능하다면 현 위치에서 상황이 호전될 때까지 며칠 더 기다려보자는 것이었으며, 이도 여의치 않는 경우에는 현 위치에서 쇄빙선으로 예인하든지 쇄빙선에 환적하자는 것이었다. 그러나 선사에 이같이 통보하고 난 바로 그 다음날 박 과장은 현지지점을 통해 ELIZABETH호는 끝내 선박보호라는 명분하에 선장의 지시로 ST. LAWRENCE만 인근의 얼지 않은 항구인 Halifax로 향하였다는 나쁜 소식에 접하고야 만다. 우려하던 사태가 현실로 나타난 순간이었다.

박과장은 Elizabeth호의 Halifax항을 막기 위해 즉시 선사에 강력히 항의했다. 결빙으로 인한 사태에 선사가 최선을 다해 대처하지 않았음은 물론 송하인의 지시를 묵살했다는 것을 항의의 주된 이유로 삼았다. 이에 선사는 용선계약서(CHARTER PARTY)와 B/L의 이면약관의 LIBERTY CLAUSE를 들어 HALIFAX에의 하역을 정당시했으며, 그 결과 W중공업이 선적한 화물은 HALIFAX에 미운 오리새끼 마냥 떨어뜨려지고 ELIZABETH호는 유유히 다음 목적지를 향해 출항하고 말았다.

▶Liberty Clause

박과장은 선사와 체결했던 용선계약서를 한 조목, 한 조목 검토해 나갔다. 동계약서 상에는 본사태의 경우에 계약 당사자가 어떻게 해야 한다는 조항은 찾을 수 없었다. 다만 용선계약서 말미에 '본 계약서에 명시되지 아니한 용선계약조건은 B/L에 의한다'고 되어 있었다. 그래서 관련 B/L을 살펴보았다. B/L의 이면약관은 쉽사리 읽어 내리기에는 너무도 글자가 깨알 같았다. 피로한 눈을 손가락으로 비벼가며 힘들게 읽어가던 박과장은 선사가 주장하던 근거조항을 찾았다.

'해상운송인 이 통제할 수 없는 자연적, 인위적 사태로 말미암아 목적항에서 정상적인 양륙이 불가능한 경우 해상운송인의 판단과 선택에 따라 다른 안전하고 편리한 항구(ANY OTHER SAFE AND CONVENIENT PORT)에서 양륙할 수 있다'라는 내용이 'FRUSTRATION & GOVERNMENT INTERVENTION'이라는 소제목하에 B/L이면에 자리 잡고 있었던 것이었다(이같이 규정함으로써 본건과 같은 사태 발생시 선사에서 이로의 자유를 부여한 것이 되므로 흔히 동 조항을 LIBERTY CLAUSE라고 부른다).

과연 이 조항이 본 사태에 반드시 적용될 수 있을 것인가라는 의문을 해소하기 위해 박과장은 W중공업의 법무팀을 찾았다. 법무팀은 항해하는 선박에게 위협을 줄 정도의 결빙이라면, 해상운송인이 통제할 수 없는 자연적 사태의 범주에 당연히 들어 갈 것이며 따라서 선사의 사태 대처는 정당한 것이고 용선계약을 위반한 것은 아니라는 견해를 표명했다.

많은 선사들이 용선계약서에서 사용하고 있는 CHARTER PARTY에도 특히 결빙시의 경우만을 예정하여 동일한 방침을 규정하고 있는 이른바 ICE CLAUSE가 있다는 것도 친절히 설명해 주었다. 그렇지만 B/L의 이면약관이라도 선사의 고의 또는 중대한 과실이 있는 경우에는 그 적용이 배척될 수 있을 것이므로, 무엇보다도 결빙의 정도가 어느 정도인지 사실관계의 파악이 우선되어야 할 것이며, 이와 함께 문제의 만입구가 매년 이맘 때 쯤이면 자주 결빙되었다면 선사는 용선계약 체결 시 만의 결빙을 고려하지 않았다는 고의 내지는 중대한 과실이 인정될 여지도 있다는 다소 희망적인 조언도 해주었다(그러나 관계요소를 통해 좀 더 조사한 결과

만의 결빙이 과거 전혀 없었던 것은 아니었지만 자주 있는 현상은 아니라는 사실과, Elizabeth호와 같이 만진입을 시도하던 타 선박들도 이를 포기했다는 사실을 알게 됨으로써 일루의 희망마저 무산되고야 말았다).

▶처방이 없는 진단

박과장은 이어 또 다른 각도에서 해결방안을 찾고자 질문했다. 선사에게 결빙으로 인해 발생된 추가 운임을 부담하도록 요구하지 못하는 상황이라면 U철강 즉 BUYER에게 이를 전가하는 방안은 없겠느냐면서 집요하게 매달렸다.

C&F 조건이라면 선적항에서 화물이 본선난간을 통과하는 순간 화물에 대한 위험도SELLER로부터 BUYER에게 이전되므로 결빙으로 인한 본 사태와 같은 이른바 불가항력(FORCE MAJEURE)적 RISK는 당연히 BUYER가 부담해야 한다는 것을 박과장은 오랜 무역실무 경험에서 알고 있었기 때문이었다.

그러나 법무팀은 어떤 판례 하나를 제시하면서, C&F 조건(CIF도 포함됨)하에서는 계약가격이 고정되어 있고 운임의 증가나 감소는 원래 운임을 부담하기로 된 SELLER의 계산으로 되어 있기 때문에 본 건의 경우에도 비록 그것이 불가항력적 사태에 해당되더라도 이로 인해 증가된 운임은 SELLER인 W중공업이 부담할 수 밖에 없으며, 다만 W중공업으로서는 불가항력적 사유인 결빙으로 인해 인도가 지연되었으므로 BUYER에 대해 인도지연의 책임을 면할 따름이라는 것이었다(여기서 예시된 판례는 C&F조건으로 계약된 물품을 선적했던 선박이 중동전쟁 때문에 수에즈 운하가 폐쇄되는 바람에 희망봉을 경유함으로써 SELLER가 당초 예상했던 것보다 운임이 엄청나게 증가했다 하더라도 SELLER는 증가된 운임을 부담해야만 하고 계약을 이행해야 한다는 내용이었음을 부기한다).

▶냉엄한 결론

법무팀의 승산이 없을 것이라는 계속된 만류와 그 후 자신이 독자적으로 확인한 결과 어떠한 처방도 있을 수 없다는 냉엄한 현실을 직시한 박과장은 현지 지점을 통해 지체 없이 쇄빙선을 수배하였고, USD10만의 대가를 치른 문제의 화물은 ST. LAWRENCE만의 얼음을 뚫고 BAIE-COMEAU에 도착되어 U철강에게 인도됨으로써 본 건은 종결되었다.

▶용선계약의 중요성

본 사례가 우리에게 시사하는 의미는 결코 작은 것이 아니다. 국제간의 거래에 있어서 무엇보다도 중요한 것은 상품의 매매계약이지만, 선사와의 용선계약도 그 비중이라는 측면에서는 이에 못지않다. 바다란 항상 예측을 빗나가게 하는 통제 불가능한 자연이기 때문에 화물을 실은 배가 언제 어디서 어떠한 위난에 처할지 모른다. 오랜 해상경험에서, 선사들은 이러한 위험에서 벗어날 수 있는 대비책을 CHARTER PARTY나 B/L의 이면에다 강구하고 있는 것이다. 물론 이러한 이기적인 의도로 선사가 제시하고 체결을 강요하는 B/L의 이면약관을 거부하라는 요구는 실제 영업에 있어서 무리한 것일 수도 있다. 그렇지만 항로 주위의 국제정세와 특수성을 도외시하고 이에 대한 아무런 대비책도 없이 모험주의적이고 근시안적인 생각에서 선사가 제시하는 전형 약관에 일언반구는 물론, 읽어보지도 않고 무조건 날인해버리는 관행에 경종을 울리는 사례가 아닐 수 없다.

6-2. 지루한 재고전쟁

사건 개요

A물산 B과장은 이R사와 섬유 임가공거래를 약 3년간 해왔다. 거래형태는 A물산 R사에 원단을 공급해 주면 R사는 이 원단을 가공하여 제품을 만들어 해외에 수출하되 수출명의자는 A물산이며 L/C도 A물산 앞으로 개설된다. A물산 NEGO를 통해 수출대금 전액을 회수받고 이중 A물산이 공급한 원단대금 및 수출대행료를 빼고 남은 금액을 R사에게 LOCAL L/C에 의해 지급하여 왔다. 이와 같은 거래를 하던 중 00년에 B과장의 업무가 바뀌어 C대리에게 업무 인수인계를 하였다. C대리는 업무파악을 위해 A물산이 R사에게 공급한 원단의 재고를 파악하던 중, A물산 전산상에 약 USD20만 상당의 원단이 재고로 있음을 발견하고 급히 R사에 조회하였으나 R사는 재고가 하나도 없다고 펄쩍 뛴다. 이후 A물산과 R사이의 밀월관계는 끝나고 A물산과 R사간에 길고 지루한 재고전쟁이 계속된다.

업무 규칙

분쟁 시 소송을 해결하기로 하고 계약서상에 합의관할법권을 A국 법원으로 약정하고 이에 따라 A국의 법원에서 승소했다 하더라도, 집행대상 재산이 B국에 있다면 B국내에서 A국 판결의 강제집행이 당연히 보장되는 것은 아니다. A국 법원의 판결이 B국에서 집행되기 위해서는 집행 대상국인 B국이 규정한 외국판결의 승인요건을 갖추어 B국 법원으로부터 집행판결을 받아야 하기 때문이다.

▶B과장의 전배발령

00년 1월 중순의 이른 아침, 통근버스에 몸을 실은 B과장은 조용히 눈을 감고 어제의 인사발령을 생각하면서 잠시 회상에 잠긴다. B과장, 그가 A물산에 입사하여

S팀에 배치받고 의욕에 찬 회사생활을 시작한 것이 엊그제 같은데 벌써 과장이 되고, 이제 그를 필요로 하는 많은 사람들의 요구로 전배를 받은 것이다. 사원시절 수출전선의 최첨병이라는 자부심으로 이리 뛰고 저리 뛰며 갖은 난관을 거쳐 그가 속한 S팀이 비약적으로 발전한 것을 생각하니 그의 가슴은 벅차오르는 뿌듯함을 감출 수가 없었다. 납기가 촉박하여 하청공장에서 밤을 새며 작업을 독려하던 날들, 까다로운 외국 BUYER들을 멋지게 설득하던 일들이 주마등처럼 떠오른다. 그 중 특히 떠오르는 거래선은 R사라는 국내의 임가공 업체였다. R사와는 자신이 과장승진을 함과 동시에 알게 되어, 지금까지 순조롭게 거래가 계속되었고 앞으로도 양질의 거래들이 이루어질 것만 같아 업무를 인계할 때 C대리에게 특별히 자세히 설명해야겠다고 생각한다. 버스가 회사에 도착하자 B과장은 가벼운 발걸음으로 사무실을 향한다.

▶C대리의 고민

B과장은 아침조회가 끝나자마자 곧 C대리를 불러 업무 인수인계를 시작한다. B과장은 여러 가지 업무를 차근차근 C대리에게 말하면서 R사에 관해서는 더욱 자세하게 설명한다.

즉, R사는 3년 전부터 거래를 하고 있으며 A물산이 R사에 원자재(원단)을 공급하고, R사는 이를 가공·제조하여 제품을 생산하여 A물산의 이름으로 수출을 하고, A물산은 NEGO를 통해 수출대금을 회수하면 이중 A물산의 대행수수료 및 원자재대금을 빼고 나머지를 R사에 주면 된다. 그러면 A물산은 수출실적을 올릴 수 있을 뿐더러 가만히 앉아서 대행료를 받을 수 있다는 것이다. C대리는 B과장의 설명을 들으면서 R사와 '땅짚고 헤엄치기식'의 매우 편한 거래를 하고 있다고 생각한다. B과장의 업무 인수인계가 끝나자 C대리는 B과장이 전해준 서류뭉치를 뒤적이기 시작한다. R사와의 거래서류가 나오자 C대리는 문득, R사에 현재 들어가 있는 원자재 재고가 얼마인지 궁금하여 컴퓨터의 KEY BOARD를 두드려 본다. 컴퓨터 화면을 본 C대리는 소스라치게 놀라고 만다.

"아니 이렇게 많은 원자재 재고가 아직도 R사에 있단 말인가!"

컴퓨터 화면상에는 무려 USD20만 정도의 원자재가 재고로 잡혀 있다. C대리는

B과장에게 다시 확인하지만 B과장은 그럴 리가 없다고 한다.

"아니 재고가 이렇게 많이 남아있단 말인가? 그 동안 거래하면서 거의 다 사용된 것으로 알고 있었는데!" B과장은 의아해 하면서 혹시 입력을 잘못한 것인지 조사해 보자고 한다. B과장과 C대리는 R사와의 서류를 조사해 보지만 입력은 제대로 되어 있음을 알게 된다.

▶교묘한 계산방법

B과장과 C대리는 혹시 실제로 R사와 재고를 USD20만 정도 가지고 있는지를 알아보기 위해 R사의 K사장에게 전화를 건다. K사장은 재일교포로서 한국과 일본을 오가며 많은 거래선들을 알고 있을 뿐만 아니라 국내에도 부동산을 만만찮게 소유하고 있는, 산전수전을 겪은 노련한 여사장이다. K사장은 무슨 소리냐고 펄쩍 뛴다. A물산은 매번 거래시마다 A물산 스스로 원자재 대금을 다 공제하고선 이제 와서 재고라니 무슨 소리냐고 역정을 낸다. 심각한 고민에 빠진 B과장과 C대리는 다른 일을 다 미루고 R사와의 관계서류를 면밀히 검토하자고 다짐하고 서류를 뒤적이기 시작한다. 서류를 뒤적이던 중 C대리의 눈에 낯익은 서류에 낯설은 숫자가 보인다. C대리는 마치 눈에서 빛이 날 정도로 신경을 곤두세우고, A물산이 R사에 발행하여 준 작업지시서를 뚫어지게 쳐다본다. 거기에는 과거와는 다른 형태의 계산방법이 있었다. 즉, 작업지시상에는 흔히 임가공업체에게 지급하여야 할 비용이 계산되어 있는데, 보통은 다음과 같이 계산된다.

'지급비용 NEGO금액 - 원단소요량 - 수수료'

그런데 원단소요량은 옷1벌을 만드는데 필요한 원단의 수량으로서, 이는 성질상 길이 단위인 YARD로써 표시가 된다. 왜냐하면 원자재인 폭은 항상 일정하기 때문에 상거래에서는 길이(YARD)로 표시할 수밖에 없기 때문이다. 그런데 R사에 발행된 작업지시서상에는 길이가 아닌 무게(g)로써 표시되어 있었다.

"아니 다른 작업지시서는 모두 길이로 표시되어 있는데 왜 R사에 발행된 작업지시서에만 무게(g)로 표시되어 있지?"

C대리는 이상하게 생각하면서 당시 작업지시서상에 정산내역을 작성한 여직원에

게 그 이유를 물어본다.

"아 그거요. 그건 R사에서 원단소요량을 무게로 알려주어서 그렇게 작성한 것이예요." 담당 여직원은 간결하게 대답했다.

C대리는 다시 골똘하게 생각했다. 그러면 무게를 길이로 환산할 때도 재고가 일치되는지 즉시 계산기로 두드려 본다. 그러자 놀랍게도 무게를 길이로 환산했을 경우 약 20-30%가 적게 계산된다.

그 이유는 간단하다. 소위 LOSS라는 것인데, 옷 1벌에 소요된 원단의 무게만을 계산할 경우 순수하게 완성된 옷에 소요된 원단량만 계산되며 옷을 만들기 위해 원단을 재단할 때 발생하는 못 쓰는 조각들(LOSS)은 계산이 안되기 때문이다. C대리는 무릎을 탁 치면서 K사장의 교활함에 울분을 금하지 못한다. C대리는 입고증을 모아서 입고 출고량의 차이를 계산한다. 약 USD20만의 재고가 있었다. C대리는 이러한 사실을 K사장에게 내용증명으로 통보한다.

▶A물산의 또 다른 위기

C대리는 이제 K사장이 꼼짝 못하고 A물산에게 USD20만을 물어줄 것이라 기대하면서 느긋하게 며칠을 기다린다. 한편 B과장은 사태가 잘 해결될 것이라 믿으면서 타부서로 자리를 옮긴다. 그러나 며칠 후 K사장으로부터 온 회신의 내용은 C대리를 당황하게 만든다.

'귀사의 청구에 응할 수 없다. 왜냐하면 귀사의 00년도 작업 지시서상에는 00년에 입고된 원단만을 공제하여야 하는데 귀사는 전년도 재고분에서 공제하였다. 그런데 폐사는 전년 말 당시 귀사의 원단을 하나도 갖고 있지 않았으므로 귀사는 금년도 재고 공제분을 금년도 재고에서 부당하게 공제한 것이 되기 때문이다.' C대리는 K사장의 회신을 받고, 다시 작업지시서를 보니 과연 전년도 재고분에서 공제한 부분이 USD10만임을 확인한다. 그렇다면 다시, 전년도의 입고증 및 작업지시서는 물론 처음 거래를 시작할 당시인 입고증과 작업지시서를 모두 모아서 전체 입고수량과 전체 출고수량과의 차이를 밝혀야 한다고 생각한다. 그러나 A물산은 전년도도 서류는 모두 폐기 혹은 지하 대형 창고에 별도 보관하고 있는 터라 찾을 수가 없었다.

그렇다면 USD10만을 고스란히 날려버려야 하느냐?

C대리는 깊은 한숨을 내쉬며 담배를 빨아 문다.

▶컴퓨터와 소송 위협

C대리는 이리저리 고민한 끝에 그대로 물러설 수 없다고 생각하고 K사장을 찾아가서 이야기한다. "K사장님! 저희들이 일전에 자료를 제시해 드리면서까지 재고원단에 대한 대금지급을 요청하였지만 사장님은 지급을 계속 거부하고 있습니다. 그렇지만 저희들은 모든 재고관리를 컴퓨터로 하기 때문에 모든 원자재 입출고 현황을 파악하고 뽑을 수 있습니다. 만일 사장님께서 계속 지급을 거부하신다면 저희들은 소송을 제기하지 않을 수 없습니다. 부디 심사숙고해 주시기 바랍니다. C대리는 단호한 목소리로 K사장에게 이야기하면서 컴퓨터로 재고를 관리하고 있다는 대목에서 힘을 준다. K사장은 A물산이 컴퓨터로 재고를 관리한다는 말에 흠칫 놀란다. 왜냐하면 K사장은 평소 A물산을 드나들면서 A물산 직원들이 많은 자료를 컴퓨터로 작성하는 것을 보았기 때문이다.

재고를 컴퓨터로 관리한다면 모든 자료가 나오고 그러면 더 이상 버틸 근거가 없을 뿐만 아니라, 소송으로 가더라도 이길 승산이 없을 것 같았기 때문이다.

"C대리, 그러면 나에게 보름 동안의 시간을 주세요. 보름안에 책임 있는 답변을 드리겠어요. 우리도 A물산과의 관계가 악화되기를 원치 않습니다."

K사장은 위기의 순간을 노련하게 빠져나간다.

▶K사장의 결사항전

K사장은 C대리를 돌려보내고 이리저리 궁리를 한다. 사실 원단 소요량을 무게로 통보하여 실제 소요량보다 적게 계산된 것이 사실이다. 그러나 자신들도 실제 차이가 그렇게 날줄은 몰랐으며 A물산이 청구하는 총금액이 엄청나서 엄두를 낼 수가 없었기 때문이다.

K사장의 영악한 머리는 갑자기 2년전 기억을 되살린다. 그때 거래 당시에 B과장이 작업공장을 잘못 수배하여 품질불량이 발생하였다. 그래서 R사는 물건을 국내에

전매할 수밖에 없었고 B과장은 구두로 책임을 진다고 약속했는데 그 이후로 아무런 이야기가 없었던 것이다. 그렇다면 A물산의 원단은 어떻게 되겠는가? B과장이 책임진다고 했으면 그때 사용된 원단 값을 A물산은 R사로부터 환불받으면 안되는 것이다. K사장은 부랴부랴 A물산의 작업지시서를 재검토하였다. 결과는 A물산이 K사장이 모르는 사이에 문제된 원단을 모두 환불하여 갔던 것이다. 그 금액은 무려 USD10만이나 되었다. K사장은 이를 다시 내용증명으로 A물산에 통보하고 A물산의 청구를 거절한다.

▶잡아떼는 B과장

K사장의 거절 회신을 본 B과장은 옛날 일을 더듬어 본다. 그때 사고가 있었고, 자신이 책임진다고 한 적은 있는 것 같았다. 그러나 다행히 서면으로 그러한 내용을 남기지 않았을 뿐 ...

'증거가 없는 이상 법정에 가도 소용이 없을 것이므로 이건 무조건 그런 사실이 없다고 우기면 되는데 뭘' 하면서 활달한 성격인 B과장은 즉시 K사장을 찾아가서 일전을 벌인다. 언성이 높아지고 심한 말이 오간다.

"K사장님, 내가 언제 그런 소리했습니까?"

"B과장이 그때 책임진다고 분명히 이야기했잖아요?"

"아니 뭐라고요, 그때 실수는 당신이 잘못한 거지 내가 뭘 잘못했습니까?"

"당신이 작업공장을 잡았잖아!" 계획대로 B과장은 흥분하고야 만다.

"뭐라고, 내가 작업공장을 잡은 건 당신이 의뢰해서 호의로 잡아 준 것이지 원래는 당신이 잡아야 하는 거 아냐! 그리고 내가 책임진다고 한 증거가 있으면 대봐!"

B과장은 K사장과 심하게 다투고 R사를 나온다.

▶또 한번 당황하는 B과장과 C대리

이제 K사장과 A물산간의 감정은 악화될 대로 악화되어 있었다. B과장과 C대리는 일단 K사장의 재산에 가압류라도 하면 K사장의 태도가 변할지도 모른다는 생각에 법무부서에 법적조치를 의뢰한다. 그러나, 서류를 검토한 법무부서는 B과장과 C대리가 전혀 생각도 못했던 사실을 지적해 준다. "B과장님, K사장의 재산에 가압류를 하기 위해서는 A물산은 K사장에게 대해 채권을 갖고 있어야 합니다. 그러나, R사는 전년도 까지는 개인회사였지만 금년 9월부터 주식회사로 변경하였습니다. 따라서 A물산이 R사에 대해 가지고 있는 채권이 작년부터 금년 8월까지 발생한 것이라면 K사장의 재산에 대해 법적조치를 취할 수 있으나, 금년 9월 이후에 발생한 것은 법인에 대한 채권이므로 K사장의 개인재산과는 관련이 없는 것입니다. 그런데 현재 금년까지 1년간 자료가 없어 A물산은 K사장에 대한 채권을 입증하는 것이 불가능할 것입니다. 따라서 가압류하더라도 승산이 없겠습니다." 법무부서의 이러한 조언들을 들은 B과장과 C대리는 마치 뒤통수를 얻어맞은 기분이다. 금년 9월 R사가 주식회사로 변할 당시 B과장은 이를 알았지만 가볍게 생각하고, 또 그 당시는 R사와의 관계가 너무나 우호적이었기 때문에 아무런 걱정도 하지 않았는데, 그러나 지금에 와서 그때의 가볍게 생각했던 점들이 이토록 후회스러울 줄이야……

▶끊임없는 전쟁

이제 이미 B과장과 C대리는 발톱과 이빨이 빠진 호랑이가 된다. K사장에게 법적조치를 취할 수 있는 방안이 없다. K사장은 이미 중요 재산은 개인 명의로 모두 변경시키고 R주식회사는 이름만 존재하는 껍데기 회사로 남아 있는 것이다.

▶교 훈

위의 사례에서 알 수 있듯이, 재고를 타 회사에 보관시키는 경우에는 정기적인 재고검사가 필요하며 또한 이에 상응하는 담보를 확보하는 것이 중요하다.

실제로 협력업체에 재고를 맡겼을 때, 협력업체가 부도가 난다든가 혹은 여러 가지 사정으로 엄청난 손실을 안게 되는 경우를 우리는 흔히 본다.

또한 거래업체의 변화에도 주의하여야 한다. 개인회사와 주식회사는 전혀 별개이므로 동일성이 인정되지 않는다. 거래 상대방이 실제적으로는 동일하더라도 법적으로는 전혀 다른 것이다. 따라서 회사가 주식회사로 변하는 시점에서 모든 서류를 갱신하고 채권채무 관계를 정리하여야 할 것이다.

6-3. 정형계약서

사건 개요

실제 거래추진 과정에서 여러 가지 어려움이 있었음에도 불구하고 자기회사의 정형약관을 사용함으로써 현지 법원에서의 재판이라는 절대 절명의 불리한 소송환경을 극복하고 승소한 사례이다. 여러 가지 이유를 들어 정형계약서의 내용을 기피하는 영업 풍조에 본보기가 되었으면 한다.

업무 규칙

당사자 상호간에 '거래에서 분쟁이 발생하는 경우에 그 분쟁을 어떤 특정국가에서 그 나라 법에 따라 중재로 해결한다.'라고 합의하였음에도 불구하고 당사자 일방이 동 합의를 무시하고 소송을 제기하였을 때, 중재합의 위반을 들어 항변하는 경우 그 소송은 각하된다. 단, 일부 국가에서는 양당사자의 분쟁합의를 무효화하고 자국의 소송을 인정하는 경우도 있다.

예) 사우디 등 중동의 일부 국가

▶의외의 희소식

00년 3월 어느 날 오후였다. 회의에 참석하고 있던 법무실 C과장은 같이 근무하는 여사원으로부터 해외전화를 받으라는 말을 듣고선 급히 수화기를 들었다. 멕시코에서 온 전화라는 소리에 C과장은 전화속의 상대를 쉽게 추측할 수 있었다.

"이겼어, 한국에 가서 중재로 해결하래!"

"잘 되었네요! 축하드립니다, 그동안 수고가 많으셨어요"

예기치 않던 희소식에 약간 고조된 목소리로 통화를 끝낸 C과장은 잠시 생각에 잠겨보았다.

'멕시코가 한편으로는 엉터리이지만 또 한편으로는 제법인데, 아무리 계약서상의 분쟁이 발생할 경우 한국에서 중재에 의하여 해결한다는 조항이 있다 하더라도 단지 자국의 이익에 배치된다는 이유만으로 계약당사자가 합의한 것을 무효라고 판정을 내리는 사우디 같은 나라도 있는데…'

▶주재원으로 발령받은 J과장은

거리의 나뭇잎이 하나 둘씩 빨갛게 물들기 시작한 9월이었다. 멕시코지점 주재원으로 발령이 난 J과장은 곤혹스러운 듯 법무실 C과장을 찾았다. 이제 곧 현지에서 부임을 해야 하는데 소송이 한건 제기되어 있어 대응을 해야 할 것 같다고 말했다. J과장을 통하여 전해들은 『MILEVA 소송』의 전모는 이러하였다. 00년 12월, 우리 상사 S사업부는 G라는 품목을 72,000YDS를 멕시코의 BUYER인 MILEVA에게 수출하기로 계약을 체결하고, 물품대금 USD103,500중 선수금으로 USD35,000을 받고 나머지는 D/P로 하기로 약속하였다. 이에 INVOICE등에는 물품대금을 USD68,500로 기재하고 물품을 선적완료 하였다.

그런데 멕시코에 노착한 물품을 MILEVA의 책임아래 목적지까지 내륙운송하는 도중 운송업자가 물품을 분실하였다. 그러자 MILEVA는 멕시코의 운송사업자에게 CLAIM을 제기하였다. 그러나 INVOICE에 USD68,500로 기재되어 있다는 이유로 실제 물품대금인 USD103,500 전액을 배상받지 못하자 차액 USD35,000에 대하여 우리 상사 멕시코지점을 상대로 소송을 제기하여 청구하기에 이른 것이다. 사안을 검토하여 보니 상당히 난감하였다. INVOICE에 선수금 USD35,000을 포함하지 않은 것은 쌍방의 합의에 의한 것이었으므로, 그것이 우리 상사의 과실이라고 하기에는 상대방의 주장에 문제가 있다고 볼 수 있으나, 그것을 만일 멕시코 법원에서 판단한다면 승산을 자신할 수 없기 때문이었다. 또한 지점의 영업활동이 문제가 되었다. 현지법에 의하면 지점은 허가 없이 영업활동을 할 수 없게 되어 있으나 우리상사의 지점이 현지의 관점에서 보면 허가 없이 불법으로 영업활동을 했다고 볼 여지는 충분히 있었다. 만일 USD35,000을 지키기 위해 법석 대응을 하다가 지점의 존속에까지 영향을 미치게 되면 이는 큰일이었다. 더구나 소송기일이 촉박하였다. 애초에 5일 후였는데 지점과 본사 영업부서와의 교신과정에서 2일이 경과하고 현재 남은 기일은 3일에 불과 했다. 3일이면 우리상사가 대응서류를 만들고 현지 변호사를 선임하여 그로 하여금 멕시코 법원에 서류를 제출하도록 하는 것은 거의 불가능한 일이었다. 이에 이르러서는 울분이 터졌다. 자신이 INVOICE금액을 USD68,500로 기재하는데 합의하고서도 소송을 제기하는 BUYER나, 외국인에 대한 소송을 진행하면서 5일밖에 여유를 주지 않는 멕시코법원의 불공정한 태도 등 ...

▶룰라룰루~~ 정형계약서

C과장은 우선 계약서가 우리상사 정형 FORM에 입각했음을 확인하였다. 동정형 FORM에는 분명히 계약과 관련하여 분쟁이 발생하였을 경우, 한국 서울에서 중재로 해결하도록 규정되어 있었다. 따라서 관할 항변을 할 수 있었다.

즉, 본 분쟁은 『멕시코』에서 『소송』에 의해서가 아니라 『한국 서울』에서 『중재』로 해결해야 한다는 주장이었다. 다음으로 소송의 상대방이 멕시코 지점으로 되어 있는바 지점은 별도의 법인이 아니므로 소송의 상대방이 될 수 없고 본사를 상대로 소송을 제기해야 한다는 주장이었다.

시한문제는 현재의 상황에서 도저히 풀 수 없는 문제였다. 생각끝에 멕시코지점의 K지점장이 주재원으로 파견나갈 때 가지고 간 일반적인 위임장을 검토하여 보니, 그 내용 중에 구체적으로 명확히 되어있는 것은 아니나 일반적으로 소송 등을 방어할 수 있도록 되어 있었다. 그래서 본사가 위임장에 서명날인하여 현지에 보내줄 시간이 없으므로 대신 K지점장이 본사를 대리하여 현지 변호사를 선임하고 그가 법원에 나가 우리상사의 항변내용을 주장하는 방법으로 해결하도록 하였다. 지점장의 대리행위의 유효성을 멕시코법원에서 인정해 주기를 바랄 뿐 다른 대안이 없었기 때문이었다. 그리고 마지막으로 지점의 영업활동 문제는 상황을 보아가면서 대처하기로 하였다. 상대방이 적극적으로 거론하여 문제가 확대될 여지가 있으면 우리상사가 법적대응을 포기한 후 물러나고, 그렇지 않으면 법적대응을 계속하기로 전략을 세웠다. 일단 그렇게 조치를 취한 후 위임장문구를 보다 명확하게 수정하는 등의 후속조치를 취하고 있는 동안 멕시코에서 현지 변호사로부터 소송기일내에 우리 상사의 위와 같은 주장내용을 법원에 제출하였다는 연락을 받았다. 어느 정도 안심이 되었으나 불안감을 지워 버릴 수는 없었다. 과연 외국인에 대한 소송에서 기일을 5일밖에 주지 않는 멕시코법원이 『한국 서울』에서 『중재』로 해결한다는 내용의 계약서 이면약관의 효력을 인정해 줄 것인가? 또 K지점장의 현지 변호사 선임행위의 유효성을 인정해 줄 것인가? 혹시 상대방의 제반사정의 열세를 느끼고 지점의 영업활동을 문제 삼지 않을지? 등...

▶판쵸빌라 따봉

그 후 00년 3월, 그러니까 소송이 제기된 지 약 6개월이 지나서 멕시코로부터 앞에서 말한바와 같은 승전보를 듣게 되었다. 말이 한국 서울에서 중재를 제기하라는 내용이지 상대방이 USD35,000을 받고자 한국에 와서 중재를 제기할리는 없으므로 『완전한 승소』였다.

멕시코가 [NEW YORK CONVENTION], 즉 외국중재판정의 승인 및 집행에 관한 협약 회원국이기에 타국에서 중재조항을 쉽게 무시하지 못하리라는 희망이 없었던 것은 아니지만, 막상 그러한 판결을 내렸다는 소식을 듣고는 멕시코법원에 대한 한편의 신뢰감 같은 것을 느끼게 되었다. 만일 이번 분쟁이 관할문제가 아니고 내용에 관한 잘잘못을 다투었다면 상당히 어려웠으리라. 아울러 어려운 상황에서도 자기회사의 정형FORM를 사용하여 계약을 체결하였고 또 분쟁 발생직 후 법무실과 신속하게 협조한 영업부서에 대한 인간적인 신뢰감이 생기는 것은 어쩔 수 없는 인지상정일까? 만일 J과장이 INVOICE금액을 USD68,500 기재하는데 합의해 놓고 엉뚱한 짓거리를 하는 BUYER의 ACTION에 흥분하여 법무실을 찾지 않고 멕시코법원에서 합의내용을 먼저 거론했다면 어떻게 되었을까? 이 경우는 멕시코법원의 소송에 응한 것이 되어(응소관할)나중에 중재관할 문제를 꺼낼 수가 없는 것이다.

아무튼 금액은 크지 않은 소송이었으나 C과장의 뇌리에는 두고두고 『멋진 승부』로서 기억에 남을 것이다.

제 7 장

클레임의 이해

7
chapter

클레임의 이해

제 1 절 클레임의 정의

1. 클레임(Claim)의 사전적 의미는 '주장하다'이며, 법률영어로는 '권리의 주장'을 뜻한다.

2. 그러나 무역거래의 클레임은 일반당사자가 무역계약을 위반하여 상대방이 입은 손실의 보상을 요구하는 것을 말한다.

3. 클레임의 종류에는 대표적으로 3가지를 들 수 있다.

(1) 품질불량이나 수량부족 등 상품과 직접적인 관계가 있는 클레임,

(2) 선적, 포장, 대금결제, 신용장, 기타 계약불이행 등과 같이 상품과 간접적인 관계가 있는 클레임,

(3) Market Claim 등이 있다.

Market claim이란 특정지역에 대해 특정시기에 특정상품이 대량으로 수출된 경우, 그 시장에 있어서 판매가격이 하락하여 수입자가 손실을 입을 우려가 있을 때 수입자가 수출자의 사소한 잘못을 구실로 하여 가격인하를 요구하는 클레임을 말한다.

제 2 절 클레임의 처리절차

클레임은 다음과 같은 절차로 처리된다.

(1) 클레임 접수

(2) 클레임 내용 검토 및 보고

(3) 증빙 자료 조사 요청

(4) 관련당사자에게 클레임통보

(5) 현장조사 실시

(6) 합의 여부 실시

(7) 상호 합의 및 보상

제 3 절 클레임의 해결방법

클레임을 해결하는 방법에는 당사자 간의 해결, 제3자 개입에 의한 해결 등이 있다. 당사자 간의 해결로는 아예 청구권을 포기하거나 서로 화해하는 방법이 있고, 제3자 개입에 의한 해결로는 조정, 상사중재, 국제소송 등이 있다.

1. 화해(Compromise)/조정(Conciliation)

당사자가 서로의 주장을 부분적으로 양보하여 합의에 의해 해결하는 것이다.

(1) 클레임을 우호적으로 해결하기 위해 당사자가 서로의 주장을 양보하고 합의하는 방법이다.

(2) 화해를 하는 과정에서 상대방에게 제시하게 되는 화해 Proposal이 자기의 권리를 포기하거나 상대방의 주장사실을 승인하는 것으로 인정되지 않도록 주의한다.

2. 상사중재(Arbitration)

법관이 아닌 제3자 중재인에게 해결을 위탁하고 그 판정에 복종하여 해결하는 것이다.

(1) 개념

1) 서면합의를 통해 중재계약 한다.

2) 법관이 아닌 중재인에게 해결을 위탁하고 그 판정에 복종하여 최종적으로 해결하는 법적절차이다.

3) 민간인인 중재인이 급변하는 상관습에 따른 시기적절한 시시비비를 가려 판단한다.

(2) 중재계약의 내용

1) 중재합의, 중재지, 중재인, 중재규칙이나 절차, 준거법의 지정, 중재판정의 최종성 등이다.

2) 상설중재기관을 이용할 경우 표준중재조항을 활용하면, 기본적인 사항이 누락되는 일이 없다.

(3) 준거법

1) 준거법의 의의

준거법은 두 국가의 당사자 간에 물품 매매계약이 체결될 때, 당해 계약을 규율할 근거가 되고 규범 밖의 사항을 관할하는 지정된 각국의 국내법을 의미한다. 준거법의 지정은 계약 당사자가 하며 당사자의 의사가 불명할 때는 국제사법에 따라 행위지법에 의해 준거법을 지정한다. 그러나 지정 준거법이 없거나 당사의 의사가 불명할 때는 법률관계의 성질에 따라 법정지의 국제사법이 정하는 준거법이 적용된다.

2) 준거법 적용의 일반원칙

준거법의 적용원칙에는 주관적 관점과 객관적 관점이 있다. 먼저 주관적 관점은 자치의 원칙 또는 계약자유의 원칙에 따라 당사자의 약정을 최우선으로 해야 한다는 관점으로서 주로 영국, 독일, 프랑스, 벨지에 등의 주요국의 입법판례가 이것을 따른다.

또한 객관적 관점은 계약과 현실적으로 가장 밀접히 관련된 법률을 준거법으로 채택해야 한다는 입법관으로서 미국, 스위스, 중남미 등의 소수국가가 이것을 따르는 데 다음과 같이 분류된다.

첫째, 계약지법은 계약이 A국에서 체결되고 계약의 전부 또는 일부가 A국에서 이행되는 경우를 말하고,

둘째, 행위지법은 계약이 A국에서 체결되었더라도 계약의 전부 또는 상당부분이 B국에서 이행되었을 경우로써 우리의 국제사법은 당사자가 준거법을 지정하지 않은 경우에 이것에 따른다.

셋째, 국기법은 국기주의(law of flag)라고 하고 국제해양법에서 공해를 항해하는 선박이나 적하에 소재 법이 없을 경우를 말한다.

또한 무역실무상 이러한 양 관점에 따른 준거법의 선택순서는 준거법에 대한 당사자 간에 명시적 약정이 있다면 그 법이 최우선적으로 선택된다. 그러나 준거법에 대한 당사자 간에 명시적 약정이 없다면 계약조항을 보아 법원에서 준거법을 선택하게 된다. 즉, 당사자가 법정을 명시적으로 선택한 경우 법정지법을 선택한 것으로 보고 당사자의 행위나 계약 전반의 여건에서 추정하여 계약지법, 행위지법, 국기법

에 따라 선택된다.

(4) 중재인 선정

1) 선정방법

① 중재계약에 중재인을 미리 정해 놓는 방법

② 분쟁발생 후 각자가 중재인을 직접 선임하는 방법

③ 선정을 제3자에 위임하는 방법

④ 중재기관의 중재규칙에 따라 정하는 방법

2) 중재인의 수

1인에 의한 단독중재, 3인으로 중재판정부를 구성하는 경우 등이 있고 당사자 합의가 없는 경우 해당 중재규칙에 따른다.

(5) 중재 장소

1) 피고지주의(절충방식)

중재계약의 내용 중 장소가 가장 중요시된다. 서로 자기나라에서 중재를 하고 싶어 하기 때문에 절충안이 이용된다. 제3국에서 중재를 하는 방법과 당사자중 피신청인이 되는 상대방의 국가에 신청하여 중재를 진행하는 피고지주의 방법이 있다.

2) Mutual Arbitration Agreement

관계 양국소재의 중재기관 사이에 상호교섭하여 마련하고 있는 쌍무중재협정이 있다. 중재장소를 피고지주의에 따라 결정하거나 지명권자에게 장소의 결정을 위임하는 2가지 방법을 취하고 있다.

(6) 중재기관

1) 대한상사 중재원

① 중재 계약

계약 시 삽입된 중재조건, 사무합의

② 제출 서류

중재신청서, 중재합의서, 각종 증서, 위임장, 중재예납금 불입

③ 조 정

당사자들이 신청하는 경우에만 실시
(30일 이내 조정이 안 되면 다시 절차 속행)

④ 중재장소합의

당사자합의로 결정,
사무국에서 결정(당사자가 합의 못하는 경우)

⑤ 중재인 선정

당사자 합의로 선정, 합의가 없는 경우 중재규칙에 따라 선정

⑥ 심 문

심문개시 5일 이전에 당사자에게 통지(심문순서, 일자, 장소), 서면심문(양 당사자가 합의한 경우)

⑦ 중재 판정

서면으로 작성하여야 함(구술선고 불가), 중재판정은 법원의 확정판결과 동일한 효력을 지님.

2) ICC(International Chamber of Commerce-국제상업회의소)

① 자국의 국제위원회를 경유하거나 직접 재판소 사무국에 서면으로 신청한다.
② ICC 중재규칙이 중재절차를 규제한다. 쌍방이 선택한 중재법 규칙을 적용한다. 당사자의 선택이 없을시 중재절차가 행해지는 나라의 중재법을 적용한다.
③ 중재장소는 사건 심문을 개시하기에 앞서 증거서류상으로 또는 당사자 면전에서 당사자의 부탁조건을 규정하는 진술서를 작성해야 한다.
④ 판정은 제출된 관련문서만을 근거로 할 수 있다. 그러나 필요에 따라 심문할 수 있다.

3. 국제소송(Litigation)

법률에 의거하여 법관이 법에 따라 판단하는 것

- 당사자의 한쪽이 상대방에게 강제를 가하기 위해 국가기관인 법원에 제소함으로써 국가공권력 발동을 요청하는 것이다.
- 한국법을 적용하더라도 섭외적 사건이면 국제소송이다.
- 무역거래에서는 자국의 기관력이 상대국에 미치지 않는다. 그러므로, 강제력을 보장받기 위해서는 반드시 상대국의 법원에 제소하여야만 효과를 거둘 수 있다.

> ☞ 섭외적 사건
> 당사자 일방 또는 쌍방이 외국인이거나 행위가 외국에서 행해졌거나 행위의 목적물이 외국에 있거나 그 밖에 계약이행지, 결과발생지, 소송지 등 그 중 어느 하나라도 외국과 관련이 있는 사건을 다루는 사건이다.

(1) 송달(送達)

영미법계에서는 '당사자 송달주의', 대륙법계에서는 '직권 송달주의'가 원칙이다.

1) 당사자 송달주의

소송서류를 보낼 때 당사자가 직접전달

2) 직권 송달주의

법원에서 소송서류를 전달하는 방법

3) 해외송달 방법

① 영사송달

우리나라 법원에서 외국으로 소송서류를 송달하는 가장 기초적인 방법

먼저 해당 국가에 주재하는 대한민국의 대사, 공사, 영사에게 촉탁 → 그곳에서 송달받을 자에게 우편 기타방법으로 교부

② 외교상의 경로에 의한 전달(Diplomatic Channel)

원고국 법원 → 피고국 외무부 → 피고국주재 원고대사 →피고국 외무부 → 피고국 법무부 → 피고국 법원 → 피고

③ 영사경로에 의한 송달(Consular Channel)

원고국 법원 → 피고국 주재 원고대사 → 피고국 법원 → 피고

④ 중앙당국의 경로에 의한 송달

원고국 법원 → 피고국의 지정된 중앙당국 → 피고국 법원

(2) 미국의 민사소송 절차

우리나라의 교역 대상국 중 가장 빈번히 소송이 일어나는 미국의 소송절차는 우리나라와 많이 다르므로, 미국의 민사소송 절차의 각 단계와, 단계별 주요 서류와 취할 Action에 대해 간단히 살펴보자.

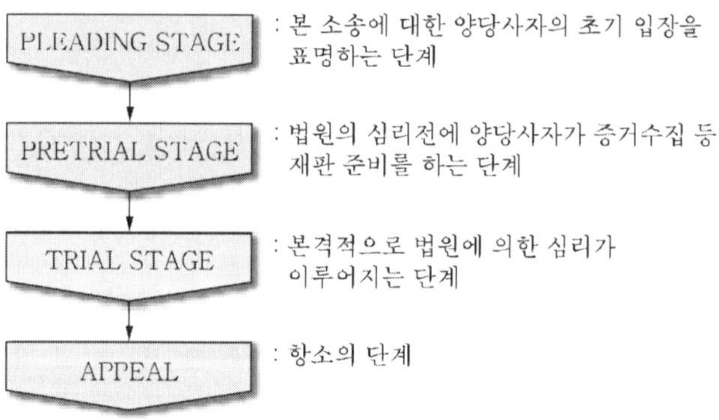

제 4 절 클레임 처리의 예방방법

무역 업무를 하다보면 본의 아니게 클레임을 제기당하기도 한다.

조금만 주의를 기울이면 피해 나갈 수 있는 클레임들은 미연에 방지하도록 해야

한다. 다음은 무역에 있어 가장 기본적인 5가지 예방 방법들을 정리해 놓은 것이다.

1. 서면으로 거래한다.

(1) 확실한 계약서, 영수증, 입고확인증, 출고지시서는 기본이다.
(2) 원본서류는 가필 없이 보관하고 정기적으로 점검한다.
(3) 의무를 부담하는 내용의 서류는 함부로 작성하지 않는다.
(4) 계약관련 서면이 여러 개 있는 경우 우선순위를 규정해야 한다.
(5) 계약서 등 문서는 제목만 받고 판단해서는 안 된다.
(6) 구두합의 했다 하더라도 서면과 다르면 구두 합의사실을 입증해야 한다.

2. 거래당사자를 제대로 선정한다.

(1) 계약당사자 관계를 명확히 한다.
(2) 책임질 당사자가 누구인지, 책임질 능력이 있는지 확인한다
(3) 신규 거래선과는 Risk있는 거래는 지양한다.
(4) 담보제공자도 제대로 된 사람인지 확인한다.

3. 계약내용, 법률 및 거래관행을 준수한다.

(1) 계약서 내용과 L/C 조건을 일치시킨다.
(2) Offer의 Validity(유효기간)조건을 준수하여 수락통지를 명확히 한다.
(3) 상대방 국가의 법률과 상거래 관행에 따라 행동한다.
(4) 서류와 실제거래를 일치시킨다.
(5) 공정거래법을 준수한다.

4. 계약서의 주요공통사항의 성격과 활용방법을 이해한다.

(1) Conditional Purchase Order(조건부 구매주문서) 상태에서는 자재발주를 하지 않는다.

(2) 여신거래의 경우 Payment시까지 물품에 대한 소유권을 유보한다.

(3) 신규개발 제품이나 신규 프로젝트 거래 시 특정한 경우에는 계약을 해제할 수 있는 장치를 계약서에 규정한다.

(4) 국가별 사법관행의 수준에 따라 계약조항을 적용한다.

(5) 중재조항을 명확하게 기재한다.

5. 물품의 하자로 인한 클레임을 예방한다.

(1) 하자있는 사실을 알면서도 공급하는 경우 확실한 구상책을 세운다.

(2) 물품명세, Specification(명세서), 품질수준은 명확히 서면으로 합의한다.

(3) Warranty(보증)의 기간, 범위는 거래 당사자 간에 일치시킨다.

(4) 하자는 즉시에 확인하고 하자가 있다면 공급하지 않는다.

(5) 신규개발 제품인 경우 하청메이커의 개발능력을 철저히 확인한다.

(6) 검사하기 전에 승복한다는 서면합의를 한다.

(7) 담보의 효력, 실익을 정확히 이해한다.
(담보를 제공하겠다는 약속은 담보가 아니다)

제 7 장 무역실무 사례 연구

7-1. 무술대회와 통나무 소년

사건 개요

계약체결 시 확정하려고 선택적으로 정해 놓은 계약서 이면약관상의 조건을 실제 계약 체결시에는 이를 까맣게 잊어버리고 구체적으로 특정을 하지 않아 매우 불분명한 조항이 되는 결과를 초래하였으며, 실제 분쟁이 진행되는 과정에서도 법무팀과 협의 없이 독단적으로 판단함으로써 문제해결책의 적기를 놓친 사례이다.

업무 규칙

1. 계약서의 이면약관도 계약서의 중요한 일부를 구성하므로 계약체결 시 신중히 검토해야 한다.
2. 한국에서는 중재기관(대한상사중재원 등)에 중재신청서를 접수하는 시점에 중

재가 개시되며 많은 절차가 뒤따르게 되지만 그렇지 않은 나라도 많다. 홍콩에서는 중재인을 지명하라는 통지만 해도 중재는 개시되는 것이다.

▶통나무를 든 소년

고려시대의 일이었다. 임금님 앞에서 무술대회 결선이 열리고 있었다. 전국 각지에서 모여든 고수들은 각기 자기 나름대로의 무술에서 완숙한 경지를 나타내 보이고 있었다. 표창, 검, 봉, 활 등 대회가 한참 무르익어갈 무렵 호루라기 소리와 함께 표창고수의 무술경연이 끝나고 다음 사람으로 나타난 사람은 아주 앳되어 보이는 적당한 크기의 통나무를 든 소년이었다. 어이가 없어서 인지 놀라서 좌중에는 무거운 정적이 흘렀다. 임금이 소년에게 물었다.

"그대는 어떤 무술을 가지고 있는고?"

"예, 저는 이 통나무를 아주 잘 탑니다."

소년은 땅위에 통나무를 놓고 그 위를 아주 자연스럽게 걸어갔다.

"그것이 전부인가?"

임금이 다시 소년에게 물었다.

"예, 그것이 제가 가지고 있는 기술의 전부입니다."

심판들이 웅성거리기 시작했다. '멀리 내쫓아 버려'라는 소리도 들려왔다.

"임금님, 하지만 저는 어떤 상황에서도 이와 같이 통나무를 탈 수 있습니다."

말을 끝낸 소년은 통나무를 직각으로 세우고 그 위를 자연스럽게 걸었다. 그 다음에는 통나무를 하늘 높이 매달고 거꾸로 걸어갔다. 이어지는 그의 행동에는 거침이 없었다. 통나무를 높이 던져도 소년은 몸을 날려 사뿐히 통나무 위에 올라앉았고, 통나무를 휘돌려도 소년은 통나무에서 떨어지지 않았다. 무술시합에 있어서도 마찬가지였다. 말을 전속력으로 달리면서 세워둔 말뚝을 수십 토막으로 산산조각내던 무사들도 소년의 통나무에는 검을 댈 수조차 없었다. 소년이 몇 차례 비호같이 움직이면 상대방 무사들은 땅바닥에 나가 뒹굴기 일쑤였다. 소년이 무술대회에서 최고수로 뽑히는 것은 당연지사였다.

▶소년이 들고온 서류뭉치는 ...

나는 아직도 그때의 일, 그 소년을 만났을 때 눈앞이 캄캄해지던 일이 생생히 기억난다. Z무역 법무부서에서 무역분쟁을 처리하여 온 지도 벌써 여러 해, 그러나 일찍이 이처럼 시간을 다툰다고 생각된 무역분쟁이 없었고, 따라서 모든 역량을 동원하여 서둘러 제반준비를 마치고 막 중재원에 중재신청서를 접수하기 위해 자리에서 일어나는 순간이었다. 서류접수를 담당하는 여사원이 '어떤 소년이 이런 서류뭉치를 가져왔는데 접수해도 되는지'를 물어왔다. 그 소년의 손에 들려진 서류뭉치에는 얼핏보아도 'HANG TUNG' 'COURT' 등 내심의 걱정했던 단어들이 눈에 대문짝만하게 들어왔다. 순간, '한발 늦었구나' 하는 생각에 솟아오르는 식은땀을 감추면서 소년에게 자리를 앉기를 권하였다. 서류를 미리 살펴보며 머리 속에서는 이 급박한 상황을 가급적 정확히 파악하려는 컴퓨터가 무섭게 돌아가고 있었지만, 얼굴에는 전혀 모르는 서류에서 어떻게 해야 할지 난감한 표정을 지울 수 없었다.

"담당자가 아니라서 무슨 서류인지 잘 모르겠습니다. 좀 더 파악해야 하겠으니 내일 다시 한번 방문해 주세요. 참고하게 서류사본 한부는 두고 가세요."

접수시키고 가야 한다고 계속 버티던 그 소년을 달래서 겨우 보냈다. 소년이 돌아가는 것을 확인하고 곧바로 자리에 앉아서 책 한권 분량에 해당하는 서류를 읽기 시작하였다. 언뜻 읽어서는 이해되지 않는 부분이 있었기 때문이다. '분명히 분쟁해결방법이 소송이 아니라 중재로 규정되어 있었는데 왜 법원에서 서류가 온 것일까'라고 의아스러워 했다. 00년 11월 18일 그날의 나의 입사 이래 가장 바쁜 날에 속하였으리라. 누구도 판단하기 어려운 'HONG KONG/KOREA'와 'HONG KONG LAWS OR KOREAN LAWS'를 해석해야 했고, 홍콩에서 본 건과 관련하여 중재가 이미 제기되었는지, 제기되었다면 언제 제기되었다고 보아야 하는지를 파악하여야 했다.

▶아무 일도 아닌 귀찮은 건

00년 11월 4일, 한두 번 면식이 있는 수출부서의 P대리가 지나가다 들렀다며 '별일 없어요'라고 물었다. 그는 자기 부서에 CLAIM이 하나 있는데 비록 상대방의 주장이 전혀 근거가 없어 별로 인식은 안하지만 생각날 때마다 상대방이 CLAIM

LETTER를 보내오는 정말이지 귀찮은 건이 하나 있다고 하였다. 그때 나는 가급적 신속히 계약서 등을 검토해 봤으면 좋겠다고 했다. P대리가 서류를 들고 다시 나를 찾은 것은 그해 11월 8일이었다. 내용을 검토해 보니 분명히 분쟁의 소지가 있었다. Z무역은 '가'라는 품목 500M/T를 5차례 걸쳐 분할 선적하는 조건으로 홍콩 BUYER와 공급계약을 체결하였는데 1차례 선적 후 도저히 공급원가가 급등하여 채산성이 맞지 않자 한 차례만 더 공급하고 가격을 인상해 주지 않으면 더 이상 공급하지 않겠다고 통보하였다.

홍콩 BUYER는 이에 대해 가격인상은 안된다고 하면서 조속히 이행하지 않으면 자기도 중국의 BUYER에게 공급하기로 되어 있어 손해배상 청구가 불가피하다는 내용의 LETTER를 보내 왔다. 계약서에 의하면 대금지급은 REVOLVING L/C에 의하기로 했고 공급 가격인상에 관한 근거조항은 있었다. 문제는 분쟁조항이었다. 분쟁해결을 중재하기로 되어 있는데 중재지가 'HONG KONG / KOREA', 준거법이' HONG KONG LAWS OR KOREAN LAWS'로 되어 있어 "/"가 의미하는 바가 중재를 양쪽에서 모두 할 수 있다는 것인지, 선착순인지 아니면 피제기국인지가 불분명 하였으며, 게다가 준거법이 'or'로 되어 있으니. 추측하건데 계약서 초안을 만들 때 선택적으로 해놓고서 협상 후 계약 체결시에 한쪽을 삭제하려하는 의도였던 것 같다.

그러나 실제 계약체결 시에는 계약서 이면은 전혀 신경 쓰지 않고 앞면에 있는 영업적 조건만을 신경 썼는바 실제 문제가 발생하고 보니 아주 기기묘묘한 분쟁조합의 조항이 되어버린 것이다. 상대방의 LETTER들을 분석해 보니 말로만 끝날 것 같지 않았다. 변호사(SOLICITOR)로부터 온 편지도 있었고 법률적으로 의미가 있는 시한 등을 명시한 것도 있었기 때문이다. 그래서 이왕 분쟁이 우호적으로 끝나지 않고 중재 등으로 발전할 바에야 한국에서 하는 것이 좋고 본 건과 같은 분쟁합의 조항에서는 빠른 시일 내에 한국에서 중재제기를 하는 것이 급선무였다. 홍콩에서 중재제기는 중재를 하자는 텔렉스 하나면 족하고 상대방이 홍콩에서 중재를 제기하면 끝장이기 때문이다. 한국에서 중재제기는 많은 복잡한 절차가 있지만,

▶TIME IS OF THE ESSENSE IN THIS DISPUTE

그래서 "TIME IS OF THE ESSENSE IN THIS DISPUTE"라는 의견을 제시하였다. 정말 일을 서둘러야 했다. 중재 서류를 아무리 서둘러서 준비하여도 시간은 자꾸만 흘러갔다. 사건 파악에 3~4일, 영문서류로 재 작성하는데 2~3일, 그렇게 해서 11월 18일 그 날, 날인을 마친 후 막 서류를 접수하려고 자리에서 일어서는 순간 그 소년을 만났으니 앞이 캄캄해질 수밖에 없었다(한국에서는 중재원에 서류를 접수하는 시점이 중재의 시작이다). 동 서류를 자세히 검토한 결과, 이미 00년 10월 16일자로 본건을 중재로 해결하고 중재인을 지명해 주었으면 좋겠다는 상대방의 메일과 동내용의 통보에도 불구하고 Z무역으로부터 아무런 응답이 없으므로 법원이 중재인을 지명해 달라는 신청서였다. 그러니까 이미 00년 10월 16일에 홍콩에서 중재가 제기되었던 것이었다.

▶우리의 모습은 무사

결국 본건은 홍콩에서 중재가 진행되었고 Z무역은 상당한 손해를 입고서 본 건을 화해로 종결하였다. 사건이 곪아 터질 때까지 별 일이 아니라고 생각하는 Z무역 담당자의 모습은, 어떤 상황에서도 통나무 하나만은 누구보다도 잘 타는 소년의 모습이 아니라 여러 가지 시교만 부리면서 어느 것 하나도 제대로 완벽하게 하지 못하는 무사의 모습은 아닌지 나에게 교훈으로 와 닿는다.

7-2. 증시침체의 뒤안길에서

사건 개요

S산업은 국내 OFFER 거래를 수행할 때, 홍콩지점을 이용하면 해외에서 금융차익을 누릴 수 있다는 계산에서 국내 T회사가 S산업의 홍콩지사로 L/C를 개설하고 동 홍콩지사가 대만의 SELLER에게 L/C를 개설한다는 구도하에 NYLON TAFFETA 거래를 시작하였다.

그러나 T회사가 국내 J은행을 통하여 개설한 L/C는 T회사가 물품을 인수해 간 상태에서 유효 기간이 경과한 채로 있었으며, L/C개설이 안된 NYLON TAFFETA는 인천항에 도착하여 적체되어 있는 상태에서 T회사의 부도가 발생했다. 따라서 L/C 개설분은 L/G를 발급해 준 J은행의 대금지급을 기다릴 수밖에 없었고, L/C개설 자체가 안된 물품은 전매처분을 할 수밖에 없었는데....

업무 규칙

해외지점을 이용한 OFFFER거래 수행시에는 NEGO시점이 B/L발행 후 상당한 기간이 경과한 후에 이루어지기 때문에 L/C의 유효기간이 경과하거나 기타 DIS-CREPANCY의 발생가능성이 높으므로 이에 따른 제반 NEGO 서류의 조건을 일 치시키는 것이 필요하며, L/C 미개설 상태로 물품을 선 확보할 때는 몇 개월간 국내 업체에 대한 여신이 발생하므로 반드시 사전에 채권보전 조치를 취해야 한다.

▶서막을 알리는 벨소리

섬유 원단인 NYLON TAFFETA를 해외에서 싼 값에 수입하여 국내에 팔던 S산업의 섬유수입과에 사건의 서막을 알리는 전화벨이 울렸다. 평소 S산업의 결실한 수요업체로서 주식거래 장의 법인으로 등록된 T회사에 부도가 났다는 주거래 은행으로부터의 전화였다. S산업 섬유수입과의 S사원은 전혀 예기치 못한 사태를 맞이하고는 즉시 T회사의 거래 담당자의 전화번호를 찾았다. 결국, 신규시설투자로 인한 운영자금을 그동안 주식시장에서 유상증자를 통하여 조달하였지만 최근에는 증시공황으로 인하여 자금줄이 막혀 부도가 발생한 것이라는 소식을 접했다.

▶사건의 잉태

S산업은 해외 SELLER에게 직접 L/C를 개설하여 수입하는 것보다 S산업의 홍콩지점이 해외 SELLER에게 L/C를 개설하고 국내 수요업체가 S산업의 홍콩지점으로 L/C개설하는 형태를 취함으로써 해외의 값싼 금융을 이용하고자 하는 OFFER거래를 해왔으며, 이러한 방법으로 S산업은 T회사와도 OFFER거래를 해오던 중, 00년 2월에 규모를 늘려서 OFFER계약을 체결하였다. 총 계약물량 1백만불! 그중 50만불어치에 대하여 T회사는 국내 J은행을 통하여 S산업의 홍콩지점으로 L/C를 개설한 후 J은행으로부터 L/G(수입화물선취보증서)를 받아 선사에 제출하고는 해당 NYLON TAFFETA를 챙겼다. 나머지 50만불어치에 대해서는 아직 T회사가 L/C를 개설하지 않은 상태에서 대만의 SELLER는 S산업 홍콩지점이 현지 상하이은행을 통해 개설한 L/C를 NEGO하였고 해당 NYLON TAFFETA는 이미 인천항에 들어와 T회사가 L/C를 개설하기만을 애타게 기다리며 적체되고 있었다.

▶S사원의 시름

T회사에 대한 채권단이 구성되어 회사처리방침에 대하여 숙의하고 있다는 전갈이 들리는 가운데 L/C 미개설부분은 인천항에서 여전히 갈 곳을 잃고 방황하고 있을 때, S사원의 시름은 깊어만 갔다.

첫째, T회사가 부도로 인해 대금지급능력을 상실했음에도 불구하고 J은행은 L/C 대금을 과연 지급하겠는가?

둘째, L/C가 개설된 것은 그렇다 치더라도 인천항에서 주인을 기다리고 있는 물품을 어떻게 해야 하는가? 즉 T회사가 공중분해 되든지 아니면 정리절차나 파산절차를 밟을 경우에 물품대금을 어떻게 받아야 될 것인가? 또한 창고료와 보험료라도 아끼기 위해 물품을 빨리 전매 처분하는 것이 최선인가?

▶빗나간 예상

처음 S사원이 T회사와 OFFER거래를 시작할 때, 업계에 알려진 T회사의 성장성과 경영자의 벤처정신에 개인적으로 탄복하여 사전에 담보를 확보해 두지 않은 채 거래를 추진하였다. 또한 당시 국내 'NYLON TAFFETA가격이 상승중에 있고 수요처가 많았기 때문에 대금확보에 문제가 없으리란 단순한 생각에서, J은행이 개설한 L/C의 유효기간이 경과하였고, 나아가 L/C에 "STALE B/L ACCEPTABLE" 조건이 없는데도 불구하고 B/L 발행 후 21일 이내에 NEGO해야(신용장 통일규칙 47조참조)한다는 것을 심각하게 생각하지 않았던 것이다.

▶대화 I

법무부서의 K사원과 섬유수입과의 S사원이 마주 앉았다.

"S형! T회사에 이미 부도가 발생했고 그렇다고 우리회사가 T회사로부터 담보를 받아둔 것이 전무한 현재의 상황에서는 대금지급을 받을 수 있는 방법은 오직 L/C 밖에 없습니다. 따라서 하자 있는 부분에 대하여는 상하이은행에 우리회사가 내부적으로 각서를 제출하는 한이 있더라도, 일단 NEGO하고 봅시다. 국내 LC개설은행인 J은행은 서류상의 하자를 트집 잡아 UNPAID할 것을 궁리할 수도 있겠지만 신용장 통일규칙 해석상 '신용장개설은행이 L/G를 발급하여 수입자가 물품을 수취해 간 경우에는 여전히 신용장 개설은행이 UNPAID를 할 수 있다고 해석이 되더라도 L/G를 발급한 이상 신용장 개설은행이 선사로부터 책임추궁을 당할 것이므로 함부로 UNPAID하지는 않을 것입니다. 자, 일단 NEGO한 후 J은행의 동향을 보고난 다음 차후 책을 강구합시다."

"좋습니다! 동감입니다. 신속한 대응이 필요한 시점입니다. 당장 홍콩지점으로 텔렉스를 보내겠습니다. 그런데 L/C가 개설되지 않고 현재 인천항에 있는 NYLON TAFFETA는 어떻게 처리하면 좋겠습니까?"

▶대화 II

"S형이 말씀하신 것처럼. 현재 국내 NYLON TAFFETA가격이 하락하고 있는 것은 아니지만 현재의 창고료 등 부대비용을 감안한다면 빨리 전매하여 향후의 손실을 줄이는 것이 최선이라고 생각됩니다."

"우리 회사가 전매하는 데에는 법적인 장애는 없을까요?"

사실 이 경우는 공급자인 S사업이 수요자인 T회사에게 OFFER SHEET를 발송하고 OFFER SHEET상에 T회사의 COUNTER SIGN을 받거나 또는 서면 ACCEPT통지를 받지는 않았지만 상법 53조에 의하면 '상시 거래 한계에 있는 상인간의 거래에서 그 영업부류에 속한 계약의 청약에 대하여 상당한 기간안에 승낙의 의사표시가 없으면 승낙으로 간주 한다'는 취지가 규정되어 있으므로 OFFER계약은 당연히 성립한 것이라 볼 수 있다. 따라서 일단 OFFER계약의 해제절차가 필요한 것이다.

"S형 NYLON TAFFETA가 인천항에 있으므로 언제라도 T회사에 인도하겠으니 약정한대로 1주일 안에 L/C를 개설하지 않으면 OFFER계약을 해제하겠다는 통지를 내용증명으로 T회사에게 보내시지요. T회사의 L/C 개설자체가 현재 불가능한 상황이므로 아무런 답신이 없거나 거부하는 경우에는 1주일이 지난 후 다시 OFFER계약 해제통지를 T회사에게 보내시지요. T회사의 L/C개설자체가 현재 불가능한 상황이므로 아무런 답신이 없거나 거부하는 경우에는 1주일이 지난 후 다시 OFFER계약 해제통지를 T회사에 발송한 후 NYLON TAFFETA를 전매처리 한다면 아무 문제가 없으리라 생각됩니다."

"좋습니다. K형의 말씀대로 L/C 개설요구와 OFFER계약 해제통보 절차를 밟도록 하겠습니다."

▶CLEARLY DONE

다음날 '요즘 T회사를 비롯한 몇 개의 주식장외거래 등록법인인 중소기업의 부도사태가 속출 하고 있다'는 기사가 J일보 경제면 상단을 두드렸다. S사원은 씁쓸한 입맛을 다시며 신문을 덮었다. 이제 하루하루는 기다림의 연속이었다. 홍콩지점에서는 상하이은행에다 NEGO를 끝낸 후 J은행의 처분을 기다리고 있을 뿐이었다.

약 한달 후 S사원은 홍콩지점으로부터 상하이은행에 J은행이 대금을 송부하였다는 통지를 받고 K사원에게 달려와 그 간의 노고를 위로했다. 시름의 종료를 알리는 'CLEARLY DONE'이라는 짧막한 전문을 앞에 놓고... .

그러나 인천항에 있던 NYLON TAFFETA는 비록 커다란 전매차손을 초래하지는 않았지만 부대비용의 증가에 따른 손실은 피할 수 없었다.

▶회 람

입사 3년째 접어드는 S사원에게 값비싼 경험이었다. 처음 화학제품을 취급하는 상사맨으로 첫 출반한 후 섬유수입과로 전배온 지 얼마 되지도 않은 90년대의 벽두에 치렀던 홍역이었지만 혼자만이 간직하기에는 너무도 교훈적인 사례이기에 S사원은 이 사례를 관련부서에 회람을 돌렸다. 다음과 같은 COMMENT를 달아서...

"비록 공개된 신용 있는 자료에는 상당히 견실한 기업이라 소개되는 업체라 하더라도 그 내부적인 경영패턴에 따라 일거에 부도가 나서 공중분해 될 가능성은 항존한다. 따라서 어느 업체와 거래를 하더라도 그 내용을 계약서상에 명백하게 반영해야 하겠으며 대금수령을 위한 담보를 반드시 확보해 두는 것이 만일의 사태에 대비하는 지혜로운 행동이 될 것이다.

지점의 금융을 이용하는 방식은 STABLE B/L을 필연적으로 유발시키고 지점의 NEGO기간이 몇 개월 뒤로 연장될 가능성이 농후하므로, 항상 L/C의 유효기간을 사전에 CHECK하여 넉넉하게 요구하든지 수정하든지 해야만 L/G NEGO상의 RISK를 피할 수 있을 것이다.

거래선과 OFFER SALE을 할 때 구두로 계약 관계를 확정짓고 나서 OFFER SHEET만 달랑 발송하는 것으로 끝내는 것이 타성이라 할 수 있는데, 다소 번거롭더라도 거래선으로부터 반드시 COUNTER SIGN을 받아야 할 것이다.

마지막으로 NYLON TAFFETA 값의 하락이 크지 않았으니 망정이지 폭락이라도 했으면 S산업의 전매차손은 막대했을 것이므로 L/C를 확보하지도 못한 상태에서 물건을 선인수하는 것의 위험성이 얼마나 큰 것인가를 잘 인식해야 하는 것이다.

7-3. 카인의 후예

사건 개요

본 사례는 고도의 경쟁사회에서 간과하기 쉬운 상사맨의 거래 양심을 다루었다.

국내 유수의 Y종합상사의 합판부에서는 두터운 중남미의 수입장벽을 타파하기 위해 현지에 지점을 설치하였다. 현지인 AGENT를 선임하여 불철주야 노력한 끝에 주재원 J과장은 드디어 PURCHASE ORDER를 받게 되지만, 실적에 급급한 본사 C대리의 상도덕 결여로 말미암아 현지 BUYER로부터 CLAIM을 받고도 이를 해결하지 못한 채 J과장은 임지를 떠난다.

현지에서는 Y상사의 악명이 아직도 인구에 회자되는데....

업무 규칙

RULE OF LAW보다도 더 중요한 것은 RULE OF CONSCIENCE다. 상사맨에게는 상사맨으로서 지켜야 할 상도덕 있는 것이다. 눈앞에 보이는 이익에만 급급하여 상도의를 무시한다면 보이지 않는 큰 이익은 영원히 손에 잡을 수 없는 먼 곳으로 가버리고 마는 것이다.

▶고 전

현지에 부임한 J과장은 그저 막연할 뿐이었다. 도대체 이곳의 BUYER들은 J과장을 만나주지도 않았다. 중고차를 한 대 구입하여 한 달 간의 주행거리가 5,000MILE, 그러나 수주실적은 0, 아니 상품에 대한 상담건조차도 없었다. J과장은 배타적인 원주민을 접촉하기 위해서는 원주민 대리인이 필요하다고 느끼고 순진무구한 현지인 B를 AGENT로 채용하였다. 또한 무작위의 BUYER접촉에서 벗어나 목표를 설정하여 열번 찍고 그래도 넘어가지 않으면 전기톱이라도 마련할 각오를 균혔다. 나무가 결정되었다. 3대째 합판 DEALER를 하고 있는 K. J과장의 열번 찍기는 그날부터 시작되었다. 본사에서 날아드는 독촉 메일, 전화, 오지의 뜨거운 태양 아래서의 독신생활 등이 모든 난관을 극복하고 드디어 K의 면담은 3번째 찍기에서 이루어졌다. J과장은 첫 면담에서 자신은 CIA의 희생물로 VIETNAM에 투입된 RAMBO의 처지임을 깨달았다. 상담 시 K의 시큰둥했던 태도는 Y상사에 대한 반감 때문이었고, 지금까지 수많은 시도가 실패로 돌아간 것도 이곳에 널리 퍼진 Y상사의 악명 때문이었다. 이야기인 즉, K의 조부가 Y상사의 품질불량 합판을 수입하여 파산의 위기에 처한 적이 있었는데 당시 수많은 읍소조의 CLAIM에도 불구하고 Y상사는 T국과의 거래를 중단하기로 결심했는지 끝내 단한번의 회신도 하지 않았다는 것이었다. 숙소를 향하는 J과장의 마음속엔 끓어오르는 분노와 배신감, 좌절이 뒤엉켜 소용돌이 치고 있었다. 차창 밖으로 보이는 초라한 화폭에 담겨진 산호빛 카리브해 속으로 시나브로 잠기어 가는 붉디붉은 태양을 바라보며 J과장은 다시 한 번 깊은 각오를 하며 자신의 온갖 분노와 좌절을 잠재웠다. 저 불덩어리는 밤이 지나면 다시 솟아오르지 않는가. 3번 밖에 찍지 않고서, 예서 말 수는 없지 않는가? 어느새 열대의 소나기구름이 몰려오고 있었다.

▶거목, 넘어가다

그날 이후 J과장은 한 달간 K의 사무실 앞에 잠복근무를 하며 배수의 진을 쳤다. 거절 또 거절, 그러나 J과장은 그저 웃음으로 대신하였다. 꼭 30일째 되는 날 이었다. 여느 날과 다름없이 K사무실 앞에 서성이던 J과장에게 들려온 "COME IN."이라는 K직원의 한마디는 마치 천사의 복음처럼 들렸다. K는 J과장의 끈기와 성실함에 감동하여, 그날로 PURCHASE ORDER(구매주문서)를 주었다.

당시 국내 최대의 합판생산업체였던 S사의 합판을 USD20만 어치를 공급해 달라는 ORDER였다. 숙소로 돌아온 J과장의 시야에는 지워도 지워도 피어오르는 물안개가 서려 있었다. 이글거리는 카리브의 태양이 그날따라 유난히도 아름다웠다.

▶배신의 계절

긴급 메일이 본사에 전송되었다.

'성공! USD20만 S사 합판, 품질관리 및 납기에 만전을 기해 주시기 바람 BRAVO!

본사의 C대리는 연신 주판을 놓으며 쾌재를 불렀다. 합판시장의 세계적 불황으로 연초 계획된 대출 및 한계이익 목표를 달성하기 불가능하던 차에 기회가 온 것이다. "S사의 합판대신 P사의 합판을 선적하면 USD20만의 한계이익을 더 볼 수 있지. 무식한 원주민들은 알 리가 없겠지!" 역전의 용사 C대리는 P사의 합판을 과감히 ORDER를 했다. 단, 선적 시 S사의 LABEL을 붙인다는 용의주도함을 잊지 않았다. P사에서는 납기에 맞추어 선적을 했다. T국의 하역장에서 한껏 부풀어 하역작업을 지켜보던 J과장과 K의 얼굴빛은 합판이 하역장에 하나하나 쌓여감에 따라 더욱 더 붉은 빛을 뛰게 되었다. 차곡차곡 쌓이는 합판에는 버젓이 P사의 LABEL이 자랑스럽게 붙어 있었다.

"아닙니다. 뭔가 오해가 있었겠지요. 본사에 연락해서 최단기내로 재 선적을 지시하겠습니다. 죄송합니다.!"

석양을 등지고 돌아선 K의 허탈한 뒷모습에다 대고 외치는 J과장의 목소리는 점차 독백으로 되어가고 있었다.

▶카인의 후예

그날 이후 J과장은 본사의 C대리에게 수없이 전화 전문을 보내고 장문의 호소편지까지 띄웠다. 그 모든 전문 편지들은 C대리의 책상서랍 깊숙이 사장될 뿐이었다. 대를 이어 사기 당한 K의 CLAIM LETTER와 함께 두 달간의 가시방석 생활을 끝내고 과장은 패잔병이 되어 T국을 떠나게 되었다. 공항에 마중 나온 사람은 그간 갖은 고초를 함께 한 AGENT 한 사람 뿐이었다. 순진무구한 B의 눈에는 눈망울이 맺혀 있었다. J과장은 B의 손을 잡고 다시 한 번 약속했다.

"그동안 수고했다. AGENT FEE는 SEOUL에 돌아가는 즉시 송금하마!."

C대리는 누차에 걸친 J과장의 AGENT비용 송금요청도 묵살했던 것이다. 물론 3천불 비용도 C대리의 한계이익에 이미 잡혀 있음은 두말할 것도 없었다.

◐ 에필로그 ◑

우리의 주인공들의 근황은 어떠한가?

J과장은 아픈 상처를 딛고 지금은 Y상사의 수출부장으로서 혁혁한 공과를 올리고 있다.

그의 아들이 4대째 사업을 물려받게 되면 K는 큰 교훈과 금기사항 하나를 들려줄 것이다.

B는 7년이 지난 지금껏 6개월에 한 번 정도 AGENT FEE지급을 요청하는 LETTER를 발송하고 있다. 메아리 없는 외침이 돌고 있음은 물론이다. 지금 B에게 우표값이라도 절약하는 것이 최선책이라고 편지 한 장 써주실 독자는 없으신지? 마지막으로 '우리의 HERO' C대리의 근황을 짚고 넘어가지 않을 수 없다. 그는 탁월한(?) 수단을 인정받고선 일찌감치 Y상사를 떠났다. 한국판 카인의 후예에게 많은 이익을 안겨줄 그곳 원주민들에게 삼가 동정의 뜻을 표한다.

제 8 장

인터넷 무역

제 1 절　인터넷 무역
제 2 절　인터넷을 통한 무역 매매계약의 기본 체결 과정
제 3 절　인터넷 무역의 도구

8 chapter

인터넷 무역

제 1 절 인터넷 무역(Internet Trade)이란?

인터넷 무역이란 "가상공간인 Internet을 통해 국제간에 상품이나 서비스를 사고 파는 것으로서 컴퓨터 통신망이 구성하는 가상공간 자체가 시장이고 Internet접속 이용자가 고객이 되는 것이다." 이러한 거래는 물리적 공간으로서의 시장이 필요 없다는 점에서 전통적인 상거래와 구별된다.

인터넷 무역을 할 경우 소액 거래에 대하여는 신용장 발행, 수출입 신청과 승인, 보험 증권 발행 등 복잡한 절차가 모두 사라지게 된다. 수출업자가 자기 회사의 상품을 인터넷 시장에 내놓으면 이를 구매하고자 하는 구매자와 인터넷 전자 메일로 가격 상담 및 계약체결을 하게 된다. 이때 물품은 일반 우편이나 특송편으로 주고 받고 대금은 전자 은행을 통해 결제한다. 이러한 인터넷 상거래를 기업들이 무역에 적용하기 시작하면서 국가 간 상거래에 큰 변화를 몰고 오고 있다.

이렇듯 인터넷 무역을 기존의 무역 구조와 비교해 볼 때, 진행순서에는 별다른 차이가 없지만 방법이나 수단에는 큰 차이가 있다. 먼저 거래처를 조사, 발굴하거나 마케팅 활동하는 방법이 크게 달라지며, 상담 및 계약 체결을 위한 무역 상담도 기존과는 전혀 다른 양상을 보이게 된다. 또한 대금 결제에 있어서도 전자 화폐 등 전혀 다른 수단이 이용되며, 상품의 운송이나 국제 특송 등이 활발하게 이용되고 있다. 또한, 인터넷 무역은 기본적으로 소비자들을 유인하는 고객 중심의 형태를 취한다고 할 수 있다. 인터넷을 통한 거래의 경우 고객이 원하면 어떠한 방법으로, 어떠한 상품을, 어떤 시간이든지, 어떠한 장소든지 간에(Any way customer, Any Product, Anytime, Anywhere)판매할 수 있는 4A개념으로 바뀌고 있다.

제 2 절 인터넷을 통한 무역 매매계약의 기본 체결 과정

1. 거래처 선정

인터넷 무역을 하기 위해서도 가장 먼저 해야 할 일은 거래처를 선정하는 작업이다. 거래처 선정을 위해서는 기초적인 것부터 시장 상황까지 아주 상세한 해외 시장 조사가 이루어져야 한다.

■ 해외 시장 조사

인터넷을 이용하여 해외 시장 조사를 하는 것은 아주 쉬운 작업 중의 하나이다. 여러분도 많이 들은 말 중에서 인터넷을 정보의 바다라는 말이 있을 것이다. 인터넷은 수출을 하려는 지역에 관한 모든 자료와 정보, 예를 들어, 수출입의 통제, 무역 거래 관습 및 수출 능력 등을 각국의 정부기관 사이트나 기업의 웹 사이트 또는 개인 사이트를 통하여 자신의 상품을 수출하기에 가장 적합한 국가와 수요지를 물색하고 적당한 거래처들을 선정하는 작업을 해야 한다.

■ 거래처를 선정하는 방법

인터넷을 이용하여 거래처를 선정하는 것은 소극적인 방법과 적극적인 방법으로 구분할 수 있다.

소극적인 방법은 거래 알선 사이트에 자사의 제품이나 자사를 홍보하는 것과 관련 유즈넷에 자사의 제품을 선전하는 방법 등이 있으며, 적극적인 방법에는 자사의 제품을 원하는 사람들을 사이트 검색을 통하여 찾아보는 방법과 유명 사이트에 배너 광고를 통해서 자사를 선전하는 방법 그리고 웹 사이트 상의 박람회 등에 스폰서로 적극 참여하는 방법 등이 있다.

2. 구매 권유를 위한 권유장(Circular Letter)

거래처를 선정한 후 선정된 거래처에 구매 권유를 위한 권유장을 발송하게 된다. 인터넷 무역의 경우 권유장 발송은 전자 메일이나 인터넷 팩스 등을 이용하여 발송하게 된다. 선진국 시장을 목표로 권유장을 보내는 경우 대부분의 선진국 기업들이 전자 메일 주소를 가지고 있으므로 매우 편리하고, 권유장에 대한 답장 또한 매우 빨리 받을 수 있다는 장점이 있다.

전자 메일을 보낼 경우 고려해야 할 점은 인터넷에 자사의 홈페이지를 가지고 있는 것이 상대편에게 신뢰감을 갖게 만드는 것이라는 점을 인식하기 바란다.

3. 조회(Inquiry)

Inquiry를 받게 되는 경우를 대비하여 권유장을 보낼 때 자사의 웹 주소와 전자 메일 주소를 기제하는 것은 필수적인 사항이다. 전자 메일 주소를 가지지 못한 경우라면 무료로 제공하는 메일 주소를 가지는 것이 좋으나, 되도록 자사명이 있는 메일 주소를 가지는 것이 바람직하다. Inquiry가 도착하게 되면 매매계약을 하기에 앞서 인터넷을 이용하여 해당 기업의 웹 사이트가 있는 경우 웹 사이트를 방문하여 보아야 하며, 또한 당 수입업체의 신용 조사를 실시하여 거래 관계를 행하는 데 있어서 문제점이 없는지를 확인하여야 한다.

4. 청약(Offer) 및 승낙(Acceptance)

인터넷을 통한 신용 조회를 마친 경우 Inquiry에 대한 Offer를 전자 메일로 하게 된다.

Offer에 대하여 상대편에서 전자 메일로 Acceptance가 이루어지면 매매계약이 성립하게 된다. 여기까지의 과정 중에서 문제의 소지는 전자 메일에 의한 거래청약과 승낙의 법적 효력이다.

물론 인터넷 무역 성립의 조건은 항상 상호 신뢰라는 점이지만, 이를 악용하려는 사람에 대한 신중한 판단이 있어야 한다.

5. 사후 관리 과정

인터넷을 이용한 무역 매매계약은 아주 신속하게 발생하고 이루어지는 특징이 있다.

사후 관리 또한 자사 웹 사이트의 지속적인 자료 수정 및 변경된 사항에 대한 통보 등으로 상호간 신뢰성을 구축하여야 할 것이다.

앞으로 국경 없는 무한경쟁 시대에 우리 기업들이 경쟁력을 가지고 세계시장을 주도할 수 있도록 최신의 정보와 효과적인 방법인 인터넷 무역방식을 보다 적극적으로 도입해야 된다고 본다. 이상과 같이 전통적인 방법과 인터넷을 이용한 방법에는 많은 차이가 없는 듯하다. 그러나 근본적인 차이점은 무역 매매계약 체결까지 걸리는 시간과 비용이 가장 큰 차이점이다. 즉, 인터넷을 이용한 무역 매매계약 체결은 무역업체에게 시간과 비용면에서 많은 절약을 가져와 경쟁력 향상을 이룩하는데 도움이 될 것이다.

제 3 절 인터넷 무역의 도구

1. 검색엔진 등록

Web Site 개설 후엔 자신의 Site를 알리기 위해 제일 먼저 검색엔진에 등록해야 한다. 인터넷상의 각종 검색엔진은 저마다의 특징을 갖고 있다. 예를 들어 Yahoo와 같이 Web Site를 분류해 주는 분류서비스(Directory), Altavista와 같이 로봇 프로그램이 자동으로 수집한 문서를 키워드 방식으로 검색하는 로봇형 검색엔진 서비스, 이용자가 입력한 키워드를 여러 검색엔진에 의뢰해 그 검색결과를 종합적으로 보여주는 Meta검색엔진 서비스 등이 있다. 현재 Internet에는 수백 개의 검색엔진과 Directory가 존재한다. 따라서 모든 엔진에 등록하는 일이 시간상으로나 방법상으로 간단한 일이 아니기 때문에, 등록만을 전문적으로 해주는 대행회사와 한번만의 작동으로 사용자가 간단하게 등록할 수 있도록 도와주는 S/W가 있다. 하지만 대행 회사를 통하여 등록하는 데는 비용이 만만치 않고, 자동등록 프로그램은 수동등록에 비해서 그 결과가 만족스럽지 않다.

■ 등록방법과 요령 ■

① 등록대행회사 이용

Internet상에는 Homepage를 홍보해 주는 등록대행회사가 있다. 이들 서비스의 제공형태는 무료와 보다 다양한 서비스를 제공하는 유료서비스로 나눌 수 있다. 이런 회사에서는 대게 수백 개의 검색엔진에 등록해 준다고 광고하고 있다. 그러나 실제로는 자동등록 프로그램을 사용하기 때문에 결과가 만족스럽지 않을 가능성이 높다.

② 등록용 S/W 직접사용

사용자가 직접 자신의 Homepage를 홍보할 수 있도록 도와주는 S/W를 사용하여 약 1,200여 개 Internet Site에 각 Homepage주소인 URL과 Keyword등을 대신 등록시켜 준다.

③ 다중 Homepage URL등록하기

Homepage의 URL은 Directory의 분리를 통해 다양한 URL로 구성된다. 그러므로 회사의 다중 Page URL을 반복적으로 등록하는 것이 좋다. 예를 들어 www.bizon.net/trade 또는 www.bizon.net/tradesite 등으로 나눠 등록을 하게 되면 검색결과에 여러 번 나타나게 되고, www.bizon.net이라는 주소에 대한 소개가 함께 이루어지게 된다. 그러나 이런 다중 등록을 허락하지 않는 검색엔진도 있다.

□ 국내 대표적 검색엔진

- Yahoo Korea (http://www.yahoo.co.kr)
- Altavista (http://www.altavista.co.kr)
- Lycos Korea (http://www.lycos.co.kr)
- 심마니(http://www.simmany.chollian.net/)
- 정보탐정(http://www.infocop.com/)
- 까치네 (http://www.cachi.com/)
- 네이버 (http://www.naver.com)
- 미스 다찾니 (http://www.mochanni.com/)
- 두레박 (http://www.durebak.co.kr/search/
- 와카노 (http://www.keimyung.ac.kr)

□ 외국의 대표적 검색엔진

Yahoo	(http://www.yahoo.com/)
AltaVista	(http://www.altavista.digital.com/)
Exite	(http://www.excite.com/)
HotBot	(http://www.hotbot.com/)
infoSeek	(http://www.infoseek.com/)
WebCrawler	(http://webcrawler.com/)
Starting Point	(http://www.stpt.com/)

SavvySearch (http://guaraldi.cs.colostate.edu:2000/)
Snap (http://home.snap.com/)
OpenText (http://www.opentext.com/)

□ 전문분야 검색엔진

- News Bot : 뉴스관련 사이트 검색 (http://www.newsbot.com/)
- Gov Bot : 정부자료관련 사이트 검색 (http://eden.cs.umass.edu/Govbot/)
- Dejanews : 뉴스그룹 검색 (http://www.dejanews.com/)

2. 거래알선 Site에 등록

Internet무역에 있어서 가장 활발한 움직임을 보이고 있는 것은 인터넷을 통한 거래알선 부분이다. 이것은 인터넷을 통하여 거래 상대방을 찾아내는 것이 인터넷 무역에서 가장 중요하기 때문이다. 인터넷을 통한 거래알선은 기존방식에 비해 여러 가지 이점을 가지고 있다. 비용절감, 시간절감, 효과적인 기업이미지 구축, 그리고 중소기업의 국제화 수단으로 작용할 수 있다.

인터넷상에 존재하는 수많은 무역관련 사이트에서는 거래알선을 위해 자신의 Web Site를 등록하도록 유도하고 있다. 대부분 등록하고자 하는 자신의 제품이나 거래정보를 스스로 등록하거나 E-mail을 보내서 등록 요청하면 등록이 가능하다.

그러나 수많은 Web Site중에서 어느 사이트에 올려야 할 것인가는 쉬운 일이 아니다. 자신이 원하는 시장에 효과적인 마케팅을 하기 위해서는 지역별, 국가별, 서비스종류별로 Web Site의 특성을 알고 있어야 한다.

□ 거래알선 사이트

- 중소기업진흥공단 (http://www.smipc.or.kr/)
- EC Korea : 거래알선 전문 사이트 (http://www.eckorea.net/)
- EC 21 : 거래알선 사이트 (http://www.ec21.net/)
- KOBO : 중소기업 수출거래알선 (http://www.kotra.or.kr/KOBO/)

- KOTIS : 한국무역협회의 종합무역정보 (http://www.kotis.or.kr/)
- ICES Korea (http://www.iceskorea.co.kr/)
- ETO : UN이 운영하는 세계최대의 전자무역 Site
  (http://www.unicc.org/untpdc/eto/etoindexhtml)
- Asian Source On-Line (http://www.asiansources.com/)
- Trade Post : 국내무료 Bulletin Board (http://www.tradepost-chat.com/)
- The Trade Zone : 무료 무역 인콰이어리, Bulletin Board
  (http://www.tradezone.com/tz/trdzone.htm)
- NAFTA NET Buy/Sel (http://www.nafta.net/buysell.htm)
- WTC Network : 세계무역센터협회의 정보와 거래알선 이용
  (http://www.wtca.org/)
- Swiss Info (http://trade.swissinfo.net/)
- Trade COMPASS (http://www.tradecomapss.com/)
- Trade Point USA (http://www.tpusa.com/)
- I-Trade (http://www.i-trade.com/)
- Trade Match : 유럽, 동구권 시장정보와 거래알선
  (http://www.tradematch.com/)
- Asia Trade (http://www.asiatrade.com/)
- ATN Word : 미국 ATN사의 무료 거래알선 사이트
  (http://www.atnworld.com/)
- Bepop : 이탈리아의 거래알선 사이트 (http://www.bepop.it/trade)

3. News Group활용

News Group이란 공통의 관심을 가진 사람들이 원하는 내용을 게시하고 토론하는 일종의 게시판이다. 이런 특성을 살려 Internet무역에서는 News Group중 Business 또는 수출입 관련 Group에 자사의 상품에 대한 소개하는데 활용하고 있다.

News Group은 실시간으로 Target Market을 대상으로 직접 Marketing을 할 수

있고 정보의 전파 효과가 탁월하기 때문에 Internet무역에서 유용한 수단으로 그 활용가치가 더욱 높아져가고 있다.

■ **News Group의 활용요령** ■

1) News Group은 특정 주제별로 세분화되어 있기 때문에 마케팅에 있어서 표적집단에의 접근이 용이하다. 글을 올릴 때 제품이나 서비스에 대한 간단한 정보와 함께 관심 있는 사람은 자신의 Homepage나 E-mail로 Reply되도록 유도한다.
2) Homepage에 들어오거나 E-mail로 Reply한 고객으로부터는 고객에 대한 정보도 얻을 수 있고 관심 있는 고객에게는 좀더 자세한 정보를 제공하여 지속적인 관계를 유지하면서 고객으로 끌어들인다.
3) Internet News Group은 수만 개의 Group이 있지만 그 중에서 무역에 관련된 News Group은 수백 개 정도이다.
   대표적인 NewsGroup으로는 'alt.business.import-export'와 'biz.marketplace.international'이 있다.

□ 무역관련 News Group

- alt business.import-export
- alt business.import-export only
- alt business.import-export food
- alt business.import-export services
- alt business.import-export raw - materal
- alt business.import-export computer
- biz.marketplace.international

4. 무역 관련 사이트

(1) 국제 무역 정보

- USTR(United States Trade Representative) : 미연방무역위원회의 대외무역정책과 국가 간의 다양한 경제문제에 대한 안내 (http://www.ustr.gov/)
- Trade Post : 국내 무료, Bulletin Board (http://www.tradepost-chat.com/)
- The Trade Zone : 무료 무역 인콰이어리, BulletinBoard (http://www.tradezone.com/)
- Asian Net (http://www.asiannet.com/)
- UNTPDC (http://www.unicc.org/untpdc)
- WTDB(World Trade Database) 홍콩, 중국, 대만 등에 대한 DB를 무료로 이용할 수 있음 (http://www.wtdb.com/)
- The global Trade Connection (http://www1.infi.net/ectr/)
- International Trade Services (http://www.i-trade.com/)
- The European Business Directory (http://www.europages.com/)
- International Chamber of Commerce Country (http://www.usa1.com/)
- ITA(International Trade Administration) : 미상무성 국제무역부 사이트. 이용자가 많고 자료풍부 (http://www.ita.doc.gov/)
- TDB(Trade Database)e Administration-Trade Information (http://www.tdb.gov.sg/)
- The World Trade Centers Association (http://iserve.wtca.org/)
- Asia Trade (http://www.asiadir.com/)
- US International Trade Commission (http://www.usitc.gov/)
- Information of Japan External Trade Organization : 일본정보의 구매정보, 경제동향, 산업, 시장 및 비즈니스 관행 등 일본시장진출 정보 (http://www.jetro.go.jp/)

- World Trade Centers Directory (http://www.usitc.gov/)
- Asia Trade Network (http://www.tradeasia.com/)
- World Export Market Information (http://www.itaiep.doc.gov/)

(2) 박람회 전시회 정보

- Expo Guide : 전 세계의 상업전시회와 협의회 등의 포괄 정보 (http://www.expoguide.com/)
- Trade Shows, Exhibitions & Conference (http://www.tradegroup.com/)
- Asia Trade Promotion Forum (Trade Fairs Directory) (http://www.kotra.co.kr/atpf/atpf.htm)
- Trade Show Central 국제회의, 세미나, 전시회 (http://www.tscentral.com/)
- Exhibitions 'Round the World' (http://www.exhibitions-world.com/)
- Expo Web (http://www.expoweb.com/)
- Asia Pacific Exhibition & Convention Council (http://www.apecc.or.kr/)
- Deutch Messe AG (http://www.messe.de/index__e.html)
  European Trade Show (http://www.ring.net/)
- Tech Calendar (http://www.techweb.com/calendar)
- Trade Show Search Utility (http://www.tscentral.com)
- I-Trade Calendar (http://www.i-trade.com)
- World Net Int'l Trade Show Information (http://www.worldnet.se/)
- KOEX Exhibition (http://www.koex.co.kr/)
- Cyber KOEX (http://www.cyberkoex.com/)

(3) 국제무역 관련 법률규칙

- ICC Incoterms (http://itl.irv.uit.no/)
- International Trade Law Project (http://ananse.irv.uit.no/trade__law/)

- National Law Center for Inter-American Free Trad
  (http://www.natlaw.com/)
- Frequently Asked Exportation Questions (http://www.ita.doc.gov)
- 대한민국 법률정보 (http://www.lawkorea.com/)
- Insurance and L/C (http://ourworld.compuserve.com/)

(4) 환율보험

- 중기청외환정보망 (http://www.smba.go.kr/foreign exchange)
- 외환은행 실시간 환율정보 (http://koexbank.co.kr/)
- 삼성화재 적하보험 (http://www.samsungfire.com)
- 동부화재 적하보험 (http://www.dongbuinsurance.co.kr)

(5) 신용 조사

- 수출보험공사 (http://www.keic.or.kr/keic_bb/b_step.html)
- Dun & Bradstreet (http://www.dnb.com)

(6) 중 재

- 대한상사중재원 (http://www.kotra.co.kr/index_kor.html)
- Arbitration Practice(Coudert Brothers Co.)
  (http://www.coudert.com/arbtop.htm)

(7) 운송통관

- 한국물류정보통신 (http://www.klnet.co.kr/)
- 한솔로지스클럽 (http://www.logisclub.com)
- DHL (http://www.dhl.com/)
- United Parcel Service (http://www.ups.com/)
- 통관정보시스템(KCIS): 국내외 무역동향과 통계정보제공
  (http://kcis.ktnet.co.kr/)

(8) HS Code

- I-Trade (http://www.i-trade.com/exhibit/search)

찾아보기

[ㅎ]

〈기타〉

[저자 소개]

· 로마 Pontificia Universita' Gregoriana, 사회과학부, 개발경제학과 대학원 졸업
· 삼성전자 주식회사, 해외 영업부 팀장
· 현재, 인덕대학교 비서학과 교수

글로벌무역실무

2017년 3월 2일 중판인쇄
2017년 3월 7일 중판발행

저 자 구 현 서
발행인 유 성 열
발행처 **청 지 사**
서울특별시 영등포구 신길로 40길 20
전화 (02) 833-6090(代)
FAX (02) 849-0817
등록 제318-2005-000030호

파본은 바꾸어 드립니다. 값 22,000원

http : //www.chongmok.co.kr

ISBN 978-89-92938-27-3